图 书 馆 史 书 系

日本公共图书馆思想的形成与发展
（1853—1970）

李易宁　著

国家图书馆出版社

图书在版编目(CIP)数据

日本公共图书馆思想的形成与发展:1853—1970/李易宁著. —北京:国家图书馆出版社,2020.10

(图书馆史书系)

ISBN 978 - 7 - 5013 - 6892 - 1

Ⅰ.①日… Ⅱ.①李… Ⅲ.①公共图书馆 - 图书馆工作 - 研究 - 日本 Ⅳ.①G259.313.5

中国版本图书馆 CIP 数据核字(2019)第 247689 号

书　　　名　日本公共图书馆思想的形成与发展(1853—1970)
著　　　者　李易宁　著
丛　书　名　图书馆史书系
责任编辑　王炳乾　金丽萍
封面设计　耕者设计工作室

出　　　版　国家图书馆出版社(100034　北京市西城区文津街 7 号)
　　　　　　(原书目文献出版社　北京图书馆出版社)
发　　　行　010 - 66114536　66126153　66151313　66175620
　　　　　　66121706(传真)　66126156(门市部)
E-mail　　nlcpress@ nlc. cn(邮购)
Website　　www.nlcpress.com ──→投稿中心
经　　　销　新华书店
印　　　装　河北鲁汇荣彩印刷有限公司
版次印次　2020 年 10 月第 1 版　2020 年 10 月第 1 次印刷

开　　　本　710 毫米×1000 毫米　1/16
印　　　张　20
字　　　数　330 千字

书　　　号　ISBN 978 - 7 - 5013 - 6892 - 1
定　　　价　98.00元

本研究受中央高校基本科研业务费专项资金之北京语言大学校级项目"对外汉语教学学科发展与服务研究创新平台"（项目编号：18PT06）资助

总　序

　　晚清至民国,是我国藏书楼逐步向图书馆过渡时期。一些公共图书馆逐步建立起来,一些学校图书馆,在晚清时还称藏书楼,到民国时,为适应时代潮流,也改称图书馆。如1898年京师大学堂藏书楼建立,在辛亥革命后,京师大学堂藏书楼改名为北京大学图书馆。这一时期的图书馆发展史,在近20年间受到了研究者的重视。2017年出版的《中国图书馆史》,分古代、近代与现代三部分,其中近代部分,即晚清与民国的图书馆史。一些相关著作、学位论文,以及科研项目立项,涉及晚清与民国图书馆史的逐渐增多。国家图书馆出版社自2004年以来,陆续影印出版了一大批清末民国图书馆史料。包括:

《近代著名图书馆馆刊荟萃》(全20册,2004年1月);

《近代著名图书馆馆刊荟萃续编》(全20册,2005年4月);

《近代著名图书馆馆刊荟萃三编》(全24册,2006年7月);

《近代著名图书馆馆刊荟萃四编》(全16册,2013年5月);

《近代著名图书馆馆刊荟萃五编》(全24册,2015年10月);

《中华图书馆协会会报》(全6册,2009年6月);

《文华图书馆学专科学校季刊》(全8册,2009年11月);

《图书馆学季刊》(全11册,2009年11月);

《清末民国图书馆史料汇编》(全22册,2014年5月);

《清末民国图书馆史料续编》(全20册,2016年7月);

《民国时期图书馆学报刊资料分类汇编·儿童图书馆卷》(全3册,2014年9月);

《民国时期图书馆学报刊资料分类汇编·法律法规卷》(全3册,2016年7月)等。

这些史料的出版,也为晚清与民国的图书馆史研究奠定了基础。

国家图书馆出版社图书馆学编辑室主任邓咏秋博士,长期关注清末民国图书馆史料的搜集、整理与出版,并取得了十分丰富的成果。为了促进晚清与民国的图书馆史研究著作的出版,今年,她提议出版一套《图书馆史书系》,重点放在晚清与民国时期,陆续出版。目前已准备出版的著作有下列数种:

任家乐著《民国时期图书馆学教育研究》;
李凡著《国家图书馆参考工作史研究》;
苏健著《国家图书馆同人著述研究(1909—1949)》;
王一心著《图书馆视角下的近代日本对华文化侵略》。

这些著作的出版,将会推动晚清与民国图书馆史研究的深化与发展。

王余光

2018 年 10 月 10 日

目　　录

1 绪论

1.1 问题的提出

公共图书馆,即英文的"public library",在中文中我们称之为"公共图书馆",在日文中却无法找到如此简单明了的对应词汇。有的情境下,"public library"毫无歧义地指向"公共図書館",有的情境下又会专指"公立図書館"。这一歧义源自"Public"的语义,映射到中文语境中,我们通常以"公共"一词来表达。"公共"是近代过程中的产物,公共图书馆亦是无法脱离其勾勒而成的近代场域。因此,若要解释这一歧义,需要将公共图书馆放置于更大的时间与空间中去理解。时间上,公共图书馆产生于近代历史,这是其发生发展的时间轴;空间上,中国、日本与朝鲜所处的东亚在西方的坚船利炮下开启了近代之路。这便构成了日本公共图书馆思想研究的范畴——以近代为时间轴、以东亚为空间轴。

虽然同处于东亚,各国却选择以不同的方式开启了近代化之路。本书专门探讨日本,日本的近代性趋于顺从,如竹内好研究中提到的"优等生文化"①。日本的近代化是以自上而下的方式实现的,其"公共"的含义也呈现了自上而下的"恩赐"的意味——天皇集权的、恩赐于民的"公共"。因此日本近代公共图书馆大多并未伴生于激烈的社会矛盾、不同阶层的权利之争的过程中,换言之并没有作为调节阶级矛盾的产物而出现。虽然石井敦的『日本近代公共図書館史の研究』(1971)中所关注的在民主主义运动与社会主义运动、农民运动中出现的图书馆表达了民众对基本权利的诉求,并具备了类似于西方公共图书馆的公共属性,但这些图书馆数

---

① 靳丛林.竹内好的鲁迅研究[M].北京:北京大学出版社,2012:181.

量有限,大部分都未能保存下来,甚至不一定是公立的①。这就形成了对于日本近代公共图书馆的"公共"的含义的疑问,即"公共"不全等于"public",而"公共图书馆"的公共属性在非公立图书馆中亦可具备。

在日本学术界的相关研究中,森耕一、小黑浩司、岩猿敏生、石井敦等人的研究成果最为卓著。如石井敦的『日本近代公共図書館史の研究』中提到从明治中期到大正初期的山口县立山口图书馆在日本图书馆史中具有独特历史意义:山口图书馆诞生于资本主义发展并不发达的地区,且其成果在日后不可延续,对此问题的解释有助于把握日本公共图书馆史的特殊性②;并将片山潜、佐野友三郎、小松原英太郎的图书馆思想与实践作为构建日本近代公共图书馆发展历程的主线③。片山潜作为日本社会主义运动的先驱,其倡导的社会主义运动构成了日本近代公共图书馆思想谱系的一个起点,与欧美公共图书馆思想的形成依托于资产阶级的壮大与市民社会的建立相比较,其中呈现出的独特之处为本书提供了支点——可以理解为,日本的公共图书馆思想在很大程度上依托于社会主义启蒙思想而建立。

在我国已有的日本公共图书馆的研究中,围绕日本图书馆法、私立图书馆的特色服务、公立与私立图书馆在日本近代史中的发展历程以及现阶段的图书馆运营、服务创新等方面的成果较为丰富。相对而言,对日本公共图书馆思想的研究相对薄弱。

在国内的研究中,曾经习惯使用"公共图书馆"的通行概念,常见到将1950年日本《图书馆法》作为起点,以"依法"和"免费开放"作为是否属于"公共图书馆"的判断依据的观点,并以此为基础,进而提出在从明治维新到至少1945年第二次世界大战结束之时的日本近代历史中并不存在真正意义的公共图书馆;或者以经费来源和主办方为判断依据,将源自西方的"public library"简单等同于日本之"公立図書館"。这种理解方式虽然便于对日本公共图书馆的理解,却无益于对其近代发展源流与公共图书馆事业整体的把握。一方面,极易造成对日本1950年《图书馆法》所规定的公共图书馆包含公立图书馆与私立图书馆的提法的不解,从而将日

---

① 石井敦. 日本近代公共図書館史の研究[M]. 東京:財団法人日本図書館協会,1971:163 – 179.
②③石井敦. 日本近代公共図書館史の研究[M]. 東京:財団法人日本図書館協会,1971:11.

本 1950 年后的公立图书馆等同于公共图书馆;另一方面,造成对"日本公共图书馆"这一事物认识的片面性,进而在观念上切断其发展的源流。从历史发展的过程来看,既然认同 1950 年《图书馆法》出台后公共图书馆依法存在的事实,则不可否认在 1950 年前这些图书馆早已存在,但这样又造成了日本近代是否存在"公共图书馆"的困惑。本书正是在这样的困惑中起步的——1950 年后的日本公共图书馆源自何处?曾经如何出现?经历了怎样的变迁?

至此,本书初衷的两大疑问已经建立起来——日本近代的公共图书馆是在什么样的社会形态下建立起来的,又以怎样的形态出现、变迁至现代的。

1.2　文献综述

围绕本研究的两大疑问——日本近代的公共图书馆实在什么样的社会形态下建立起来的,有益怎样的形态出现、变迁至现代的,对国内外有关日本公共图书馆的开端与发展的研究成果进行了综述。

1.2.1　国内文献综述

(1)日本近代公共图书馆的开端

日本的私立图书馆虽然从一开始就具有公共开放的性质,如诞生于平安时期(710—1192 年)奈良的"私人文库":

> 宝龟年间(771—780 年)石上宅嗣以自己的旧宅创立阿閦寺,于其一隅特设外典院,以置儒书,名曰"芸亭",好学之士得入内阅览。①

但严格意义来讲,诸如芸亭的一类私人图书馆的建立依托于有识之士的社会责任感与坚持,而非建立于类似英美近代的社会环境之下。较为一致的观点认为日本近代公共图书馆的开端发生在明治维新年间,沈丽云在《日本图书馆概论》中

---

① 马宗荣.日本图书馆事业的史的研究[J].文华图书馆学专科学校季刊,1932(6):177.

对此描述如下：

> 欧美图书馆的发展很快影响到维新以后的日本。以《劝学》等著作闻名于世的福泽谕吉(1835—1901)是明治时期杰出的思想家和教育家。19世纪60年代，福泽谕吉作为当时的幕臣，曾三次巡游欧美并写下所见所闻。其《欧美见闻记》后来以《西洋事情》(1866年)为名发表，书中介绍了西欧的图书馆："西洋诸国的都府都有文库，称为'图书馆(Bibliothec)'"。这是日本国内介绍西欧图书馆的早期文献。日本学者认为，《西洋事情》成为畅销书，对当时的日本是一个很大的震撼。这本书对日本公共图书馆的快速起步起了极大的推动作用。①

施金炎翻译石井敦的《日本公共图书馆大事年表》，其收录的第一事件便是"1866年(应庆2年)福泽谕吉的《欧美概况》出版"②。吴建中③和胡海燕也认同明治维新是日本近代公共图书馆史的开端。胡海燕认为，日本公共图书馆的设立与发展经历了"从文库到图书馆"的发展历程，以明治维新为分界点，可以分为两个历史阶段：明治以前，日本图书馆是在汉字文化影响下创建和逐步扩大的，这个阶段的日本图书馆主要以文库为主；明治维新后，随着西欧思潮的涌入，日本积极引进西方的文化模式，现代型的图书馆随之出现，可称之为"图书馆"阶段④。

在国内的研究中还存在一些不同的看法，如王渡江翻译美国《图书及情报百科全书》第24卷，指出：日本公共图书馆始创于18世纪，当时政府为了保存有价值的图书、文件和佛像⑤而建立了一座图书馆；真正的现代图书馆是在大约100年前开始建立的，这是由于现代教育系统的建立(1872)和基础教育已变为义务教育⑥。秦姝明确提出，公共图书馆是指普通市民可以随时随意阅读他们所需要的图书，并获得生活基本信息的地方，这个文明的概念是在二战后美国迈克阿瑟军队的压制

---

① 沈丽云.日本图书馆概论[M].上海：上海科学技术文献出版社,2010:49.
② 石井敦.日本公共图书馆大事年表[J].施金炎,译.图书馆,1990(1):57.
③ 吴建中.日本公共图书馆事业的发展：上[J].图书馆学研究,1986(1):68.
④ 胡海燕.日本公共图书馆事业发展概况[J].图书馆杂志,2006(2):55.
⑤ 原文为"佛象"，考虑应为"佛像"。
⑥ 王渡江,高青.日本公共图书馆概况[J].图书馆学刊,1982(1):60.

下引入日本的①。

这两个观点分别将日本公共图书馆的发端指向了 18 世纪和第二次世界大战后,相差 200 余年。

除了在日本公共图书馆史的开端问题上存在的争议之外,关于日本第一所公共图书馆之所指也存在不同的观点。王颖和胡海燕提出日本第一所公共图书馆是 1872 年在东京建成的由文部省管辖的、向平民开放官立书籍馆②。沈丽云认为,日本第一所公共图书馆 1831 年(天保二年)在仙台城下设立的、读者可自由阅览和外借的"青柳文库"③。可见,虽然在第一所公共图书馆的问题上存在争议,但研究无一例外地将是否面向公众开放作为最为重要的衡量标准,而未将英美标准作为判断依据,体现了国内研究中对日本公共图书馆特点的把握。

(2)日本公共图书馆的发展阶段划分

国内学者的研究中,对日本公共图书馆的发展分期问题的关注不多。其中,吴建中将日本公共图书馆的发展过程分为三期:

①早期文库的诞生:镰仓时期至江户幕府

②近代图书馆的发展:1860 年福泽谕吉访美后发表《西洋事情》至第二次世界大战④

③战后公共图书馆事业的飞速发展:1945 年第二次世界大战后至今⑤

孟扬在对日本《图书馆法》的研究中将日本图书馆的建设与发展过程以 1945 年为界分为两个阶段,1945 年前为日本资本主义制度的建立与发展阶段,1945 年后为日本图书馆的战后重建的阶段。虽然可以认为对日本《图书馆法》的研究实则是对日本公共图书馆法的研究,但是文中对日本图书馆的战后重建阶段的研究直指日本图书馆"三法"——1948 年公布的《国立国会图书馆法》、1950 年公布的《图书馆法》和 1953 年公布的《学校图书馆法》⑥,并没有将公共图书馆视为独立的研究对象。

---

① 秦姝.日本国民图书馆运动[J].出版参考,2001(4):25.
② 王颖.日本的图书馆事业[J].中国图书馆学报,1996(2):74.
③ 沈丽云.日本图书馆概论[M].上海:上海科学技术文献出版社,2010:49.
④ 吴建中.日本公共图书馆事业的发展:上[J].图书馆学研究,1986(1)67-68.
⑤ 吴建中.日本公共图书馆事业的发展:下[J].图书馆学研究,1986(2):93.
⑥ 孟扬.对美日图书馆法的比较分析[J].图书馆理论与实践,1996(1):12.

沈丽云在日本公共图书馆历史的研究中没有进行明确的分期,而是根据不同时期的发展特点进行的概述:

第一,1866年至1877年:福泽谕吉、市川清流和田中不二麿为代表的先驱介绍和推广英美的公共图书馆思想;

第二,明治初期:日本各地开设书籍馆、书籍纵览所、集书院、新闻纵览所等公共设施;

第三,明治中期后:以普通民众为服务对象的"通俗书籍馆"出现;

第四,明治后期(1899年—1912年):图书馆的相关法规和制度开始制定;

第五,大正至昭和初年:随着经济发展,各地陆续建立起公立图书馆;

第六,1941年至1945年第二次世界大战结束前:图书馆的指导原则以推荐国策图书为重点;

第七,1945年第二次世界大战后至1960年:反省二战期间的"思想善导"和国民教育的错误做法,通过《图书馆法》确定了"公共图书馆必须提供与普通市民相适应的服务"理念,且"公立图书馆不得征收入馆费";

第八,1960年后:公共图书馆在文化馆和小学中同时设立分馆,打造更贴近居民生活的图书馆;日本图书馆协会1963年出版《中小城市公共图书馆的运营》报告书,1970年出版《市民的图书馆》;

第九,2001年:文部科学省发布《公立图书馆设置及运营方面的期望标准》;

第十,2003年:日本政府对地方自治法进行部分修订,"指定管理者制度"开始实施①。

可见,在国内学者的研究中,对于日本公共图书馆的发展分期问题的关注不多,因此研究成果也比较有限,观点也没有体现出一致性。

1.2.2　国外文献综述

(1)日本研究综述

小黑浩司提出1877年东京大学法文理学部的图书馆建立之时,日本最早一次

---

① 沈丽云.日本图书馆概论[M].上海:上海科学技术文献出版社,2010:49 – 55.

使用了"图书馆"一词：

"图书馆"一词第一次使用是在 1877 年东京大学法文理学部图书馆建立之时，但是明治维新期间，在"图书馆"一词出现之前，有一段时间使用"书籍馆"一词①。

从发展阶段来看，岩猿敏生与石井敦都将明治时代作为近代公共图书的起点。其中，岩猿敏生将日本图书馆史进行了时代划分，如下表所示。这样划分依据的是图书和图书馆文化的惯例，江户时代以前的图书馆文化的研究中均以居于主导地位的社会阶层为依据进行时代划分，因此，明治以后的阶段则依照惯例，可以称之为"市民图书馆时代"②。

表 1 - 1   与日本历史对应的图书馆史时代分期③

日本历史的时代分期	图书馆史的时代分期
古代：飞鸟、奈良、平安时期	贵族文库时代
中世：镰仓、南北朝、室町时代	僧侣文库时代
近世：江户时代	武家文库时代
近代、现代：明治以后	市民图书馆时代

石井认为孕育日本公共图书馆兴起的是以明治维新为中心的民主主义革命。他指出，近代公共图书馆都是在市民社会的形成过程中成形的，因此公共图书馆的存在一定与一个民主一时高涨期密切相关。日本的民主主义革命一般认为是以明治维新为中心的，经历了自由民权运动直到 20 世纪 20 年代④。因此，明治维新时期的一系列民主主义运动成为公共图书馆出现的重要影响因素。

在日本的研究中，一般将明治维新作为研究近代公共图书馆的起点，并将市民社会的发展情况与公共图书馆的出现密切联系起来。在这样的共识之下，关于日本近代公共图书馆植根于不成熟的市民社会的结论也得到了普遍的认同。

（2）欧美研究综述

在欧美的研究中，对日本公共图书馆历史的关注较少，常规渠道可见的英文文

---

① 小黑浩司.图书·图书馆史：JLA 图书馆情报学テキストシリーズ3 - 11［M］.东京：日本图书馆協会,2013:91.

② 岩猿敏生.日本図書馆史概説［M］.东京：日外アソシエーッ,2007:17.

③ 岩猿敏生.日本図書馆史概説［M］.东京：日外アソシエーッ,2007:18.

④ 石井敦.日本近代公共図書馆史の研究［M］.东京：财团法人日本图书馆協会,1971:68.

献大多为日本学者以英语撰写而成。在欧美作者的研究中,对日本公共图书馆在第二次世界大战前后的社会功能的变化、二战后日本公共图书馆的发展情况予以关注。

Sharon Domier 提到了日本公共图书馆在军国主义时代发挥的思想指导的作用,提出公共图书馆的概念在 19 世纪 60 年代传入日本后并没有得到切实的发展,也没能产生重大的影响;直到国家开始意识到图书馆员可以通过阅读材料进行思想指导,图书馆才受到日本国家的青睐①。Wim Kuppen 对日本公共图书馆在第二次世界大战前发展缓慢的问题进行了分析,提出日本社会服务业发展滞后于国家优秀技术进步,并且直到 1868 日本仍然是一个封建社会,很少有人能读或写,因此公共图书馆发展水平很低,这一状态一直持续到第二次世界大战②。

在对第二次世界大战后的日本公共图书馆的发展情况的研究中,Wim Kuppen 提出,1950 年日本图书馆法立法通过,建立了一个从政府获得资金来源的免费公共图书馆体系,虽然这些经费不足以提供良好的图书馆服务,但是在日本仍然存在一些能够与西方公共图书馆相媲美的提供优质服务的公共图书馆③。可见 1950 年后的日本公共图书馆逐渐具备了与西方公共图书馆的一致性,从而形成可比性。

欧美的研究同样认为,1945 年是日本公共图书馆发展过程中的关键的点,同时提出,1945 年的后方是公共图书馆难以发展的封建历史的延续,其前方是公共图书馆获得立法保障与资金支持的发展机遇。欧美学者以西方公共图书馆为基准关注这一关键时间点,对本研究起到了很好的提示作用。

---

① DOMIER S. From reading guidance to thought control: wartime Japanese libraries[J]. Library trends, 2007(3): 551 – 569.

②③ KUPPEN W. Public libraries in Japan: a view of the development after 1945[J]. Bibliotheek en samenleving, 1984(12 – 7/8):33.

2　探寻公共图书馆思想中的单元－观念

2.1　观念史研究的基本思路

2.1.1　以事件为对象的思想史研究

本书的研究对象是"日本公共图书馆思想",核心词为"思想",本意是对思想史的研究。为了明确研究对象与研究内容,需要参考"思想"的词义与思想史研究的一般体例。

《现代汉语词典》2016 年第 7 版的解释如下:

> 思想:①客观存在反映在人的意识中经过思维活动而产生的结果。思想的内容为社会制度的性质和人们的物质生活条件所决定。②念头;想法。③思量。①

河井弘志的《德国的图书馆思想》一文,对日文中"思想"从英语和德语的译介进行了探讨:"平凡社的《哲学事典》中指出,'思想'对应对于英语的 thought、idea,德语的 Denken、Idee。'思想'是日语中的用法。Peter Vodosek(1939—)提出:'英语的翻译②应该是 philosophy,所以将演讲题目翻译成 Ideengeschichte 或者 Konzept 较好。'"③

思想来自客观,经过人脑的思维活动的生产后体现并受限于客观。对思想的研究无法直接切中人脑思维中的思想,而只能把握其输入与输出的两端。对日本

---

① 中国社会科学院语言研究所词典编辑室. 现代汉语词典[M]. 北京:商务印书馆,2016:1237.
② 此处的翻译特指针对该文献题目的翻译,即《德国的图书馆思想》中"思想"的德文翻译。
③ 河井弘志. ドイツの図書館思想[J]. St. Paul's librarian,2012(27):32.

公共图书馆思想而言,概括来说,就是舶来了什么、表达了什么,依据表达又实践了什么。

在历史的洪流之中,需要剥离出思想延续的过程与演进的路径。葛兆光在《中国思想史》中提到,技术史与思想史绵延至今,对今日人类的生活产生着深远的影响。思想史是"几千年来反复思索的问题以及由此形成的观念,多少代人苦苦追寻的宇宙和人生的意义,多少代人费尽心思寻找的有关宇宙、社会、人生问题的观念和方法",这些由问题而生的观念绵延至今,"影响着今天的思路,使今天的人依然常常沿着这些思路思索这些难解的问题,正是在这里,历史不断重叠着历史"①。思想史中研究的思想必然有其依托而生的固定形态,同时又具有可延续性,"思想没有随着有型的器物、有限的生命一道消失,通过语言文字、通过耳濡目染、通过学校内的教育和学校外的熏染,一代一代地在时间中延续下来,由于这种'延续',近人还可以重温古人的思索,古人的思索对于近人还存有意义"②。思想的重复与延续构成了思想发展的路径,于是形成思想史的链条,"思考的问题和思索的方式,见识的话语和实现的途径,一代又一代地重复、变化、循环、更新,有了时间和空间的连续,于是就有了历史"③。因此,在思想史的研究中,需关注思想的不同载体,沿袭着思想发展的路径勾勒出思想发展的历史。

在思想史的研究方法上,葛兆光建议,"把思想史上习惯的'影响'这种说法,变成'资源'、'历史记忆'、'重新解释'三个环节"④。换言之,他借用子安宣邦的说法,将思想史的研究对象作为一个"事件"⑤,"在某种历史环境所引起的历史记忆中被挖掘,被重新解释,然后变成新的思想依据"⑥。

因此,对思想史的研究需要将视角聚焦于思想形成的历史土壤,解释其形成的原委,厘清历史发展的脉络。

2.1.2　图书馆思想研究的观念史归属

思想史的研究是一个很大的范畴,涉及不同的研究范式。郑永田在《美国公共

---

① 葛兆光. 中国思想史:导论 思想史的写法[M]. 上海:复旦大学出版社,2016:1.
②③ 葛兆光. 中国思想史:导论 思想史的写法[M]. 上海:复旦大学出版社,2016:1-2.
④⑥ 葛兆光. 思想史研究课堂讲录:视野、角度与方法[M]. 北京:三联书店,2005:278-279.
⑤ 葛兆光. 思想史研究课堂讲录:视野、角度与方法[M]. 北京:三联书店,2005:351.

图书馆思想研究(1731—1951)》一书中提到"公共图书馆思想是公共图书馆经营与服务的过程中形成的各种理论和观点的总称"①。该书以杰出人物的思想、《美国公共图书馆通报》和《美国公共图书馆:历史、现状与管理》两份报告、重要会议、立法、图书馆与社会的关系等为依据,以时间为线索对美国的公共图书馆思想进行了研究。可见,公共图书馆思想研究有着极强的情境限定。

河井弘志在对德国图书馆思想的研究中指出,"丸山真男将'思想史'分为'学说史'、'观念史'、'精神史'三种类型。'学说史'是指纯粹的理论历史,'观念史'是世界观、人生观、见解的历史,'时代精神'是代表各个时代的精神整体构成的历史"②。因此,他认为"图书馆学或图书选择论的历史应归入'学说史'的范畴,但将'图书馆思想'划归'学说史'是不妥当的,应该归入第二大类'观念的历史'的范畴"③。

在此基础上,河井弘志将"图书馆思想"的研究分为两个组成部分:

(1)所有思考图书馆问题的人头脑中的"观念":"图书馆理论"、"关于图书馆的想法"或者"意识",这些都是所有思考图书馆问题的人头脑中的"观念"。其中包含事实与非事实的部分。综上,思想是指在目的或理念驱动下支持行动的观念。

(2)环境中的"态度决定"因素:思想不是以评论为终点的意见,而是伴随着行动的想法,因而还包含了所处环境的"态度决定"因素。"态度决定"是指与主体的生活方式、人生观、世界观相关的意识,是以人格形成为使命的重要的教育课题④。

立足于观念史的范式,对图书馆思想史进行研究,就需要明确什么是观念史,如何进行观念史的研究。葛兆光提出,"观念史(history of ideas),在比较细的区分方面,和思想史(intellectual history 或者 history of thought)是有点不同的,如果说,思想史主要讨论的是刺激思想的历史环境、思想在不同社会环境和不同历史时代中的变迁,要整体地描述时代、环境和思潮,那么观念史主要是围绕一个或者一组观念的历史过程进行研究"⑤。也就是说,观念史的研究要以一个观念的变迁为核

① 郑永田. 美国公共图书馆思想研究(1731—1951)[M]. 北京:社会科学文献出版社,2015:1.
②③ 河井弘志. ドイツの図書館思想[J]. St. Paul's librarian,2012(27):32.
④ 河井弘志. ドイツの図書館思想[J]. St. Paul's librarian,2012(27):32 - 33.
⑤ 葛兆光. 思想史研究课堂讲录:视野、角度与方法[M]. 北京:三联书店,2005:266.

心,研究其发展变化的过程、历史进程中的社会环境、时代背景与思潮。就如葛兆光提到的,"同样一段话,被注意的侧重面相当不同。而这种理解和解释的中心,又是随着时势的转移而转移的"①。观念史关注的是一则观念在不同情境下的不同解读、不同呈现的方式,葛兆光将观念史的研究比喻为"观念在不同时期的'旅行'"②,这便是观念史研究的基本思路了。

阿瑟·O.洛夫乔伊在《存在巨链》中对观念史的研究提出了观念史研究的4个要点:

> 第一,它下一步就是穿越不止一个历史领域——最终实际上是穿越全部历史领域,即单元－观念以各种重要性出现于其中的那些无论是被称为哲学、科学、文学、艺术、宗教还是政治的历史领域,去追溯历史学家如此利息出来的每一个单元－观念。

> 第二,和那种所谓比较文学研究一样,观念史表达了一种抗议,即对由于各种民族和语言所造成的对文学以及某些别的历史研究的传统化所产生的结论的抗议。

> 第三,观念史研究的另一个特点是:正如我希望对之加以界说的,它特别关心在大量的人群的集体思想中的那些特殊单元－观念的明晰性,而不仅仅是少数学识渊博的思想家或解除的著作家的学说或观点中的单元－观念的明晰性。

> 第四,作为观念史的最终任务的一部分就是运用自己独特的分析方法试图理解新的信仰和理智风格是如何被引进和传播的,并试图有助于说明在观念的时尚和影响中的变化得以产生的过程的心理学特征,如果可能的话,则弄清楚那些占支配地位或广泛流行的思想是如何在一代人中放弃了对人们思想的控制而让位与别的思想的。③

观念史需要去研究跨越时间纵轴的单元－观念,关注尽可能大量群体的共识

---

①② 葛兆光.思想史研究课堂讲录:视野、角度与方法[M].北京:三联书店,2005:268.
③ 洛夫乔伊.存在巨链:对一个观念的历史的研究[M].张传有,高秉江,译.北京:商务印书馆,2015:19－27.

与见解,以自己的方法阐释观念单元的更迭现象。在观念史中研究日本公共图书馆思想,需要明确如下要点:

①在日本公共图书馆思想史中,贯穿历史领域的单元 – 观念是什么?

②单元 – 观念贯穿的历史起点和终点是什么?

③单元 – 观念代表的绝大多数社会群体是谁?

④公共图书馆思想从西方传入日本,历经多年的发展,占据支配地位的思想是如何发展更迭的?

2.1.3 日本近代思想研究的特殊性

对如上 4 个问题的斟酌是本书的起点。在真正开始翻阅文献和史料回答第一个问题——单元 – 观念是什么——之前,更为重要的是划定一个时间区间。这一方面是研究的计划性使然,另一方面也是评估研究难度的依据。

公共图书馆是西方近代的产物,但是它并不爆发于西方的近代历史,在西方各国也未能呈现出如出一辙的规范性。由此,我们去探讨近代、近代性与日本的近代。对东亚而言,“近代”是一个麻烦的历史阶段。“近代性”在中文语境下有多重含义,其英文对应为“modernity”,是指 16 世纪以降由传统农业社会转变为近代工业社会过程中各种社会现象的变化。即西洋文明的近代性,对东亚传统文化造成影响并引起骚动的现象①。这个单词还有另一种翻译,即“现代性”,一般认为 1859 年波德莱尔在文学领域正式使用了“modernity”这个词语②,而汉语词汇的使用更为广泛,且含义更为复杂。但就历史的进程而言,西方之“modern”时期在东亚的历史进程和语境中皆表达为“近代”,即“近代性”是在东亚语境下的提法,对应于西方之“现代性”,而两者的英文同样是“modernity”。

对日本而言,需要界定其“modern”的时代,不能受限于历史研究的切分,而需要参照“modern”时代的社会特征,寻找与西方之“modern”相吻合的阶段。因此,日本的“modern”时代的起点在于学习西方之伊始的明治维新,终点则延伸到 1945

---

① 徐兴庆.东亚知识人对近代性的思考[M].台北:台湾大学出版中心,2009:1.

② 邱焕星.现代性、近代性[J].长江师范学院学报,2009(3):19.

年第二次世界大战后。对"modern"时代的判断依据不在于历史的切分,而在于标识近代社会成熟度的市民社会的发展程度。市民社会的发展程度决定了社会群体中的大多数的构成,决定了近代国家政权所代表的阶级内涵,进而决定了公共图书馆所代表的社会阶层的利益。占据支配地位的阶层所宣誓的利益决定了公共图书馆思想中的主流观念。

日本近代的公共图书馆思想孕育在日本近代思想的母体中,对日本近代思想的研究必须提到丸山真男,他在《原型、古层、执拗低音》中对日本近代思想进行了清晰的解构:

> 在古层上面,堆积的是儒、佛、天主教、自由民主主义等等外来思想,但是底层即日本本身的文化却一直延续着。在近代日本,虽然欧美近代思想居于压倒性主旋律地位,但也常常被低音部的某种音律,也就是日本自身的文化思想所修饰。这种低音有时成为背景存在,有时甚至压倒主旋律,有时被主旋律掩盖,但是它始终存在。应该说,任何一个主流思想,无论是外来的新观念,还是上层的创造性思想,在进入实际社会生活的时候,一定会因为这种深入民众的一般知识思想信仰的影响,形成某种妥协和变形,甚至是改造和扭曲。[1]

源自西方的公共图书馆思想,不论其原本的内涵如何、传入日本时表达的内涵如何,亦不论日本近代政权对西方舶来物的积极性与忠诚度如何,必然妥协于日本本土的思想,经历一个本土化的过程,若未被时代所淹没,则会在本土改造与时代进步中实现某种形式的交融,进而成为日本自有的思想,在日本思想底层的驱动下不断发展与自我完善。外来的思想与日本本土的思想需要经历一个融合的过程,不是单纯的替代,亦非一方彻底的消亡。丸山将这个过程描述为"正由于过去的东西未能被现在所'扬弃',所以导致过去的东西从背面流进了现在之中"[2]。

---

① 葛兆光.思想史研究课堂讲录:视野、角度与方法[M].北京:三联书店,2005:341-342.
② 丸山真男.日本的思想[M].北京:三联书店,2009:11.

葛兆光依据日本近代思想研究的特点,对近代思想史的研究提出了3个建议:

> 首先,是思想史研究应当真正注意"原型、古层、执拗低音",从哲学史的层面解脱出来,强化对思想史的社会和历史背景的研究。其次,是关于"倒着看"还是"顺着看"的问题。需要我们重新回到历史中去,像子安宣邦所说的那样,把清代学术作为一个"事件",放回历史场景和思想语境之中,重新顺着时间来梳理其脉络,看清其影响,分析其走向,最后才来确定它在中国走向"近代"的位置和意义。再次,是世界或亚洲史视野。西方知识、思想与信仰渐渐凭借"科学"与"理性"的名义成了普遍尺度,无论是日本、中国还是韩国,都面临着相同的问题,即如何转变自己的文化与思想形态,以适应或回应所谓近代和所谓"真理"。所以,它们之间是相互影响的。①

日本近代的研究需要以近代东亚为地域范围,以中国和朝鲜为参照与背景。因此对日本近代公共图书馆思想的研究需要投射到近代东亚的时代区间中,以时代发展的顺时为方向,将日本公共图书馆思想作为一个"事件",回归其时代的场景中,析出其中的单元-观念。沿着历史发展的脉络探究单元-观念的发展过程与支配思想的更迭,这是本书的思想主线。

2.2 西方公共图书馆思想中的单元-观念

由于各国的近代图书馆运动发生的历史时期和具体的发生方式不同,公共图书馆在西方各国的建立情况也各不相同。以文艺复兴为起点,欧美各主要国家在不尽相同的社会发展阶段和历史契机下建立了自己的"公共图书馆"。文艺复兴是封建社会向资本主义社会过渡呈现在意识形态上的反映,是封建的中世纪的终

---

① 葛兆光.思想史研究课堂讲录:视野、角度与方法[M].北京:三联书店,2005:394-352.

结和现代资本主义的开端①。文艺复兴时期通常指欧洲封建社会存续的最后几个世纪,这段时期从 14 世纪起一直延续到 17 世纪,人文主义运动、宗教改革和科学革命是这一时期发生的最重要的事件。文艺复兴最早出现在意大利,15—16 世纪发展到欧洲的其他国家②。在不同的环境因素约束之下,各国的公共图书馆也存在着相同的属性与特征。在复杂多元的现象中,其深层次的共性昭示着公共图书馆思想的单元 – 观念的内涵。

文艺复兴与宗教改革不但为资产阶级革命的出现做好了先期准备,其中对于"人"本身的关注与资产阶级的兴起也为公共图书馆在西方世界的诞生奠定了基础。石井敦曾经提到,"近代公共图书馆都是在市民社会的形成过程中成形的,这一点是毫无异议的……如果说公共图书馆是依托于与民众的关系而发生、发展起来的事物,那么公共图书馆的存在就不可能无关于一个民众意识的高涨期"③。在西方世界,近代图书馆活动也与民主意识的萌生有着密切联系。从文艺复兴到宗教改革、再到资产阶级革命,民主意识在这一过程中不断萌生与发展高涨,促使公共图书馆在不同时期诞生于不同的西方近代国家中。

2.2.1 古希腊与古罗马的公共图书馆

西方近代进程中,一个极为重要的参照物就是古罗马。古罗马文明不但对后世西方的发展产生了不可忽视的影响,它更是为公共图书馆的内涵提供了一个逻辑起点——在"公开"意义上的"公共"。"公共"含义的演变是一个过程,在人类社会尚未进化到足以支撑作为社会机构的图书馆的时代,以个人意愿为支撑的私人图书馆则相对易于实现得多。因此,昔日之"公共"并非今天我们所默认的意义。正如卡特琳娜·萨雷丝在《古罗马人的阅读》中提到的,"第一座图书馆是皮西特拉特(Pisistrate,公元前 6 世纪)在雅典修建的。它到底是座私立图书馆还是公共图书馆? 在古代根本没人会提出这个问题,因为那时个人收藏和归国家所有的图

① 小野泰博.图书和图书馆史[M].阚法篪,陈秉才,译.北京:北京大学出版社,1988:99.
② 于海.西方社会思想史[M].上海:复旦大学出版社,2015:56 – 57.
③ 石井敦.日本近代公共図書館史の研究[M].東京:財団法人日本図書館協会,1971:68.

书之间没有任何区别"①。

这些来自私藏的图书馆在历史变迁中捐赠于学校或者帝王并供人使用,从而成为学校图书馆与后来的公共图书馆的前身。所以"公共"的含义在人类历史中经历了不断变革,在图书馆历史中更被赋予了多重含义。"波利比乌斯②还说,当时任何一个市民都有权利用希腊各城市的图书馆。看来。此时希腊的图书馆开始公共化了。不过,图书馆的公共性当然是限于贵族和平民,并不包括广大的奴隶"③。早在古希腊的图书馆已然向市民开放时起,"公共性"就已经指向了社会中具有权利和一定地位的群体。

古希腊的文明在希腊化④的时代传播到了东方,这一点与近代化的发展源流很像,但是实现方式是迥然不同的。在古希腊之后才有了古罗马,在近代公共图书馆的研究中往往视为源头的最早出现的"公共图书馆"就发生在这个时期的罗马⑤。最为著名的亚历山大图书馆在公元前 290 年修建,是古代世界的文化中心,藏书规模在 70 万册左右,公元前 47 年毁灭于恺撒进攻之下⑥。公元前 39 年,阿西纽斯·波里翁在伊利里(Illyrie)大获全胜之后,用缴获的图书建成罗马第一家公共图书馆⑦。1 世纪初,罗马有 7 座图书馆,4 世纪地方统计结果是 28 或 29 座,其中包括卡皮托利和分别属于图拉真、戴克里先、卡拉卡拉公共浴池的一部分图书馆,剩下的很可能都是地方图书馆⑧。公众可以自由出入图书馆,有时甚至还可以借阅里面的书⑨。

对于古代罗马出现这一具有"公共性"的图书馆的原因,杨威理解释为,"在这

---

① 萨雷丝.古罗马人的阅读[M].张平,韩梅,译.桂林:广西师范大学出版社,2005:133.
② Polybios 或 Polybius,公元前约 201—前约 120 年,杰出的古希腊历史学家波利比乌斯。
③ 杨威理.西方图书馆史[M].北京:商务印书馆,1988:26.
④ 希腊化:古希腊亚历山大大帝去世后,虽然古希腊帝国分裂,但亚历山大的武功、希腊的语言和文化在东方各国广泛传播,并与当地的土著文化融合,这就是历史上所说的"希腊化",人们称这种文化的繁荣时代为"希腊化时代"。见:杨威理.西方图书馆史.北京:商务印书馆,1988:17.原书脚注:希腊化(Hellenization)。
⑤ 卡尔施泰特.图书馆社会学[M].加藤一英,河井弘志,译.东京:日本图书馆协会,1980:5.
⑥ 萨雷丝.古罗马人的阅读[M].张平,韩梅,译.桂林:广西师范大学出版社,2005:133.
⑦ 萨雷丝.古罗马人的阅读[M].张平,韩梅,译.桂林:广西师范大学出版社,2005:135.
⑧ 萨雷丝.古罗马人的阅读[M].张平,韩梅,译.桂林:广西师范大学出版社,2005:136.
⑨ 萨雷丝.古罗马人的阅读[M].张平,韩梅,译.桂林:广西师范大学出版社,2005:138.

一时期,古罗马的教育较前普及,识字的市民逐渐增多,因而对书籍和图书馆的需要增加了,这些图书馆对巩固罗马的奴隶制政权起了作用的"①。草野正名在研究中强调了君主在这一时期的重要性:"古罗马时代的图书馆思想的发展直接承袭于古希腊时期的图书馆文化思潮,与其说展现于大学术图书馆之中,更多则体现在面向罗马市民开放的神庙公共图书馆的卓越发展上。这项努力从第一代罗马皇帝奥古斯都(Augustus,B.C.3—A.D.14)开始,以后历代罗马皇帝都吸收了古希腊的学术文化的思潮,积极建设神庙图书馆。其目的一方面在于将学术文化的发展作为其文教政策的必要的一环,更重要的是为了培养罗马市民的基本素质。虽然在古罗马时期并不知道什么是公共图书馆,并且与今日之公共图书馆相比,古罗马的公共图书馆也并非真正意义的公共图书馆。但是古罗马时期的公共图书馆的发展对罗马市民而言发挥了重要的文化本质的作用"②。

在这一阶段,公共图书馆现象集中于两个属性:"公共"的开放状态与"公共"的开放阶层。第一个属性对应于刚才提到的"公共性",这是借用杨威理的提法,在这个阶段主要用来描述图书馆的开放状态。其次是指开放的社会阶层范围,为了清晰说明这一点,我们用"谁之公共"来表述,即所谓的开放状态是面向社会哪个阶层的开放,即公共图书馆的"公共"是对谁的公共。古希腊与古罗马的公共图书馆是面向贵族与市民的,体现了对于这个阶层的"公共"。这里面有两个思想要点需要关注:一是发现教育的普及对公共图书馆发展的作用,另一方面则是注重公共图书馆的教育功能对民众素质的培养。这两点在西方与日本的公共图书馆建立过程中都有所映射。

2.2.2 文艺复兴与意大利公共图书馆

在近代史的研究中,通常将发端于意大利的文艺复兴作为西方近代史的开端。文艺复兴最早发生在意大利,随着对古希腊、古罗马经典的推崇与收集热潮的兴起,书籍的积累行为驱动了图书馆的快速发展。罗马奠定了意大利的中世纪经验,

---

① 萨雷丝.古罗马人的阅读[M].张平,韩梅,译.桂林:广西师范大学出版社,2005:34.

② 草野正名.公共図書館思想の文化的源流——古典ローマ期の公共図書館を中心にして[J].人文学会紀要,1983(1):154.

其以理性为本质的罗马法对市民思想的世俗化起了重要的作用①。正因为如此，诞生于文艺复兴时期的意大利公共图书馆几乎都呈现出开放于一定范围的民众的强烈意愿。

　　诞生于意大利文艺复兴时期的图书馆以私人收藏为主要来源,几个著名的私人图书馆都具备了开放于大众的基本特征。1437 年,尼克·尼科里在临终前委托柯西莫·美第奇,将生前收集的图书托付于佛罗伦萨市,建立了公开图书馆,这就是近代公共图书馆的鼻祖②。除了尼科里的藏书外,美第奇图书馆的更大一部分藏书来自柯西莫·美第奇的私人收藏。柯西莫·美第奇在 1433 年被流放到威尼斯的过程中,在威尼斯建立了一所文库,并以此为基础,在其返回佛罗伦萨之后在那里建立了更大规模的书库,这一文库就是后来的美第奇书库③④。此后,美第奇把尼科里的 1430 本藏书连同他丰富的私人藏书放在佛罗伦萨的圣马可修道院(San Marco),于是形成了文艺复兴时期带有公共性的最早的图书馆之一。1456年,科西莫·德·美迪奇(1389—1464)在菲埃索莱的巴迪亚修道院新建一座图书馆,其中的藏书构成了巴迪亚修道院图书馆的基础⑤。美第奇家族的后人洛伦佐·美第奇(Lorenzo de' Medici,1449—1492)继续扩大美第奇家族的藏书,并允许学者使用和誊写。在他去世之后,美迪奇家族的藏书几经波折,终于在 1571 年建立起向公众开放的图书馆,即著名的洛伦佐图书馆(Biblioteca Laurenziana)⑥。

　　另外,圣马可修道院的藏书中,有一部分是来自拜占庭学者贝萨里昂(Bessarion,1389—1472)的私人藏书,并在 1559 年建立起圣马可图书馆(Bibilioteca Marciana)⑦。这是文艺复兴时期的第一座公共图书馆,它只允许有限的人使用藏书,而且只可阅读,不能外借,可见,此时的"公共图书馆"与允许公众自由借阅的现代公共图书馆尚有一段距离⑧。

---

① 张久春. 略论佛罗伦萨的市民人文主义[D]. 湘潭:湘潭大学,2004:4.
②④ 和田万吉. 図書館史[M]. 東京:慧文社,2008:104.
③ 日文原文为"文庫",原意不等同于中文之"图书馆",但在杨威理的中文著作中直接译为下文所见的"美第奇图书馆"。
⑤⑧ 杨威理. 西方图书馆史[M]. 北京:商务印书馆,1988:255.
⑥ 杨威理. 西方图书馆史[M]. 北京:商务印书馆,1988:255－256.
⑦ 刘耀春. 文艺复兴时期意大利城市社会研究[D]. 成都:四川大学,2007:258－259.

在 1500 年前,欧洲最重要的私人图书馆都是由文艺复兴的先驱者们建立的①,彼特拉克和薄伽丘都是这其中的代表人物。彼特拉克(Petrarch,1304—1374)是这批最早的藏书家之一,他从欧洲各地收集抄本,尤其喜爱收集拉丁文古籍。他具有藏书家和学者的杰出品质,努力搜寻古典拉丁文著作,并建立了当时最好的私人图书馆。他曾经希望死后将图书馆提供给民众使用,但是他的计划没有实现,图书也都失散了②。同时代的薄伽丘(Boccaccio,1313—1375)是彼特拉克的追随者,也在拯救古代典籍的事业中充当了主角,薄伽丘去世后,他收藏的图书送给了佛罗伦萨的圣·斯匹利特(Sar Spirit)修道院③。

在宗教改革时期,意大利新建了两所图书馆:米兰的安布罗西安图书馆(Biblioteca Ambros)和罗马的安吉洛图书馆(Biblioteca Angelica)。前者是米兰红衣主教博罗梅奥(Federigo Borromeo,1564—1631)于 1602 年建立的,1609 年开始主要对学者中的中高级知识分子开放;后者原是奥古斯丁修道会④会士安吉洛·罗卡(Angelo Rocca)的私人图书馆,1614 年开始对外开放⑤。

从文艺复兴到宗教改革,意大利公共图书馆的公共性依然以"公开"为最主要的内涵,在笼统的公开之外,体现出在馆阅读的基本要求,这是对公共图书馆的管理方式的具体化。同样,所谓"公开"是受到一定约束的,一般会根据图书馆所有者的意愿,面向学者或中高级知识分子开放。

2.2.3　宗教改革与德国城市图书馆

文艺复兴时期,德国出现了小规模的、具有某种程度的公共属性的图书馆,这种公共性依然体现在有条件的"公开"上。除了私人图书馆之外,在极少数城市也出现了为市民服务的图书馆,如德国的不伦瑞克(Brunswick,在联邦德国的东北部)早在 1413 年就有了这一类图书馆,但在中世纪后期,这一类型的图书馆还没有

---

① 哈里斯.西方图书馆史[M].吴晞,靳萍,译.北京:书目文献出版社,1989:128.
② 哈里斯.西方图书馆史[M].吴晞,靳萍,译.北京:书目文献出版社,1989:129.
③ 哈里斯.西方图书馆史[M].吴晞,靳萍,译.北京:书目文献出版社,1989:130.
④ 奥古斯丁修道会:Augustinian Order,天主教的托钵修会(乞食修会)之一,会士以托钵乞食为生,因而得名。见:杨威理.西方图书馆史[M].北京:商务印书馆,1988:137.
⑤ 杨威理.西方图书馆史[M].北京:商务印书馆,1988:136 – 137.

显示出它的活力①。在纽伦堡，博学的人文主义者舍德尔(Hartmann Schedel，1440—1514)拥有一个约 600 册藏书的私人图书馆，其中有 200 册已经是印刷图书。该城的名人皮尔克海马(Willibald Pirckheimer，1470—1530)在藏书签票上印有"为自己，也为朋友"几个字，表明当时人文主义者的私人图书馆是愿意向志同道合的人开放的②。在 15 世纪，君侯图书馆或多或少都带有私人图书馆的性质；16世纪作为过渡时期，一部分图书馆仍旧专供君侯自家使用，另一部分则开始逐渐转向对外开放，到 17、18 世纪，其中的绝大部分都变成了很重要的公共图书馆③。

在宗教改革之前，德国的市立图书馆大多形成于私人收藏，这些来自捐赠的"被动"建立的图书馆虽然与神职人员所掌控的图书馆形成了竞争的关系，但是当时还没有出现在公共精神的驱动下主动建立的市立图书馆④。宗教改革对德国而言更重要的意义在于促成了社会大众对公共图书馆的意识觉醒⑤。

在宗教改革时期引发的农民起义与国内外战争虽然对欧洲各国的图书馆造成了程度不同的破坏，但德国的城市图书馆在这个不破不立的机会中发展起来。马丁·路德(Martin Luther，1483—1546)于 1517 年 10 月 31 日将九十五条纲领贴在维腾堡的教堂上，向教皇提出了挑战，以此拉开了宗教改革的序幕⑥。在宗教改革中，路德将获得知识的自由权利作为斗争的一项重要内容。他在宗教改革的倡议中提出了建立图书馆的基本思路，并在 1524 年的致德国全体城市的市参事会会员的《希望建立和维持基督教学校》的请愿书中明确表达了市政府应承担兴办优质学校和鼓励受教育的义务，以及大都市应不惜财力建立图书馆(librareyen)或者藏书馆(Bücher heuser)的主张⑦。通过这些努力，很多图书馆在这一时期建立起来。较大的城市图书馆有：马格德堡图书馆(1525 年建立)、汉堡图书馆(1529 年建立)、斯特拉斯堡图书馆(1531 年建立)、奥格斯堡图书馆(1532 年建立)、柯尼斯堡

---

① 杨威理.西方图书馆史[M].北京：商务印书馆，1988：79.
② 杨威理.西方图书馆史[M].北京：商务印书馆，1988：113.
③ 杨威理.西方图书馆史[M].北京：商务印书馆，1988：121.
④ 卡尔施泰特.图书馆社会学[M].加藤一英，河井弘志，译.东京：日本图书馆协会，1980：13.
⑤ 卡尔施泰特.图书馆社会学[M].加藤一英，河井弘志，译.东京：日本图书馆协会，1980：31.
⑥ 谢拉.图书馆学引论[M].张沙丽，译.兰州：兰州大学出版社，1986：23.
⑦ 河井弘志.ドイツの図書館思想[J].St. Paul's librarian，2012(27)：37.

图书馆(1541 年建立)等①。可以说,宗教改革激发了对图书馆的教育功能的觉察,并将其视为新兴阶层自我教育的机构,这两点在路德的主张中尤其鲜明。

在德国的城市图书馆兴起之中,"谁之公共"发生了较为深刻的变化。从古希腊、古罗马到意大利以及宗教改革之前的德国,在图书馆的公共性问题上,最鲜明的体现为图书馆拥有者的开放意愿,而"谁之公共"则完全由图书馆的拥有者来决定。路德在纲领中提出了对图书馆面向新兴阶层开放的要求,深刻体现新兴阶层对公共图书馆的教育功能的发觉以及对公共图书馆的公共性的感知。新型阶层作为一个有组织的力量推动"谁之公共"的改变,使"公共图书馆"的含义发生了深刻的改变。

2.2.4　法国大革命与皇家图书馆

法国在 13 世纪建立了皇家图书馆,这是法国国家图书馆的前身。法国皇家图书馆曾经迁至布尔瓦城及枫丹白露的城堡中,直到亨利四世(1589—1610)期间才迁回巴黎。自 1537 年开始,凡在法国出版的书籍皆需要交予该馆一册,皇家图书馆的馆藏也因此稳步发展起来②。

皇家图书馆的馆藏来源比较多源,有的是出资购买的,有的是来自捐赠,有的馆藏的增加是由于其他特殊的历史原因。18 世纪后期,由于法国其他图书馆藏书的并入,法国皇家图书馆的发展速度极快,1763 年耶稣会会员被逐出巴黎时,他们的图书馆被没收,其藏书很多都存入了皇家图书馆。1789 年法国大革命爆发。1792 年皇家图书馆更名为:国家图书馆,逃亡贵族的藏书大多存入该馆。此后修道院、大教堂、教会学校图书馆被没收的图书除了复本也都存入其中③。在 19 世纪时,法国国家图书馆成为世界上最重要的图书馆之一④。

法国皇家图书馆原本是不对外开放的,直到 1735 年才向民众开放⑤。法国大

---

① 杨威理.西方图书馆史[M].北京:商务印书馆,1988:116.
② JOHNSON E D.西洋图书馆史[M].尹定国,译.台北:台湾学生书局,1985:129.
③ JOHNSON E D.西洋图书馆史[M].尹定国,译.台北:台湾学生书局,1985:130.
④ JOHNSON E D.西洋图书馆史[M].尹定国,译.台北:台湾学生书局,1985:131.
⑤ 杨威理.西方图书馆史[M].北京:商务印书馆,1988:125 - 127.

革命之前法国皇家图书馆每周开放两天,1796 年 9 月 11 日起每天开放 4 小时①。法国大革命时期建立的国民教育委员会中的图书馆分委员会负责改造现存的旧图书馆,组建新图书馆,主持上缴图书的清理、分析、鉴定工作并分配给各图书馆,编制目录和开展社会教育活动,其主要的政绩包括:将皇室图书馆改建为法国国家图书馆,将一些著名的私人图书馆,如马萨林图书馆、阿尔塞纳图书馆国有化并对公众开放,并成立了一些新图书馆②。

值得一提的是红衣主教马萨林的私人图书馆的成就。马萨林图书馆的管理人员诺戴(Gabriel Naudé,1600—1653)跑遍了当时欧洲所有的书市搜集图书,建立了当时最有名的图书馆。1627 年诺戴撰写的第一部组织和建设图书馆的指南手册——《关于如何创办图书馆的意见》,独具知识性、趣味性,其中陈述了其选择图书的原则,强调现代图书馆的图书与古籍珍本同等重要,异教作品与支持宗教的书籍同等重要,坚持用简明易懂的主题方法编排图书的分类体系③。

法国大革命促使皇家图书馆强化了"公开"的属性,而国民教育委员会的管辖突显了对其教育功能的关注。

法国皇家图书馆的公共性除了体现在积极的开放之外,首次出现了制度化的馆藏建设方式,将出版物以呈缴本的方式收入图书馆,以供民众使用。这种调用社会资源的公开制度使公共图书馆的馆藏来源不再依赖于私人所有者的个人因素,将公共性延展到馆藏的源头。而专业委员会管理制度的建立在极大程度上减弱了长期保持在公共图书馆中的私人色彩,专业委员会负责公共图书馆的日常事务,确保公共图书馆的开放时间与面向民众开放的服务,使"谁之公共"有了制度保证,也体现出利益所保障的社会群体的集体意愿。

2.2.5　工人阶级的兴起与英国公共图书馆

早在 17 世纪末,英国律师约翰·伊夫林(John Evelyn,1620—1706)就曾致信给当时的海军行政官佩皮斯(Samuel Pepys,1633—1703)建议"依据公共法律和英

---

① 杨威理.西方图书馆史[M].北京:商务印书馆,1988:147 – 150.
② 毕吕贵.法国大革命时期的图书馆事业[J].四川图书馆学报,1987(2):94.
③ 谢拉.图书馆学引论[M].张沙丽,译.兰州:兰州大学出版社,1986:24.

格兰在每一个城镇的特别税收来建立牧师的图书馆"①。虽然利用税收支持公共图书馆的做法本身具备了近代公共图书馆的标志性的特征，但是从欧洲的整体来看，英国图书馆的公共性在其近代进程中的出现是比较迟缓的，这与英国的岛国文化有着一定的关系。作为欧洲大陆唯一的岛国，罗马法的精神并未传到英国，因此英国通过宗教改革，直到19世纪中叶才建立起如同德国各城市的、面向公众开放的图书馆。在此之前只有"被动"建立的图书馆②。之后发生在英国的宗教改革又比较具有破坏性，因此应该并不具备将一所具有可观馆藏的图书馆直接转型为任何形态的公共图书馆的机会。

早期英国皇家藏书通常在主人离世后散失，这也是英国国家图书馆建立较晚的原因之一。英国皇家图书馆的藏书中虽然有一部分是皇家所藏，但主要是由私人图书馆拼凑而成。1759年，大英博物馆图书馆正式开馆，并向民众开放，由于孟塔克宫(Montague House)中还存有斯隆爵士原藏的数千件地质和植物标本，因此也称为"博物馆"。大英博物馆图书馆通过采购、交换和收藏缴存本的权利逐渐建立起自己的馆藏③。

严格来说，18世纪的英国的国家图书馆的公共性在那个年代并没有什么创新之处，"博物馆"的称谓本身也体现了"开设以为展示"的初衷。虽然向饱学之士开放，但依然有诸多条款制约④。真正具备公共性的公共图书馆是出现在19世纪的各种形式的非公立图书馆，它们以各种形式、各种名称而存在，从不同的侧重点满足当时英国社会日渐壮大的新阶层的阅读需要，并催生了真正意义的公共图书馆。

19世纪中期之前，英国社会上出现过各种类型的会员图书馆，杨威理的著作中称其为租借图书馆(circulating library)或者租书店(lending library)，意指具有商业性质的流通图书馆，它们向一般市民提供通俗读物⑤。郑永田指出，会员图书馆(subscription library)是一种由会员缴纳会费维持基本运营的私有图书馆；历史上，会员图书馆还有过多种其他称谓，如"成员图书馆"(membership library)或"自营图

---

① 华薇娜. 英国公共图书馆产生的背景及其历史意义[J]. 图书馆杂志, 2005(1):6.
② 卡尔施泰特. 图书馆社会学[M]. 加藤一英, 河井弘志, 译. 东京: 日本图书馆协会, 1980:28.
③ JOHNSON E D. 西洋图书馆史[M]. 尹定国, 译. 台北: 台湾学生书局, 1985:131-133.
④ 杨威理. 西方图书馆史[M]. 北京: 商务印书馆, 1988:155.
⑤ 杨威理. 西方图书馆史[M]. 北京: 商务印书馆, 1988:190.

书馆"（independent library），"读书社"（reading society）①。这些图书馆的目的大都体现在以建设性的利用闲暇的方法来创建纪律良好的社区并为满足会员的阅读需要而建立馆藏②，它们有商业和非商业的区别③。这些小规模的图书馆大多在英国的公共图书馆兴起后日渐退出了历史舞台④，也可以理解为公共图书馆取代了这些小图书馆的社会职能。

工人阶级图书馆的兴起是英国会员图书馆中特有的现象。最早的工人图书馆是出现于 1741 年的铅山读书社，大量的工人阶级图书馆出现于 19 世纪 90 年代后。1799 年颁布的《结社法》禁止工人为保护自身的利益而联合起来，直到 1824 年，英国议会下院通过法律废除了《结社法》，工人得到了过去只是贵族和资产阶级才有的结社的权利，工会很快遍及全国。这些工会相继建立了真正属于工人阶级自己的图书馆⑤。

19 世纪下半叶，英国和美国同时出现了公共图书馆。此时出现于资本主义社会的公共图书馆具备 3 个基本特征——向所有居民免费开放、经费来源是地方行政机构的税收、公共图书馆的设立和经营必须有法律依据⑥。

1850 年英国议会通过了第一部公共图书馆法⑦，立法后，英国的公共图书馆并未马上形成规模，至 1860 年，英国总共仅有 28 所公共图书馆。初期的公共图书馆大多依靠当地名人财力支援，上述曼彻斯特公共图书馆就是一例⑧。到了 19 世纪最后 25 年，公共图书馆的发展加快了，这是因为 1870 年通过了初等教育法，从 1876 年实行义务教育，读书人数大为增加的缘故⑨。

英国的公共图书馆以图书馆法作为依据，在制度之上以法律为手段保证公共图书馆事业的建立与发展。法律的保护除了体现出国家机器的关注与力度，也是

① 郑永田.英国会员图书馆及其历史作用[J].图书与情报,2009(1):108.
② 郑永田.英国会员图书馆及其历史作用[J].图书与情报,2009(1):109.
③ 杨威理.西方图书馆史[M].北京:商务印书馆,1988:190 - 191.
④ 华薇娜.英国公共图书馆产生的背景及其历史意义[J].图书馆杂志,2005(1):6.
⑤ 郑永田.英国工人阶级图书馆及其历史作用[J].图书馆工作与研究,2009(1):21 - 22.
⑥ 杨威理.西方图书馆史[M].北京:商务印书馆,1988:192.
⑦ 杨威理.西方图书馆史[M].北京:商务印书馆,1988:193.
⑧ 杨威理.西方图书馆史[M].北京:商务印书馆,1988:196.
⑨ 杨威理.西方图书馆史[M].北京:商务印书馆,1988:197.

对社会绝大多数成员利益的保障。公共图书馆的公共性因立法而合法化,而新兴工人阶级的阅读诉求也因此而获得法律保护。通过会员制图书馆所表达出来的新兴阶层的需求成为法律所保护的基本权益,在公共图书馆事业中得以实现。"新兴阶层之公共"以法律的形式确定下来。

2.2.6 地区立法与美国公共图书馆

美国几乎与英国在同一时期建立了公共图书馆,最初,曾在英国当过印刷工的富兰克林从英国回到美国不久便与同行的年轻工匠一起建立"秘密小组"。为了满足他们讨论问题的需要,号召大家提供自己的图书。这个计划失败后,1731 年富兰克林创办了费城图书馆公司,这是一个自发的群众团体,每年收取一定的费用以供全体成员阅读,富兰克林称其为"全北美合作图书馆之母"。一般认为富兰克林是受到了"图书馆俱乐部"的启发①。

美国公共图书馆的出现方式与英国有很大差别。这种差异首先体现在图书馆法的立法机构上。美国的公共图书馆法并不是由国会统一制定,而是由各州、各市自行通过的②。

从 19 世纪初年开始,美国就出现过地区性的公共性图书馆,通过地方政府临时性的拨款支持其运转,包括康涅狄格州索尔兹伯里(Salisbury)镇的宾厄姆儿童图书馆和马萨诸塞州的列克星敦镇(Lexington)议会设立的儿童图书馆③。19 世纪30 年代,新罕布什尔州的彼得伯罗(Peterborough 或 Peterboro)镇建立的镇立图书馆已经具备了公共图书馆的基本要素——向全体居民免费开放、有地方行政机关的固定的经费支出,被称为美国公共图书馆的雏形④。

美国大城市中建立的最早的公共图书馆是在 1848 年马萨诸塞州通过立法后依法而建的波士顿公共图书馆。美国文学史家泰勒(M. C. Tyler)把从殖民时代至波士顿图书馆的美国图书馆史分为 6 个时期:①个人文库;②大学图书馆;③会员

---

① 谢拉.图书馆学引论[M].张沙丽,译.兰州:兰州大学出版社,1986:35 - 36.
② 杨威理.西方图书馆史[M].北京:商务印书馆,1988:197.
③ 杨威理.西方图书馆史[M].北京:商务印书馆,1988:197 - 198.
④ 杨威理.西方图书馆史[M].北京:商务印书馆,1988:198.

制图书馆;④学校区图书馆;⑤捐助图书馆;⑥公立图书馆。他指出波士顿公立图书馆是公立图书馆成立史前的"最终阶段"①。波士顿图书馆不但开启了美国的公共图书馆时代,其独创的通过理事会来管理图书馆的范例与兼顾公共图书馆的群众性与学术性的两种主张都为公共图书馆的发展提供了新的选择②。

美国的公共图书馆沿袭自英国,其基本特征保持了与英国具有高度一致性,但从建立的过程来看,经费来源的确定是美国的一大特点。郑永田指出,美国是建立税收支持的公共图书馆最早的国家,美国公共图书馆由公共税收支持可以追溯到19世纪30年代,早于英国直到1850年才颁布《公共图书馆法》,规定公共图书馆由公众资金支持③。

2.2.7　西方公共图书馆思想之单元 - 观念

在西方主要国家的公共图书馆次第出现的过程中呈现出两个不断演进和突变的要素—— 一是"公共图书馆"的关键修饰语"公共";二是公共图书馆服务的对象。公共图书馆之"公共",在图书馆这一社会事物中体现为其公共性在不同时期、不同社会环境中的不同体现方式与随着社会演进不断完善与深化的发展过程。而公共图书馆所服务的主流阶层,体现了公共图书馆所有者的办馆意愿,随着近代社会的发展,新兴社会阶层逐渐意识到公共图书馆的教育功能,开始主动要求获得图书馆的服务,并通过制度、立法等方式使公共图书馆依法为新兴阶层提供服务。前者构成了在图书馆思想研究中的单元 - 观念,后者便是单元 - 观念所代表的社会群体。

在单元 - 观念方面,可以看到"公共"或者我们一直以来的提法"公共性"随着时间的纵轴不断穿越与延伸的发展趋势。在这一进程中,向公众开放是首先出现的公共属性,公权力的介入紧随其后,之后出现的是立法保障,而确定以地方税收来支持公共图书馆事业的做法则是最晚出现的。英美建立于19世纪中叶的公共图书馆历来被认为是具有最全面的公共图书馆的属性的、真正意义的公共图书馆。

① 庄义逊.美国图书馆史研究述略[J].图书馆学通讯,1983(4):81 - 84,70.

② 杨威理.西方图书馆史[M].北京:商务印书馆,1988:200.

③ 郑永田.美国公共图书馆思想研究(1731—1951)[M].北京:社会科学文献出版社,2015:35.

在描述利益群体的"谁之公共"方面,从意大利到英美,经历了从"高阶层之公共"到"群体之公共""政府之公共"的历程,最终在英国实现了"市民之公共"。"市民之公共"与英国公共图书馆完备的公共性构成了最具标志意义的公共图书馆思想的内涵。

郑永田在研究美国公共图书馆问题时也曾经援引谢拉的言论:"'公共图书馆'的意义在社会和经济变革的冲击下会随着公共图书馆这一机构的发展而变化,在历史的延续中获得截然不同的含义。"①因此,对公共图书馆的研究,应该放眼于历史的脉络,关注其从何而来、向何处去,而非驻足于一个静止的时代,进行是与不是的筛选。对时代起止点的选择也是公共图书馆思想研究的一项重要准备。彼得·卡尔施泰特提到:

> 真正能够称之为"公共图书馆"的事物诞生于罗马帝政时代。罗马帝政时代的图书馆的公共性格与后世的图书馆不可一概而论……中世对于公共性的思想是未知的……中世的法律赋予一个人政治权力,这种权力是法律规定的结果,而不是使法律的本身具有某种权力。因此法律依附于一个权力主体,而不能脱离权力主体客观存在。在依据这样的法律关系结合的人,或者形成的集团组织内部就不会形成社会统一意识,自然也不会形成公共精神。②

借此,可以寻找到公共图书馆思想的研究起点——罗马帝政、中世纪以后。这两个关键词为我们确定了一个宏大的时间区间,即近代。在近代化的进程中,"公共"的词义逐渐萌生,新兴阶层出现、公共图书馆的服务对象逐渐形成。纵观欧洲主要国家的公共图书馆建立与发展的过程,罗马法将公共图书馆思想与近代社会与政治制度建立起密切关系。

在上文对西方主要国家的公共图书馆的建立情况的研究中可以看出,各国的公共图书馆的建立现象各有特点——目的不同、具体做法不同、各国的实际环境也

---

① 郑永田.美国公共图书馆思想研究(1731—1951)[M].北京:社会科学文献出版社,2015:35.
② 卡尔施泰特.图书馆社会学[M].加藤一英,河井弘志,译.东京:日本图书馆协会,1980:5-6.

不同。实际上,"公共图书馆思想"本身也并非具有一致性的事物,正如河井在德国图书馆思想的研究中提到的:

　　图书馆思想是依据国家、地域,以及时代的不同而发展变化的。并不存在普遍适用于全世界、各时代的图书馆思想。它与其他得以寻求普遍适用性的理论和技术有着本质的差别。图书馆思想会因主办者的不同、图书馆的服务对象的不同而有所差别。公共图书馆存在的意义也会因为服务对象社会层次的不同而不同。卡尔施泰特将各个时代、各个社会的意识与观念的总体称为"客观精神",这一"客观精神"会投影于图书馆藏书构成、目录编排方式中。但是精神的存在本身并不是超然的,它是一种"自下"的社会性约定俗成的事物。这种"社会约束性"在各个时代的社会中被明确认可,图书馆思想也无法逃离这种社会影响力。

　　图书馆思想也并非必须附属于"环境思想"或"社会约束力"。在图书馆思想史变革期,总会出现承担起历史赋予责任而敢于前行的人,他们拒绝屈从于时代精神的制约,果断选择立场。毕竟,在任何时代都有推动图书馆世界前进的人物,他们把握住明日之图书馆的"创造性图书馆思想"。①

因此,所谓"公共图书馆思想"即便受制于相同的客观环境,依然有可能呈现出与时代相符抑或者不相符的状态。值得欣慰的是,以单元 - 观念为线索,可以帮助我们看清楚它在不同环境下的呈现方式,如果深入剖析环境的影响作用,可以尝试去解释这些呈现方式出现的原因。正如河井弘志将"图书馆思想"的研究分为两个组成部分:观念与环境,简言之即"想做"与决定可行性的客观条件,即"能做"。具体来说,"思想"是指在目的或理念驱动下支持行动的想法,同时这一想法又受到环境因素的约束②。因此,在研究公共图书馆思想这一问题时,就需要关注其具有目的性的主观产物、约束这一思想的客观环境制约因素以及制约的结果。

---

①　河井弘志. ドイツの図書館思想[J]. St. Paul's librarian,2012(27);45.
②　河井弘志. ドイツの図書館思想[J]. St. Paul's librarian,2012(27);33.

2.3 日本公共图书馆思想中的单元 – 观念

在明确了研究的基本思路之后,需要划定日本公共图书馆思想的研究时间范围。上文中提到了近代社会对公共图书馆思想形成与发展的重要意义。当我们将"近代社会"投影到东亚、聚焦于日本,就需要说明日本之"近代"并非西方之"近代",因此我们需要研究的不仅仅是日本的近代,而是近现代。用以衡量的依据就是对是否具备"近代性"的判断,其表象便是日本社会的发展特点。

2.3.1 近代性形成的时代约束

"近代性"在中文语境下有多重含义,具体可见上文"2.1.3 日本近代思想研究的特殊性"一节。

在日语中可以发现诸如"欧美的市民社会呈现了近代性"这样的表达方式①。这种提法侧重于近代的全局性与共性,表达了以欧美之现代作为判断和比较相关问题的依据。日本学者冈精三这样描述"近代性":

> 简而言之,可以说"近代性"兴起了 19 世纪的工业革命,以加速度的方式改变了世界产业经济的形态。其间发生的两次世界大战对这一改变起到了推波助澜的作用。社会形态也伴随着经济形态的改变发生了急剧的变化,且变化仍在持续。……"近代性"也可以说是以普世教会主义(Ecumenism)的力量促成梵蒂冈教会会议的大转机。"近代性"的含义还包括表现为动摇着联合国立场的自由主义国家与共产工义团的深刻对立,反抗大国霸权的小国的崛起,发达国家与落后国家之间的认知差异等等。②

---

① 有賀喜左衛門. 非近代性と封建性[J]. 社会学評論,1950(7):2.
② 岡精三. 近代性の意味するもの[J]. 桃山学院大学キリスト教論集,1966(3):74.

　　这种表达虽然不能穷尽,但足以说明"近代性"涉及经济、社会、宗教和国际关系等方面,且具有国际视角。与此同时,还有另一种表达方式,比如针对中日问题的研究中,"近代性"也曾用于"关于东亚文明与中日近代性的几个问题"①类似的研究题目中。这一语境之下的"近代性"被冠以"中日"的限定,又强调了脱离西方的共性而强调东亚之个性的意味。在此,的确没有必要去深究这两种用法的排他性,但需要明确的是,正如王人博所说:"理性是西方的,非理性也是西方的。"②在"近代性"的研究中,我们很难摆脱西方的影子,但是我们只能在西方的"modernity"之下进行讨论。因此,对于东亚近代史的研究,对其"近代性"的考察,必然要以西方为标准,衡量其有无与得失。

　　关于"近代性"的研究是一个广泛的题目,其意指"各种社会现象的变化"③,在松岛英一对日本社会前近代性的研究中提到:"前近代性的问题并非局限于社会生活、社会结构本身,在与其直接相关的文化、意识,也就是所谓观念形态＝意识形态层面上也有需要关注的问题。"④因此,在西方近代化的影响下,东亚的社会结构、社会生活方面发生的变化以及与这些变化相关的意识形态的变化都应该作为考察的对象。富永健一从比较近代化论的视角概括了近代化的基本特征,认为近代化首先指的是产业化与资本主义化层面,同时将市民革命(政治)、家族的变化与城市化(社会)、宗教改革与启蒙主义(文化)等方面作为近代化的其他领域⑤。

　　东亚之中,中国近代化的进程呈现出迟缓的特点,费正清认为是由于中国将西方的榜样嫁接到本土的传统制度上,结果导致本土的惰性阻碍了现代化的进程并扼杀了革命的需要⑥。与此相反,近代的日本却以积极主动的方式,以西方的先进性来改变着本土化经验与根基。但在这些政治、社会、文化方面,日本的近代化有其特殊性,首先日本的近代化是一种感受到"文明化的使命"的需要而强制在各地

　　①　杨际开.关于东亚文明与中日近代性的几个问题[J].杭州师范大学学报(社会科学版),2009(4):116.

　　②　王人博.中国的近代性1840—1919[M].桂林:广西师范大学出版社,2015:代序2.

　　③　徐兴庆.东亚知识人对近代性的思考[M].台北:台湾大学出版中心,2009:1.

　　④　まつしま　えいいち.日本社会の前近代性ということ[J].社会学評論,1950(7):31.

　　⑤　飯島渉,久保亨,村田雄二郎.シリーズ20世紀中国史2近代性の構造[M].東京:東京大学出版会,2009:3.

　　⑥　费正清.费正清中国史[M].长春:吉林出版集团有限责任公司,2015:328.

展开的近代化①;其次,日本的近代化又是在资本一侧发起的近代化与对抗资本的人民一侧发起的近代化相互交织展开的复杂过程②。这些社会的、文化的、政治的因素,一方面决定了日本近代化不但是主动的,而且是自上而下的;另一方面也决定了身处其中的、舶来的西方文化思想(包括图书馆思想)的本土化方式与结果。积极主动的态度并不能改变客观事实。一方面,我们可以看到日本从明治维新开始努力学习西方,从全盘西化到国粹主义,再到军国主义的一系列积极的谋求发展的政策;另一方面,实际上,日本植根于东亚,虽然力主脱亚入欧,却依然只能在近代化的道路上艰难前行。西方之于东方的"近代性"标识了公共图书馆的单元 – 观念贯穿时代的起点与终点。

2.3.2 日本近代孕育的"公共"观念

"公共"是公共图书馆思想中最为核心的单元 – 观念。置于东亚的语境中,需要重新解读"公共"一词。从语义角度讲,明治维新之时,"公共"一词在日本已经有了明确的翻译,明治时代的英和辞典中"public"皆被释为"公的""公众",至少在明治七年(1874)时,"公共"一词即已被当作"public"的译语使用了③。在"公共图书馆"的语境中,中国与日本的很多学者倾向于认为"public library"指的是日本的"公立図書館",则"公共"指"公权力"或"政府";但日本《图书馆法》自 1950 年便明确规定了公共图书馆包括公立图书馆与私立图书馆,那么在其语境之下,"公共"又应该是指"公开"。

齐藤纯一也提出了"公共"的三种含义:①与国家相关的"公的(official)";②并不特指对象,而是与所有人相关联(common);③对所有人都开放(open),而这三者呈现了"对抗"的关系④。日本公共哲学的研究专家山脇直司在文章中指出了英语中的"public"的含义相当于:a. 针对所有人的,b. 公开的,c. 政府的三种意思。

---

① 飯島渉,久保亨,村田雄二郎.シリーズ20世紀中国史2 近代性の構造[M].東京:東京大学出版会,2009:3.

② 浦田賢治.日本の近代化論と憲法学[J].比較法学,1964(11):59.

③ 蓝弘岳.东亚中的"公共"概念——历史源流与展开[M]//黄俊杰,江宜桦.公私领域新探:东亚与西方观点之比较.上海:华东师范大学出版社,2008:74.

④ 中村春作.近世思想史研究と「公共圏」論[J].Problématique,2002(7):20.

但是在选取具体的含义的时候,需要明确其具体情况。在用于公共部门的情况下,明确使用了 c 项的含义;在用于公共事业的情况下,对其负责一方虽然表达了 c 项的含义,但是多少也必然包含了 a 与 b 项的意思①。

　　需要补充的一点是,日语具有很强的学习特性,在不断接受外来文化的过程中,日本人习惯了通过音译英语、法语等语言的词汇,通过片假名的方式书写出来,并作为日常表达使用,这样的新出现的词汇被称为"外来语"。大量的外来语具有对应的日语中原本的词汇,比如"public"在日语中经常对应于"公共"与"パーブリック",而不常出现在中国学者视野中的另一个对应词语为"世間"。中村春作提到,"社会史学家阿部谨在著作《什么是'教养'》中介绍了哈贝马斯的理论之后,抽象出了'公共性'的一般化的概念,并提出'并没有不具备公共性的历史',而对日本而言,'公共性'相当于传统的'世間'的概念"②。

　　"世間"一词在日语中又做何解呢?《大辞林(第三版)》,共有如下 7 个释义:

　　①人与人相互联系的生活场所。人世间。以及人世间的人们。

　　②在社会中交往、活动的范围。

　　③佛教用语,不断变化的迷幻世界。有生命之物及作为其生活场所的国土等等。

　　④自己周围的空间。附近。

　　⑤谋生的手段。(个人)财产。财产。

　　⑥与人交往。与他人交际。

　　⑦(僧人的反义)世俗之人。一般的人。③

　　这其中涉及了"public"在社会学中两个常用的含义:一个是阶层的含义,一个是对该阶层的生存环境的引申,即"领域"。首先,对"世間"的词义上进一步探讨,

---

①　山脇直司.公共概念の再検討[J/OL].[2016－04－09].www.cao.go.jp/zeicho/siryou/pdf/kiso_b13e.pdf.

②　中村春作.近世思想史研究と「公共圏」論[J].Problématique,2002(7):13.

③　松村明.大辞林[DB/OL].3 版.東京:三省堂,2006.[2016－04－09].https://kotobank.jp/word/%E4%B8%96%E9%96%93－87034#E5.A4.A7.E8.BE.9E.E6.9E.97.20.E7.AC.AC.E4.B8.89.E7.89.88.

在阿部谨也的《世间论》中提到了"世间"作为"公共性"的含义：

> 这里的"世间"从广义上来理解,也可以称为"公共性",是指抑制自己的欲望,以集体的利益为先的基本原则(『「世間」への旅』17 – 18 页)。……在不相信有神存在的日本,规则与秩序的建立不能依赖于对神的信仰,因此要依靠"世间"建立起规则与秩序。因此,"世间"具备了"公共性"的含义。①

阿部还提到了"世间"表达的共生空间的含义②,这就涉及刚才提到的"领域"的含义,可见,"世间"在日语中表达了作为社会成员的人与其他社会成员之间建立联系、形成共识或共同的行为准则与价值观的意思,这是"公共"在日语中的本意。"世间"的形成,是对社会规范的表达,也是连接个人与国家之中的一种方式。换句话说,"世间"是由个人形成集体而共同发挥作用的一种组织方式,这与哈贝马斯将资产阶级公共领域就其功能和其中的人民所谈论的话题分为文学公共领域与政治公共领域③有相似之处。

因此,对"公共"的研究必须关注置身于"世间"的社会成员的构成,居于主流地位的社会阶层、社会成员的组织程度都决定了"公共"的内涵,进而制约了公共图书馆的"公共性"。

2.3.3 "公共"中的日本民众

河井弘志在比较研究森耕一与清水正三对"公共"与"公立"之争的观点时,提出"公立"与"公共"的概念本身存在历史性的变化,而变化的核心要素在于"民众"所代表的力量：

> Public library 的理念的形成必然受到历史的、社会的、政治的情况等重要因素的作用。而且也不能忽视这其中的民众(public)自觉参与其中

---

① ② 田中史郎.「世間」概念の二重性——阿部謹也「世間論」を検討する[J/OL]. [2016 – 04 – 09]. www. mgu. ac. jp/ ~ stanaka/articles/sekengainen. pdf.

③ 李佃来. 公共领域与生活世界:哈贝马斯市民社会理论研究[M]. 北京:人民出版社,2006:86.

及由此形成的影响。公共图书馆行为的效用是否能够实现,取决于民众
(时代不同这个阶层的称呼有异)的力量。①

在这段论述中,河井以"public"指代一个社会阶层,而且显然是不同于国家或
者掌握国家统治权力的阶级。天满隆之辅援引哈贝马斯的言论,认为18世纪以后
的"公共性"是指"在沙龙或者读书会的活动中,具有自律性的市民建立起'公众
public'的自觉,通过公开讨论形成共识,进而形成政治秩序的基础"②。这也指引
我们以市民社会的研究作为对公共图书馆的观念史展开研究的重要基础与前提。

一般观点认为"市民社会"是一个关于资本主义与商品经济的发展、与城市化
进程有关,又与城市新阶级的兴起密切联系的、关乎民主与自由以及利益共同体的
概念。就词源而言,"市民社会"的本意是指"共同体":

> 英语"civil society"最早引自古代雅典哲学家亚里士多德的著作《政
> 治学》。……"civil society"这个英语词汇,其实译自拉丁语"societas civi-
> lis"。而"societas civilis"这个拉丁语又译自亚里士多德的著作《政治学》
> 里的"πολιτική κοινωνία"。……这个词的含义是"国家=城市(城邦)"
> 或"共同体之一"。③

"市民社会"的内涵后来几经发展,对近代影响较大的观点最初是黑格尔提出
的。黑格尔认为仅仅只是论述"国家应有形态"是不行的,重要的是根据现实去思
考法的理念实现的可能性。这种理念即为"自由"。"自由构成法的实体与规定,
法的体系为实现了的自由王国。"而且,"成为现存世界和自我意识本性的那种自
由概念"即为"伦理"。其经由"直接的自然的伦理精神"之"家庭",以及"丧失统
一的、分解"的"市民社会"阶段,最终形成"国家"。因此,"市民社会"事实上把分
解成各个阶层的个人,以对行业公会的归属作为媒介,聚集统辖到叫作"国家"的

---

①② 天满隆之辅.公共図書館の成立過程をめぐって——森耕一の図書館史に関する思索のあとをたど
る[C]//森耕一追悼事業会.公立図書館の思想と実践.神戸:森耕一追悼事業会,1993:26.
③ 植村邦彦.何谓"市民社会"——基本概念的变迁史[M].赵平,等,译.南京:南京大学出版社,2014:
89-95.

伦理共同体中①。

"市民社会"的概念在黑格尔的理论中发展为一个介于个人与国家之间的媒介概念,成为连接两者的一个社会中间因素。如果从这个角度来看,那么不论是日本的中世还是近代,对"市民社会"的概念的讨论就不应该集中于有无的层面之上,而应探讨其共同体的进化与市民社会发展问题。国家的集中统辖要以这种共同的伦理为基础,既强调成员的自由,又强调共同伦理的一致。

在关于日本近代社会的研究中,小林秀雄与平野义太郎都认为日本近代社会存在特殊性,认为相对于西方而言,日本的市民社会相对狭隘,保存着"封建垃圾",缺少平等自由的思想②;丸山真男则提出了市民社会中的"需求的满足及媒介"是通过商品生产来实现③。此后虽然还有高岛善哉提出将市民社会与资本主义社会剥离的观点④,但从主旨来看,并没有打破将"市民社会"置于国家与个人之间的媒介地位的基本含义,只是在连接的方式与意识形态等问题上有所出入。因此以"市民社会"为入口对日本近代社会特点的讨论,也应从其两端——个人与国家为切入点。市民社会所构筑的这一"领域"的概念在公共哲学中被描述为"公共圈"。长坂寿久认为:"明治时代以后进入近代进程的日本是一个在'公'与'私'的'公私二元论'的基础上建立起来的近代国家。其中,'公'是指政府,'私'是指个人/人民 people/市民 citizen/家族或者经济活动。在两者中间由'公共圈'(public sphere)发挥着媒介的作用。在'公'与'私'之间,存在着由'私'指向'公'媒介概念——'公共'"⑤。

对"公共"的独立性与双向性的发现也促使图书馆界做出了新的思考和研究。

① 植村邦彦.何谓"市民社会"——基本概念的变迁史[M].赵平,等,译.南京:南京大学出版社,2014:11-12.

② 植村邦彦.何谓"市民社会"——基本概念的变迁史[M].赵平,等,译.南京:南京大学出版社,2014:125.

③ 植村邦彦.何谓"市民社会"——基本概念的变迁史[M].赵平,等,译.南京:南京大学出版社,2014:126.

④ 植村邦彦.何谓"市民社会"——基本概念的变迁史[M].赵平,等,译.南京:南京大学出版社,2014:132.

⑤ 長坂寿久.公共哲学と日本の市民社会(NPO)セクター——「公・公共・私」三元論と3セクターモデルについて[J].国際貿易と投資,2007(夏):104.

根本彰在『民主的な公共圏としての図書館:新公共哲学の時代に司書職を位置づけ持続させる』一书的书评中提到,该书的意义之一在于将图书馆作为公共性文化机构的一员,打破图书馆固有的理论束缚,在外部理论的范畴中探讨图书馆的公共性问题。可以说,公共哲学为图书馆的公共性的研究提供了新的契机。

依据公共哲学的理论,在公共领域有两种同时存在的"公共",即由"公"到"私"的自上而下的公共与由"私"到"公"的自下而上的公共。以此反观日本近代的公共图书馆问题,"公共"虽然源自英语之"public",但在日语的语境中也无法退却"世間"含义的映射。因此公共领域中的公共图书馆非常有可能同时具备"公"与"私"两端的特性,这取决于其来自于公的公共领域抑或是私的公共领域。从具体的实例来说,来自于"公的公共领域"的公共图书馆自然会具备自上而下的公共性,其特征上对"公"的一方产生倾向性;反之,来自于"私的公共领域"的公共图书馆自然也会具备自下而上的公共性,也会具有"私"的一方的一些特征。"公共性"也因此变得更加多元与复杂。

我们终于得以以市民社会为基准反观日本近代与置身于日本近代的公共图书馆的时候,会发现市民社会、近代化早已成为日本图书馆学家研究的主题。岩猿敏生曾经提出:

当然,我们无法确定在明治维新之后,我国是否建立起欧美型的市民社会。但是,通过明治维新否定了江户时代封建社会的士、农、工、商的身份制社会,建立起四民平等的社会制度,同时建立资本主义社会经济体制和君主立宪的政治体制,并以议会制民主主义为发展目标。虽然日本以西欧的市民社会为目标而努力,但是很难说在明治维新后我国是否实现了这样的市民社会。但我们的确建立了非封建社会的不完全的近代市民社会。在图书以及图书馆文化方面,可以说不再是针对特定的社会阶层,而是由广大的市民居于主导地位。[①]

日本近代的公共图书馆植根于不完整的市民社会,市民阶层也没有如同西方

---

① 岩猿敏生.日本図書館史概説[M].東京:日外アソシエーツ,2007:17.

国家一样成熟起来。因此,对日本公共图书馆问题的研究,需要关注其"不完整的市民社会"与非特定的"市民阶层"的发展情况。石井敦将视角拓宽,认为"近代公共图书馆都是在市民社会的形成过程中成形的","如果说公共图书馆是依托于与民众的关系而发生、发展起来的事物,那么公共图书馆的存在就不可能无关于一个民众意识的高涨期",一般来说"在民主主义革命时代形成了公共图书馆运动的基础或者说黎明期",因此"日本的民主主义革命一般认为是以明治维新为中心的,经历了自由民权运动直到 20 世纪 20 年代,尽管日本的民主主义革命并不彻底"①。

因此,在有关日本公共图书馆思想的研究可以将明治维新作为研究近代公共图书馆的起点,并将市民社会的发展情况与公共图书馆的出现密切联系起来。这也是本研究的基本思路。

---

① 石井敦. 日本近代公共図書館史の研究[M]. 東京:財団法人日本図書館協会,1971:68.

3　公共图书馆思想的传入(1853—1880)

明治维新开启了日本近代的进程。日本的近代进程分为几个阶段,黑船入港的 1853 年到明治维新的第 13 年(1880),是日本积极主动学习西方经验的全盘西化阶段。在这段时间,日本积极主动地学习西方的一切看似先进的东西,尽可能将西方之所见在日本呈现出来。在这一阶段,日本认为可以通过这种方式推动日本近代化的快速发展。正是在这样的学习西方的洪流中,西方公共图书馆这一事物形成了一种认识,经由各种信息渠道,这种认识在日本社会形成了一些最初的印象。在各种信息渠道中,作用最为鲜明的是明治维新有识之士的推介。

在这一阶段,日本对公共图书馆的印象是比较表面的,将西方之公共图书馆构成要素搭建在封建色彩浓厚的立宪主义天皇制政权与自上而下的近代社会之中。这一阶段,日本的市民社会尚未发展成熟,公共图书馆无法如西方一般,代表这一阶层的利益。在环境的约束之下,日本虽然尽力还原了西方公共图书馆的印象,但是却呈现出另外一种表象。正如加藤祐三所说的"生活的历程告诉我们,比舶来更重要的是吸收。在舶来的基础上,我们可以渐渐地'改变'舶来品的实际价值和内在意义。这是 200 多年锁国文化成熟的一种标志"①。

3.1　公共图书馆思想传入时期的日本环境

3.1.1　东亚环境的震荡

日本的近代存在于东亚的大背景之下。一方面由于在近代之前的封建时

---

① 加藤祐三.黑船异变:日本开国小史[M].蒋丰,译.北京:东方出版社,2014:150.

代,东亚诸国在共同的文化背景之下——汉字、儒教、佛教①——原本就有着密切的关联;另一方面是由于西方以坚船利炮进入东亚,使中国、日本和朝鲜面临相近的境遇。在同样的窘迫中,东亚三国以截然不同的方式开启了各自的近代化之路。

加藤祐三在《东亚近代史》中,将东亚近代史的时间范围划分为1840年鸦片战争到1945年第二次世界大战结束,历时近百年。1945年,第二次世界大战以日本、德国、意大利的战败而宣告结束。自此世界进入各民族的政治独立和共存的时代。他认为这也是东亚近代历史的终点,也可以说是东亚现代史的开篇②。近代中日朝三国是历史上的清朝、德川幕府和朝鲜王朝,它们都曾经不同程度地实行"锁国"政策,但这一政策所针对的主要是"西力东渐"的欧洲诸国,在中日朝三国内部仍然保持着一定的沟通和联系——中朝之间延续着传统的"宗藩"关系,日朝之间则形成较为特殊的"大君外交"③。中日朝三国以默契与共识构成了一个暴露在西方列强的坚船利炮之下的"东亚"整体。

面对3个国家国力的悬殊,西方列强首先选择了中国作为开启东亚之门的切入点。西方资本主义进入17世纪的扩张阶段,东亚各国则处于闭关锁国的状态之下,因此,西方国家希望以通商的方式打开东亚各国的国门。从18世纪80年代到19世纪20年代,形成了亚洲三角贸易,涉及的东亚国家主要是中国、印度,从中国向英国出口红茶起于18世纪80年代;从印度向中国出口鸦片起于19世纪初期;从英国向印度出口棉布起于19世纪20年代④。当时的鸦片贸易对英国而言及其重要,因此林则徐发起禁烟运动后遭到西方列强的一致不满。1840年鸦片战争后,东亚进入了近代史阶段。

费正清认为,"19世纪时中国的对外政策与当时日本的锁国政策相似,均不符合历史的潮流,因而必然会导致失败","如果不是英国,那么别的国家也会这么做的","至于英国在华贸易的重点是鸦片而非茶叶或其他什么商品,这只是历史的

---

① 加藤祐三.东亚近代史[M].蒋丰,译.北京:东方出版社,2015:13.

② 加藤祐三.东亚近代史[M].蒋丰,译.北京:东方出版社,2015:18 – 20.

③ 张晓刚,国宇.论近代东亚国际秩序的重构——以19世纪70年代的日本对朝、对清交涉为主线[J].深圳大学学报(人文社会科学版),2012(4):149.

④ 加藤祐三.东亚近代史[M].蒋丰,译.北京:东方出版社,2015:32.

巧合罢了"①。在西方扩张的趋势之下,中国的国门一定要被打开。在西方的先进的近代性之下,中国走上近代化的道路是必然的结果,偶然的只是开启这条道路的契机。鸦片战争不仅开启了中国的近代史,同样开启了东亚的近代史。区别在于,三个国家开启近代的方式各有不同:中国成为半殖民地半封建社会,日本进入帝国主义俱乐部,朝鲜成为殖民国家②。

3.1.2 日本国内环境的变局

日本地处东亚,在西方列强的坚船利炮之下,长期获取中国的情报,以便调整政策,规避被入侵与卷入战争的命运。在观望与规避风险的努力中,日本晚于中国20 年进入近代化的进程。井上清描绘了明治维新前的日本,"政治上是幕府体制,国际关系上是采取闭关锁国的政策,只有荷兰和中国与日本有少量贸易关系,朝鲜和琉球仅仅是通信关系。经济上,以农业为主,生产人口80%是农民,农民没有土地,占有土地的是封建统治阶级的大名。社会上还存在着等级身份制和家长制,有贵族、平民、贱民之分。思想上,统治整个社会的是儒学、朱子学,即中国宋朝末期由朱熹创立的学说"③。应该说,明治维新前,日本是一个纯粹的封建国家④。日本积极主动地从一个纯粹的封建国家摇身转变为近代国家,可以理解为是封建社会的内部危机与西方列强的压力偶然结合的结果⑤。在国内外的联合作用力之下,日本的变革首先集中于国际关系与政治上,日本开港与幕府统治的终结标志着日本脱却封建束缚的无奈与决心。

(1)日本开港

日本开港的过程从1853 年7 月黑船驶入浦贺港开始,以1854 年3 月《日美和亲条约》的签订为止,历时8 个月。

日本在鸦片战争之前对英国的实力已经有所了解,并在外交方面不断地积极调整对策,从1791 年的宽政令,到1806 年的文化令,再到1825 年的文政令⑥,都体

---

① 费正清. 费正清中国史[M]. 长春:吉林出版集团有限责任公司,2015:271 – 272.
② 加藤祐三. 东亚近代史[M]. 蒋丰,译. 北京:东方出版社,2015:8.
③④ 洪红. 日本史学家井上清谈日本近代化[J]. 世界经济研究,1984(4):55.
⑤ 诺曼. 日本维新史[M]. 姚曾廙,译. 北京:商务印书馆,1962:13.
⑥ 加藤祐三. 东亚近代史[M]. 蒋丰,译. 北京:东方出版社,2015:42.

现了日本为求自保在国际关系上的不断尝试。对日本而言,确保自己不受西方列强的炮火袭击是非常重要的事情,因此幕府尽可能规避硬碰硬的风险,努力以"和平"方式解决危机。这一方面使日本近代免于战乱,另一方面也使"顺从"的近代性形成。

关于日本开港的这段史实,在日本近代历史的研究中另有专著详细记载,对于这段历史的研究并非本书的研究重点,因此为方便下文的论述,将史实简要抄录如下:

> 1853年6月,东印度舰队司令M.培理终于率领4艘军舰闯进江户湾,并在浦贺抛锚待命。对于美国舰队的到来,幕府虽然在此前通过荷兰商馆提供的情报已有所准备。但事到临头,仍免不了惊慌失措。奉命赶来加强防卫的彦根、川越、会津等诸藩官兵在浦贺海岸乱作一团,江户城的大街小巷里拥挤着逃难的人群。就在风声鹤唳的慌乱中,幕府被迫允许以培理为首的美国官兵在久里滨登陆,举行耀武扬威的分列式表演,被迫接受美国总统要求开港的国书和培理本人的亲笔信,答应考虑美国对日本的要求并在第二年培理再次访日时予以答复。
>
> 1854年1月,培理果然不爽前约,率领由9艘大小舰船组成的舰队,再次来到江户湾,并将军舰炮口瞄准了江户城。在强大的武力胁迫下,3月,幕府与美国政府在神奈川订立了日本近代史上的第一个不平等条约,即《日美和亲条约》(亦称《神奈川条约》)。条约共12条,在"和亲"即友好的名义下,规定日本开放下田、箱根两港;向美国船舰提供避风场所,保证来日人员安全和粮食、淡水、煤炭的供应;漂流者和往来者只服从公正的法律;美国人同样享有日本政府给予其他外国人的优惠待遇等。[①]

《日美和亲条约》的主要内容与《望厦条约》基本一致,在美国方面看来,这样做一方面表示他们对亚洲政策的连续性,表示他们与亚洲国家缔结新条约有

---

① 宋成有.新编日本近代史[M].北京:北京大学出版社,2006:71.

根有据;另一方面考虑到日本人虽然懂得汉文和荷兰文,但却不懂英文,用汉文作为美国的草案,可以让随行中国通威廉斯(汉名卫三畏)和荷文翻译同时进行译解。但是,实际谈判时,佩里一方懂得汉文的只有威廉斯一个人,幕府接待官一方的十几个人几乎都懂汉文。这样的比例与语言优势在谈判的关键时刻发挥了极大的作用,终于使佩里方面无法忍受,在经过了 10 天的交涉后签订了条约①。

从实际的结果来看,日本开港的效应是两方面的,在美国获得了与日本进行贸易的机会之外,日本也得到了自我发展的路径。一方面,《望厦条约》中有关禁止走私贸易的条款,在《日美亲和条约》中改变为"美国人服从日本正确的法令",说明美国没有在日本要求治外法权②,因此,虽然美国的确因《日美亲和条约》打开了日本的国门,但日本也在很大程度上保持了自主性;另一方面,是对日本近代的发展极为重要的一点,即日本以此为契机,对其与东亚的关系,尤其是与中国的关系进行了重新认识。以往日本的观察与畏惧建立在与中国同进退的前提之下。日美之间交涉签订的条约自此之后都不再使用汉文本,从此,日本国内汉文所具有的意义以及用汉文表达的思想和价值,也就渐渐模糊起来③。这使日本认识到"中国"这一前提是可以被打破的,这在一定程度上奠定了日本近代倡导"脱亚入欧"的基调。日本在黑船的"文明的力量"之下,从最初面对"不凭风力而自由行驶的黑船"的手足无措发展到开始周密而大胆地吸收消化这种文明,佩里曾经提到,感到日本已经具有从"静的吸收"转变到"动的吸收"的政治的、思想的背景④。

(2)幕府的衰落

从日本开港以后,幕府改革的频率逐渐增加,在 15 年的时间里先后进行了安政改革、文久改革与庆应改革。三次改革的主要内容如表 3-1 所示。

① 加藤祐三.东亚近代史[M].蒋丰,译.北京:东方出版社,2015:57.
② 加藤祐三.黑船异变:日本开国小史[M].蒋丰,译.北京:东方出版社,2014:134.
③ 加藤祐三.黑船异变:日本开国小史[M].蒋丰,译.北京:东方出版社,2014:158.
④ 加藤祐三.黑船异变:日本开国小史[M].蒋丰,译.北京:东方出版社,2014:150.

表 3 - 1　幕府改革的主要举措①

改革	时间	举措
安政改革	1854—1857 年	1)削减冗费,充实武备,实施军制改革; 2)设置研修洋学机构,培养洋学人才; 3)起用人才
文久改革	1861—1864 年	1)重新定位幕府将军与天皇朝廷的君臣关系,推行公武合体的路线,借以强化幕府权威; 2)与雄藩大名分权,缓和与雄藩大名的关系; 3)强化对国内市场和对外贸易的管理,聚敛财富以维护幕府的统治; 4)继续组建新式海陆军; 5)调整洋学机构,培养急需人才
庆应改革	1865 年	1)幕府官制实行重大调整,以总裁制取代老中制; 2)推行产业革命方针,振兴对外贸易; 3)推行强兵方针,加紧近代化军队建设; 4)继续坚持对外开放; 5)发展洋学

　　三次改革,皆涉及军队建设与发展洋学,在文久改革与庆应改革中突出强调了对官制的调整。这些举措虽然并未如愿拯救幕府于土崩瓦解之时,却为明治维新和日本近代的到来做好了充足的准备。由于幕府坚持对外开放方针,在短时期内,欧美文化影响急遽增强,日本社会对欧美的认知程度逐步加深。自文久年间派出留学生、扩大洋学研究范围以来,留洋之风大盛。人们竞相追逐新时尚,《万国公法》受到人们的关注,日本人出访欧美国家的游记、介绍各国概况的图书受到读者青睐。与此同时,日本社会的仰慕对象也由中国变为欧美国家。这样,幕府社会不仅增强了对不间断改革的心理承受能力,而且对未来发展方向的认识也清晰起来,从而为明治维新的到来预热了思想准备②。

　　除了明确了"西化"的近代化道路,在幕府改革中的另一个步入近代的准备就

---

　① 宋成有.新编日本近代史[M].北京:北京大学出版社,2006:54 - 60.
　② 宋成有.新编日本近代史[M].北京:北京大学出版社,2006:61.

是明治维新的主导阶层——中下级武士的兴起。在庆应改革期间,中下级武士已成为决定日本发展方向的集团势力。萨长土肥等西南雄藩的中下级武士占据了政治舞台的主角位置,其他诸藩的中下级武士藩政改革派,如福井藩力主开国贸易和殖产兴业的桥本左内、由利公正,熊本藩提倡重商主义富国强兵策的横井小楠等也在迅速崛起。在幕府改革过程中,各类人才崭露头角,为明治维新的展开准备了必要的人才队伍①。

洋学的兴起与“西化”路径的选择决定了日本近代的学习对象,中下级武士成为明治维新与日本近代化的主导力量,这就决定了日本学习西方进行近代化的具体实现方式。日本的近代化必然采取在封建基底上重建的自上而下的方式,因此,日本的近代国家必然是以专制的方式建立起来。

3.1.3 近代社会群体的孕育

在日本从中世到近代的历史进程中,基础教育从以寺子屋教育为主的平民教育发展为崇尚洋学的近代教育。福泽谕吉在《西洋事情》中主张以教育开化民众,提出以政府之财力兴办近代教育、培养卓越的人才,为国家的发展服务②。岩仓使节团也提出昔日之文物珍品能够激发后人的“爱古”之心与奋进的动力③。明治维新伊始,明治政府借鉴西方的经验,在寺子屋教育的基础上建立起日本近代教育制度,逐渐培育出日本近代的社会主流群体。

(1)寺子屋奠定近代教育的基础

明治维新前日本教育的发展对近代化的进程起到了至关重要的作用,并对公共图书馆的兴起、图书馆社会职能的实现也具有重要影响。在日本近世最为活跃、对近代影响最大的教育机构就是寺子屋。以寺子屋为基础建立的学校教育体系与倡导个人自由的商业资本主义、出版技术的发展共同构成了日本近世文化形成的基本条件④。

---

① 宋成有.新编日本近代史[M].北京:北京大学出版社,2006:62.
② 福澤諭吉.西洋事情[M].東京:慶應義塾大学出版会,2009:275-276.
③ 久米邦武.特命全権大使米欧回覧実記・第2篇・英吉利国ノ部[M].東京:博聞社,1878:111-112.
④ 白倉一由.近世文化成立の文化的諸条件(第2部)[J].山梨英和短期大学紀要,1996(30):65.

　　"寺子屋"顾名思义,与佛教的盛行有着必然的联系,寺子屋的产生也与日本平安时代将儿童托付于寺院的习惯有关。"寺子屋"的含义为寺子集中学习的场所。从字面的意思理解为,在中世,僧侣作为教师、学生被称为"寺子",入学被称为"入寺",校舍为"寺"或者"寺屋"①。在日本的平安时代末期佛教盛行,随着寺院社会势力的不断壮大,人们习惯于将孩子托管在寺院里面。这些孩子之中,有人希望以后成为僧侣,有人则不然,他们通过在寺院中居住的方式接受知识和道德方面的各种教育和训练②。从学习内容看,由于探究知识是僧侣的基本任务之一,因此孩子在寺院中能够学习内典(佛教经典)和外典(俗典)。同时,通过让孩子与他人相处的方式,也可以让孩子得到道德方面的教育③。

　　寺子屋教育的目的在不同时期有不同的体现。自平安时代末期以后,将孩子托管在寺院就以教育为目的,到了镰仓时代,这一目的得到了明确说明。从文献中能够体现出,自镰仓时代中期、进入室町时代以后,与儿童相关的文献大多与知识、技能或者德育等方面的内容相关④。

　　江户时代以后,寺子屋成为社会教育机构的一部分。江户时代的教育机构中,开设于江户的昌平校主要接收当时作为统治阶级的武士的子弟入学,在地方还有各藩主建立的藩校 278 所,除此之外就是寺子屋。寺子屋是向庶民的子弟教授与生活直接相关的知识与技能的私立教育机构,在全国约有 15512 所⑤。从江户时代享保前后(1716 年前后)开始,寺子屋从托管孩童的寺院成为庶民子弟学习日常生活必需的基本实用知识与技能的私立教育机构⑥,其基本的含义也发生了相应的改变,"寺"不再具有曾经的"入寺""在寺院居住"等含义⑦。这些孩子的年龄在6—13 岁之间,不需要进行任何前期准备即可入学,也不颁发入学证书和毕业证

　　①⑥吉田太郎.寺子屋における歴史教育の研究[J].横浜国立大学教育紀要,1966(6):41.
　　②③田中克佳.「寺子屋」の起源と語源をめぐって(文学部創設百周年記念論文集 I)[J].哲學,1990(12):528.
　　④　田中克佳.「寺子屋」の起源と語源をめぐって(文学部創設百周年記念論文集 I)[J].哲學,1990(12):528 – 529.
　　⑤　吉田太郎.寺子屋における歴史教育の研究[J].横浜国立大学教育紀要,1966(6):40.
　　⑦　田中克佳.「寺子屋」の起源と語源をめぐって(文学部創設百周年記念論文集 I)[J].哲學,1990(12):529.

书,随时可以入学和退学,通常在校学制为 1 年至 9 年①。统治阶级不强制也不奖励入校学习,父母完全是在考虑到子女的未来生活的前提下让孩子入校学习,体现了纯粹接受教育的热情②。

应该说,江户时代的寺子屋教育对日本近代教育制度的影响是最为直接的。明治九年(1876)大约开办了 2.7 万所小学(义务教育年限为 4 年),明治四十年(1907),全国初等教育机构的就学率达到了男生96%、女生92%,平均94%的水平,这在世界上都是极为罕见的。义务教育得以普及,是依靠 278 所藩校与 15512 所寺子屋共同构筑的覆盖于全国的武士与庶民的教育资源网络多年累积的成果。寺子屋对庶民教育的贡献是非常巨大的,到江户时代末期,日本的文盲数量急剧减少③。

明治维新后,寺子屋进入了暂时的关闭状态。根据明治五年(1872)发布的学制改革方案,将教育机构分为官立、私学和家塾三种。根据这一学制划分,很多寺子屋划归为公立小学,有的成为并不规范的小学或者私立小学;还有一些寺子屋作为家塾残存了下来,虽然没有教师资格,但依然在自己的家里进行教育活动④。寺子屋成为实际意义上的近代教育制度的前身和基础。

江户时期寺子屋的平民教育在平民对教育的热情之下取得了很大的成就,也为幕府末期明治维新顺利开展、近代化的快速进行奠定了民众基础。宋成有总结江户时代寺子屋教育的社会意义与影响有如下三点:

其一,有利于社会教育资源配置趋于合理化。

其二,提高了全民族的文化水平。

其三,为明治时期日本近代教育的普及和近代化有文化的劳动大军的造就,预先准备了条件。⑤

从中世到明治维新前期的社会教育的发展中,寺子屋教育是非常引人瞩目的一股力量。寺子屋培养了庶民的基本读写能力,在日本进入近代化之前就基本完

---

①② 吉田太郎.寺子屋における歴史教育の研究[J].横浜国立大学教育紀要,1966(6):41 - 42.

③④ 吉田太郎.寺子屋における歴史教育の研究[J].横浜国立大学教育紀要,1966(6):41.

⑤ 宋成有.新编日本近代史[M].北京:北京大学出版社,2006:51 - 53.

成了扫盲的重大任务。伊藤博曾经提到,明治初期曾经出现被称为"穷理热"的科学入门书籍的大流行,这样的科学类书籍要成为一般民众的读物的首要条件就是读者群体必须要具备较高水准的识字率①。据此可知,在明治维新前后,日本一般民众的识字率相当高。

(2)经世之学与洋学的兴起

对承袭自中国的明清儒家思想的否定与对经世致用之学的推崇是日本近代文化发展的两大要素,也是日本吸纳西方文明的立足点与原动力。选择这一立足点的首要原因就是中国在鸦片战争中的失败。

鸦片战争打碎的不仅是东亚的屏障与中国的国门,还有儒学的权威。鸦片战争不同于中国历史上的任何一次战争,虽然历史上以汉民族为主体的儒教中国也曾受到某些少数民族的侵扰或征服,但这些少数民族最终取得统治合法性的一个必要前提是必须在不同程度上皈依以儒家文化为主干的中国汉文化。鸦片战争则不同,西方不但试图以武力征服中国,而且导致以儒学为主导的文化传统也面临前所未有的威胁②。

同样地处东亚,同样面临儒学的崩塌,中国与日本同样产生了向西方学习的思潮,但对西学却采取了不同的态度。中国始终纠结于"体"与"用"的关系,日本的近代化则从一开始就否定了中国"中体中用"与"中体西用"的观点,以"摈弃旧时代之陋习"与"向世界求得新知"为基调,明治时代的"文明开化"的全面向西方学习的政策也是在此发端的③。

内藤湖南将日本摈弃旧时之文化传统的情形描述如下:

> 不过时代已经处于幕府政治的末期,内外物情骚然,读书人不能死啃书本子,没有时间搞学艺,十数年间,衰运日甚一日,就这样的遇上了明治维新,时运变样,过去的文化从眼底消失得一干二净,不待其变化、发展、完成,就把三百年的文化史一刀两断甩开了。④

① 伊藤博.教育史から見た幕末期から明治初期の教育[J].大手前大学論集,2011(12):18.
② 王人博.中国的近代性1840—1919[M].桂林:广西师范大学出版社,2015:1.
③ 李国栋.中日両国の近代化と魯迅・漱石[J].国文学考,2003(3):22.
④ 内藤湖南.日本文化史研究[M].储元熹,卞铁坚,译.北京:商务印书馆,1997:257.

日本近代正是在合理化西方思想的模式下展开的，从而逾越了"体"与"用"的博弈，从根源上开辟了西方思想植入日本的通道，并提供了肥沃的土壤。如果细品日本的"经世之学"就会发现其并非单纯儒学的延伸与突破，而是极为杂糅的一种学术形态，其中最为鲜明的组成部分包括了舶来的"兰学"。

"兰学"即荷兰之学的略称，指的是日本江户时代（1630—1867）中后期，以荷兰语为媒介，研究西方近代的文化、学术、技术的一门学问，也是锁国时期日本了解世界的有效渠道。最早传入日本的兰学主要集中在医学领域，19 世纪初期，兰学研究领域逐渐扩大到天文学、物理学、地理学、化学以及各种近代西方新兴的科学文化以及军事技术知识等领域①。

关于兰学涉及的学科领域，大多数中日学者认为其集中在自然科学领域，主要成就是为日本的近代科学打下了基础②，但也有学者认为兰学对日本的影响同样涉及社会科学领域，不仅把西方先进的自然科学知识输入日本，也把西方先进的社会科学知识输入到日本，对日本思想产生了很大影响③。

在日本开港之后，随着更多思想与知识的传入，先前阻碍欧美文化自由传播的政策、法令失效，作为经世之学的唯一西方来源的兰学，其地位被动摇。很快，兰学之外，英国学、美国学、法国学、俄国学、德国学等新学说接踵而至，无所不包的洋学兴起。与兰学只涉及自然科学不同，洋学不仅包括自然科学，更包括政治法律、经济制度、哲学思想、流派学说、文化教育、军队编制以及人物传记等社会科学，对日本思想界造成有力的冲击和影响④。

兰学的产生发展及其向洋学的转变对日本近代社会产生了巨大的影响，兰学的发展过程在日本就是一次思想解放运动，是日本走向近代化的桥梁⑤。中世经世之学的发展为日本近代学习西方的尝试做好了热身。兰学之后，洋学取代兰学的独占地位对于西方公共图书馆思想的传入意义更为重大，因为兰学更多地关注于自然科学，而缺乏对人文社会科学的关照，而洋学却很好地弥补了这方面的不

---

① 魏亚南. 兰学与日本近代化[J]. 牡丹,2015(14):90.

②④ 宋成有. 新编日本近代史[M]. 北京:北京大学出版社,2006:79.

③ 周维宏. 试论兰学对日本近代思想界的影响[J]. 历史教学,1985(7):22 - 24.

⑤ 刘智. 近代日本兰学研究[D]. 贵阳:贵州师范大学,2015:40.

足。胎息于社会母体、承担社会教育功能的公共图书馆思想也随着洋学的潮流传入日本。在研究西方公共图书馆思想在日本的传入中,必须提到关键人物福泽谕吉,其著作《西洋事情》就是在洋学兴起的潮流中,在藩书调院编译而成的①。

3.2 思想的立足点与传入渠道

3.2.1 思想的立足点

提及日本的近代,必须要提到福泽谕吉。福泽谕吉的《西洋事情》不但开启了日本观察西方世界的窗口,也奠定了日本学习西方的大方向。在公共图书馆范畴中,福泽的近代观不但构筑了其生根发芽的基础,也是思想传入初期重要而影响深远的渠道之一。

福泽谕吉身处从兰学向英学的转化的幕府末期,在兰学者中也有很大一部分意识到英学的崛起已成大势所趋,福泽谕吉作为绪方塾中拥有最高权威的人士之一,对英学的发展发挥了非常大的作用②。

(1)福泽谕吉的天皇观

在幕府与明治的交替时代,天皇观决定了日本对近代国家政权的认识。从福泽对后世的影响来看,其天皇观可以分为两个方面:小泉信三等人为代表的君主制论以及以家永三郎为代表的共和制论者③。虽然福泽本意上也许曾经将文明(市民)社会构思成了共和制整体,但是从明治时代的初期开始就采取了利用皇室的一贯方针,并未提出过共和制的观点④。不论是君主制还是利用天皇的共和制,在福泽谕吉的近代化的各项主张中都考虑了对日本天皇的保留,日本在近代建立起来的立宪主义天皇制国家的政治制度本身也印证了明治维新对天皇的保留与遵从的基本立场。

---

① 大谷敏夫.清末経世学と経世思想——幕末から明治にかけての日本の学術・思想の変遷と比較して[J].アジア文化学科年報,2004(7):30.

② 妹尾啓司.福山藩の洋学——蘭学から英学へ[J].英学史研究,1971(6):50.

③ 碓井岑夫.福沢諭吉の教育論と天皇観[J].人文学報,1971(3):121.

④ 碓井岑夫.福沢諭吉の教育論と天皇観[J].人文学報,1971(3):122-123.

（2）福泽谕吉的教育观

天皇制的保留,源自市民力量的不足,但是这并非福泽谕吉的初衷。福泽谕吉深刻认识到日本国民力量的不足,并主张通过教育培养近代之市民。福泽推崇英国的立宪政治,将其视为19世纪政治体制应具有的一般形态,19世纪唯一有效的政治体制。而已经蜕变成"蝴蝶"的19世纪的人民与"青虫"时代的人民不同,既不能"以指撮之",也不能"以箸挟之",像法国拿破仑三世、俄国亚历山大二世、德国俾斯麦那样的专制,再也无法压制已然成为"蝴蝶"的人民了——这就是福泽对19世纪的理解①。福泽谕吉的19世纪观念表达了他对受教育的平民与国家建制之间关系的理解。

在对平民的"高度"期待之下,福泽大力倡导通过受教育的途径改变平民的地位,以此提高国力。他尖锐地批判了"日本只有政府而没有国民"的状况,讴歌"独立自尊"和"一身独立"的自由主义理念。他认为人生来平等,但是学业修行的层次造成了人与人之间的差别,并提出一个国家真实的力量不在于政府,而是取决于每一个国民的学力综合构成②。

可以说,福泽谕吉所执着的立宪政治和培养高水平的国民的追求,深刻表达了其对于建立日本近代之市民社会、以强大的精英力量推动日本近代化发展的夙愿。

（3）福泽谕吉的民族观

陈秀武总结福泽谕吉的思想中包含了民族主义的"开化性"与"狭隘的民族性"的双重特点,其中"开化性"决定了近代日本知识分子群的民族主义具有积极意义,"狭隘的民族主义"反映了民族主义的消极意义。在确立民族国家的总体目标上,福泽谕吉强调"爱国""报国"等近代国家观念和民族意识,同时他又将"爱国心"和"自私心"等同起来,这样一来,在国际关系紧张的时候,民族主义就很自然地成为宣传蛊惑的工具,而走向民族自私的一面③。

这种民族主义与其后来提出的"脱亚论"有着必然的联系,也构成了福泽谕吉

①　坂野润治.近代日本的国家构想1871—1936[M].北京:社会科学文献出版社,2014:80-83.

②　山脇直司.试论东亚地区的"世界—地域"性:公共哲学的构想[M]//黄俊杰,江宜桦.公私领域新探:东亚与西方观点之比较.上海:华东师范大学出版社,2008:17-26.

③　陈秀武.近代日本国家意识的形成[M].北京:商务印书馆,2008:200-201.

学习与介绍西方经验的基本立场。基于民族主义的"开化性",福泽谕吉从一开始便将"文库"视为西方世界中用以实现民族自立自强的利器。而狭隘民族主义的消极面在这一阶段却埋下了伏笔,随着日本近代前期全盘西化的终结、复古思潮与国粹主义极端化的兴起,兴起于近代前期的用以实现民族振兴的"文库"逐渐转化为"思想善导"的工具。

3.2.2 思想的传入渠道

德川幕府的统治末期,日本被迫开港通商,并对西方的先进事物产生了浓厚的兴趣与学习的热情。这段时间,日本先后 6 次派遣使团以不同的侧重点为目的出访欧美诸国:

(1)万延元年(1860)遣使美国

(2)文久二年(1862)遣使欧洲六国

(3)元治元年(1864)遣使法国

(4)庆应元年(1865)遣使法英

(5)庆应二年(1866)遣使俄罗斯

(6)庆应三年(1867)遣使法国①

西方的公共图书馆作为这些出访团的见闻,在潜移默化间被带回了日本。

关于西方公共图书馆思想传入日本的起点,虽然大部分研究中都认为是福泽谕吉的《西洋事情》,但森耕一援引小仓亲雄的研究,曾经指出,万延元年遣美使节在波士顿参观图书馆的情形被记入当时的相关人员的日记中,而万延元年为公历的 1860 年,早于《西洋事情》出版的 1866 年②。石井敦引用了村垣丹路守范正(副使)的《遣美日记》,这段见闻如下:

> 下午 2 点,我们走访了收集了很多书籍的地方,这里收集了各国的书籍,也有我国的地图集,这里并不是官舍,而是市民建立而成的书院③。

---

① 郭丽. 近代日本的对外认识:以幕末遣欧美使节为中心[M]. 北京:北京大学出版社,2011:24 – 33.

② 森耕一. 公共图书馆:日本图书馆讲座:第 4 卷[M]. 东京:雄山阁出版,1976:68.

③ 石井敦,前川恒雄. 图书馆的发见:市民的新しい权利[M]. 东京:日本放送出版协会,1973:82 – 83.

石井敦认为,村垣接触外国风物的思想与福泽撰写《西洋事情》时候形成的思想是极为不同的:村垣时期,日本认为,日本为礼仪之邦,而外国为蛮夷之地,虽然对其技术性的事物抱有浓厚的兴趣,但对制度性的事物却并未关注;在幕府末期,福泽谕吉的《西洋事情》极大地促进了日本人对图书馆这一概念的了解①。因此,福泽谕吉在《西洋事情》中对西方公共图书馆的介绍仍然是西方公共图书馆思想传入日本的一个极为重要的、影响力相对较大的思想源头。

明治初期,日本处于结束幕府统治走向近代的过渡阶段,通过废藩置县、消除割据势力,日本完成了国家的统一,但在选择什么样的国家发展道路、采取什么样的国家形态上,明治政府的领导者们却仍然处于探索状态。"明治三杰"之一的大久保利通回忆当时情况道:"自己认为,打倒幕府,建立天皇政治,这种事业大体亦完成。但是以后,就实在为难了。政务上应施何种方略? 外交上应以何为标准?"1869 年,明治政府雇佣的荷兰传教士威尔贝克建议,应当派遣官吏切身体验一下西方文明,考察西方列强的发展模式。1872 年正是《日美友好通商条约》到期之时,明治政府打算派遣使节团赴欧美修改不平等条约、重订关税,同时考察西方的文明与制度,为日本的近代化提供参照②。

岩仓使节团在出访欧美诸国后,以使节团的名义将出访见闻记录于《特命全权大使美欧回览实记》一书中,其内容包括欧美机械工业、医疗卫生、学校教育等,也包括图书馆。田中不二麿作为文部省指派的教育专员随岩仓使节团出访,专门考察欧美诸国的教育状况。他以教育视角考察欧美,归国后依照记录主持编修《理事功程》一书。《特命全权大使美欧回览实记》与《理事功程》以不同的出发点和侧重点构成了日本近代初期对公共图书馆的基本认识。田中不二麿的主张偏重于公共图书馆的基本方法,使节团的记录则偏重于国立图书馆③。这两种观点逐渐形成两条并不相交甚至产生明确对立的发展轨迹与立场,在日本公共图书馆思想乃至公共图书馆事业的发展中长期并行着。

---

① 石井敦,前川恒雄.図書館の発見:市民の新しい権利[M].東京:日本放送出版協会,1973;82 – 83.
② 袁灿兴.岩仓使节团与日本的近代化之路[J].淮北师范大学学报(哲学社会科学版),2011(2):67 – 68.
③ 石井敦,前川恒雄.図書館の発見:市民の新しい権利[M].東京:日本放送出版協会,1973;87.

3.3　公共图书馆思想的传入与初期观念的形成

3.3.1　福泽谕吉与《西洋事情》

在日本近代,引入西方先进思想最著名的智士就是福泽谕吉。福泽谕吉在其著作《西洋事情》中描绘了西方世界的种种新奇事物,其中就包括公共图书馆。

福泽谕吉一共参加了三次幕末遣使出访,分别是 1860 年、1862 年和 1867 年。其中,万延元年(1860),德川幕府派遣使节团出使美国,以护卫为名,派遣咸临丸号军舰到旧金山,福泽谕吉作为咸临丸号军舰奉行木村喜毅的随从随行前往。这次美国之行,除了留下简短的见闻记录《万延元年美国夏威夷见闻报告书》外,福泽谕吉最主要的收获是在旧金山买到一本《韦氏辞典》和一本《华英通语》。文久二年(1862),福泽谕吉作为幕府遣欧使节团的雇佣翻译,随行出访了法国、英国、荷兰、普鲁士、俄罗斯、葡萄牙等欧洲六国,留下了旅行日记《西航记》及见闻概要《西航手账》,并在英国和荷兰购买了大量英文书籍。最后一次是在庆应三年(1867),幕府派遣勘定吟味役小野友五郎为委员长的使节团前往美国购买军舰,福泽谕吉再次随行出访美国,又购买了不少英文书籍。这两次欧美之行所购得的书籍,成为他日后著书立说重要的资料来源①。

在这三次出访后,福泽谕吉在出访西方国家所得见闻的基础上,结合所购得的大量西文书籍,从庆应二年(1866)至明治三年(1870)间编译出版了《西洋事情》,共三编十卷,内容涉及西方国家的历史、政治、经济、外交、社会等诸多方面,其中初编三卷,是"将先前文久年间出访欧洲期间实地见闻之记录,参阅经济论等书籍编辑而成"。其余部分,则是他译述西方书籍的成果②。正因为信息来源的可靠与行文的生动,《西洋事情》成为明治时期有识之士介绍西方的极具影响力的书籍之一。

在《西洋事情》中对图书馆的描述并未费太多笔墨。《西洋事情》一共三编,其

---

① 郭丽.近代日本的对外认识:以幕末遣欧美使节为中心[M].北京:北京大学出版社,2011:216-217.
② 郭丽.近代日本的对外认识:以幕末遣欧美使节为中心[M].北京:北京大学出版社,2011:217.

中在《初编》中有专门的章节介绍"文库",但篇幅很短,且与学校、报纸、医院、博物馆等事物并立为西方近代国家的特有事物进行罗列和描述。此后,在《外编》和《二编》中又在其他关于国家、人民或者教育等主题的章节中或多或少提到了关于图书馆的话题。与后续岩仓使节团的出访见闻相比,福泽谕吉的出访在先。其对西方世界的见闻使日本人了解了关于"图书馆"的概念①。

福泽谕吉对"文库"的概念记述如下:

> 西洋各国的都府中都有文库。被称为"bibliotek"②。其中的收藏从日常使用的书籍图画到古书和珍本,各国的图书皆收入其中。人们可以到这里来任意阅读图书。但是仅允许每天在书库内阅读,不允许将图书带回家。伦敦的文库中有八十万卷的书籍,彼得堡(俄罗斯的首都)的文库有九十万卷,巴黎的文库有一百五十万卷的藏书。法国人说,如果将巴黎文库的藏书一字排开,总长度可以达到七里。
>
> 有的文库为政府所有,有的文库为国家一般民众所有。外国出版的书要通过购买获得,本国出版的书则由本国的出版者向文库提交一本来收藏。③

这一段 300 字左右的描述,包含了对日本近代以至现代公共图书馆发展影响深远的关键信息。首先,图书馆的馆藏可以是日常生活用书,也可以是珍本善本等珍贵的藏书;其次,一国之图书馆的藏书不拘于一国出版的图书,还可以有外国的出版物;另外,文库向一般民众开放,但只可以借阅不可外借;还有,就是本国图书的呈缴本制度。除了这些,更为关键的是,福泽谕吉提到了文库的两种类型:归政府所有或者归民众所有。这就为日本近代公共图书馆思想的两条发展脉络的铺开——国立图书馆与公共图书馆——奠定了基础。

福泽谕吉还在其他的内容中提到了"文库"。比如,在《外编》第二卷《政府的

---

①　石井敦,前川恒雄.図書館の発見:市民の新しい権利[M].東京:日本放送出版協会,1973:82.

②　原文为"ビブリオテーキ","bibliotek"为"图书馆"的拉丁文。见:福澤諭吉.西洋事情[M].東京:慶應義塾大学出版会,2009:39.

③　福澤諭吉.西洋事情[M].東京:慶應義塾大学出版会,2009:39 - 40.

职责》中就提到了政府在民众教育中所应承担的责任,其中就包括要建立文库。福泽认为,国家的职责在于"政府的职责以统治安民,维持国法的牢不可摧,确保与国外的关系这三个方面为基本的方针"①。而政府行事的基本方式就是利用税费,即"政府要通过什么方法来制造经费呢? 必然来自于国内的税费。这样说来,换句话说就是取之于民、用之于民"②。进而提到了政府应该承担的责任,其中就包括民众的教育,"其他国家中建立的书库、开设的植物园、建设的博物馆和开设的游乐园等等场所,都在开化人民方面起到了非常大的作用"③。

在第三卷《人民的教育》中,福泽专门提到了书籍在教育中的重要性:

> 有的人,有志于追求学术的高峰,并达到了较高的境界,通过这样的人才往往能够为世上的其他人做出有意义的事情。比如,我们这里有一个少年,有能力成为这样的天才,有勇气成就大业,并且乐于为此付出艰苦的努力。那么为了实现这样的宏图大志,没有书籍是不行的,没有学术中使用的设备也是不行的。要购买诸如此类的各种各样的物品就需要花费大量的金钱。……少年中能够成就大事者,很多都是出自父母无力资助的贫寒家庭。为了使这些孩子能够为其他人发挥出更大的作用,其他人应该给予这些孩子比常人更多的帮助,直至他们能够实现自己的志向。这就是开设大学等教育机构的基本意旨。在大学中,设有书库、博物馆并提供理学所需要的各种设备。这样,即使是贫寒人家的孩子也可以自由使用这里的设备,研究自己立志从事的学业。④

另外,福泽谕吉在讨论教育问题的时候,特别提出了政府需要提供书籍、设备等教育资源的问题。在这一段的讨论中没有提到图书馆,专门将书籍作为教育的必需品,与其他器物并列在一起:

> 为了开办学校,就必须要购买设备和图书,还需要建筑校舍。这些都

---

① 福澤諭吉.西洋事情[M].東京:慶應義塾大学出版会,2009:155.
② 福澤諭吉.西洋事情[M].東京:慶應義塾大学出版会,2009:155 – 156.
③ 福澤諭吉.西洋事情[M].東京:慶應義塾大学出版会,2009:167.
④ 福澤諭吉.西洋事情[M].東京:慶應義塾大学出版会,2009:186 – 187.

是需要投入很多资金的事情。因此,对普通人而言并不是能够轻易做到的事情。此外,偶尔有一些专门针对于平民开设的学校,因为投入了较多的费用,相应的也需要向学生征收高额的学费,因此,除非是有钱人,否则很难入学来接受教育。所以,政府筹办的学校教育其根本目的并不是为了满足有钱人受教育的需求,而应该确立专门为贫民中有志于学业而缺少学费的人提供福利,这样一来,提供教学所必需的用品(书籍、设备、校舍等)就成为政府的基本职责。①

在教育的体系中,福泽谕吉将图书馆与理学实验中使用的设备视为同等重要的事物,这是对图书馆教育功能的认识。在此基础上,福泽谕吉在《外编》第三卷《人民的教育》中又强调了"自由"的含义——学子得以自由使用学校的各种设备,进而完成自己的学业。这是《西洋事情》中对图书馆的认识的进一步深化。

从整体来看,福泽谕吉对"书"的关注大于对"书库"的关注,将"书库"与实验设备、校舍等建立起对等的关系。虽然福泽谕吉没有将"书籍"与"文库"进行明确的关联,但充分肯定了"书籍"在社会教育中的作用。在阐述图书在"文明开化"方面的作用的基础上,从教育的角度对书籍的作用进行了明确的说明。

3.3.2 岩仓使节团与《特命全权大使美欧回览实记》

岩仓使节团是日本近代初期最具规模和影响力的出访欧美的使节团。使节团于明治四年(1871)11月出发,以岩仓具视为特命全权大使,以木户孝允、大久保利通、伊藤博文为副使,约50名使节团成员、50名留学生,一行从横滨出发前往欧美考察。其成员的构成几乎包含了明治政府的各个部门,以政府的实权人物居多,被视为是"日本行政部门全体出动"。各成员本着学以致用的务实态度,详细记载了所见所闻。使节团的构成以青年为主,成员中年龄最大的岩仓具视47岁,大久保利通42岁,木户孝允39岁,伊藤博文31岁,平均年龄只有30岁,具备接受新鲜事物的开放心态,也是岩仓使节团的一大特点②。

---

① 福澤諭吉.西洋事情[M].東京:慶應義塾大学出版会,2009:275 – 276.
② 袁灿兴.岩仓使节团与日本的近代化之路[J].淮北师范大学学报(哲学社会科学版),2011(2):68.

在《特命全权大使美欧回览实记》中,记录有藏书馆、集书院、书库的相关内容的大致如下几处。首先在第二篇《英吉利国部》中第二十五卷《伦敦府之记　下》中记载了 8 月 11 日至 26 日的行程中参观了大英博物馆,其中提到:

> 书库里藏书七十五万册,被称为"穹顶",布置有弧形的书架,将书放置于周围,中间摆设有桌椅。向阅览者提供借用的券札,使其能够以此为凭证阅览图书。其建筑结构极其壮美,工程量巨大,令人叹为观止。书库的两侧设有回廊,这里汇集了古书、异书和国外的图书。印度的写有梵文经文的贝多叶、希腊、罗马、埃及、波斯等国家的古书,自古以来的名人贤达的遗笔,或者沾有血迹,或许是从火炉中救出的未燃尽的残片,这些物品全都被收拾妥当,摆放在玻璃展柜中。这里还存放有古代的货币。日本和中国的书籍存放在另外一个房间,其中中国的书籍数量尤其多,日本的图书主要是日本的著述,基本上集中在明所图会、三才图会、成形图说、节用集①等类书籍方面,还包括有官府史册与典章制度一类的资料。②

在第二十七卷《利物浦府之记　下》中记载了参观博物馆的见闻,其中提到了在博物馆中设有专门的"藏书室":

> 上午十点三十分,乘坐马车到达博物馆。这是一座由白色的石头堆砌的建筑,一共有四层。……还有收藏名画的藏书室……③

在第三篇《欧罗巴大洲部　上》中,第四十三卷《巴黎府之记　二》中记载了"巴黎大书库",这是在岩仓使节团的出访行程中记录最为详细的一个图书馆。文字介绍中分为两个小节,内容包括馆藏、经费来源、图书管理的基本方法等内容:

> 在宽敞的书库里面,一共有五层书室。在书室中根据"ABC"的序号

---

① 节用集:从室町时代到昭和初期出版的日本用字集与国语辞典的一种。
② 久米邦武.特命全権大使米欧回覧実記・第 2 篇・英吉利国ノ部[M].東京:博聞社,1878:109 – 110.
③ 久米邦武.特命全権大使米欧回覧実記・第 2 篇・英吉利国ノ部[M].東京:博聞社,1878:137.

将图书的标题折分后进行排列。馆藏总量达到三百万部。图书整齐地摆
放在书架上面。书架前面用雕刻有彩色花纹的铁板搭起地台。为了方便
读者行走,建筑采取中空的设计,这样能够使上层的光线照射到下层区
域。中间的部分用铁栏杆围起来,以防止失足坠落。书籍的四周有吊钩
一类的装置,用于图书的上下运送。如果有需要借阅的图书,先以书名的
首字母为依据检索目录,将目录上的编号写下来,送到楼上,楼上立刻将
这本书找出来,用钓瓶①送到楼下。要从装满好几层书室的图书中寻找
到需要的那本从而提供给借阅的人们使用,需要等待10—20分钟的时间
才可以。因此需要很多人来从事这项工作。通常有两百六十人负责图书
借阅的工作。

　　该库由政府提供的公税维持,并向借阅人收取借阅费。纵观整个书
库,书库的入口处设有可供四五百人同时使用的桌椅,在这里还有工作人
员看管。需要借阅的人在取到书后,可以在这里阅读,但是禁止将图书
带出。②

文中还详细介绍了书库中丰富的馆藏,包括中国、印度、缅甸等国以及日本的
图书③。此后提到了与大英博物馆相似的特点,即"该书库中还有附属的博古
馆"④。

在第五十三卷《海牙、鹿特丹与来丁之记》中记录海牙的博古馆与藏书馆,提
及该藏书院收藏有拿破仑一世时期席卷欧洲掠夺的欧洲第二名画"牧羊图"以及
人体解剖图⑤,此外并未提及其他内容。

在第四篇《欧罗巴大洲部　中》第六十一卷《俄国总说》中、第六十四卷《圣彼
得堡之记中》记载有"大书库":

---

　　①　原文为"钓瓶",本意为在绳子上拴上瓶子一类的容器,可用于打水等。在这里估计是可以放置图书
的容器,拴在绳子上,用于上下运送图书。

　　②③　久米邦武.特命全権大使米欧回覧実記·第3篇·欧羅巴大洲ノ部 上[M].東京:博聞社,1878:
52 - 53.

　　④　久米邦武.特命全権大使米欧回覧実記·第3篇·欧羅巴大洲ノ部 上[M].東京:博聞社,1878:54.

　　⑤　久米邦武.特命全権大使米欧回覧実記·第3篇·欧羅巴大洲ノ部 上[M].東京:博聞社,1878:
273 - 274.

之后来到书库,该书库是闻名于世的大书库,其建筑物是一个两层的建筑,但是从高度而言可以抵五层楼高。这里收藏的图书总量合计在百万册以上,近年来又投入了十万卢布进行采购。这里收藏有埃及两千年前的书帖。另外还有土耳其的古书,有文字很大的书,也有字画很小的书,并且是从右向左阅读的。这本书是该国古代皇帝放在手边随时使用的书,在皇帝阅读之时遭遇了刺客的袭击,当时的血迹渗入了纸张,至今依然可见。该书库将其视为珍贵之物。此外,还有阿拉伯、印度、中国的书籍。①

在第四篇第七十八卷《伦巴第与威尼斯府之记》中,记载有"阿鲁其弗"②书库:

九点半乘船到达"阿鲁其弗"书库。这个文库收藏了纪元七百年以来的文书典籍,总量可达一百三十万册。要获得如此浩瀚的收藏量,就必然要涵盖百科之书、百家之言。这个书库从开始的时候就采取了英明的做法,主张对信息的获取而言,世间没有废物,要爱惜书稿的价值。(中略)在西洋有博物馆,其中将一些琐碎的旧物重新挑拣珍藏起来,在这个意义上开设书库,就是应该将废纸断章也收集起来。③

此后还提到了该文库中收藏有日本使臣与日本国内来往的书信④。

在第五篇《欧罗巴大洲部 下》中第八十六卷中记录了位于瑞士的书库的相关信息:

这里有一个书库,其中馆藏达到八万册。来借书的人需要获得券子才能够入内。外国人需要通过使节、公使得到券子才能够入内。这里还有关于日本地理的书籍,其中含图书两册、图两幅。研究颇为细致,西洋

---

① 久米邦武.特命全権大使米欧回覧実記・第4篇・欧羅巴大洲ノ部 中[M].東京:博聞社,1878:76.
② 原文中的日文为"アルチーフ"。
③ 久米邦武.特命全権大使米欧回覧実記・第4篇・欧羅巴大洲ノ部 中[M].東京:博聞社,1878:391-392.
④ 久米邦武.特命全権大使米欧回覧実記・第4篇・欧羅巴大洲ノ部 中[M].東京:博聞社,1878:392.

人在地理方面非常用心。①

之后探讨了瑞士作为山中小国,其信息必然来自英美法等国,因此担心日后会对日本造成威胁等②。

岩仓使节团对欧美诸国的公共图书馆进行走访,对图书馆的馆藏、基本的运营情况以及图书馆在近代社会中的积极作用等方面的问题进行了细致的考察和记录,从而形成了明治初期以日本官方最初的、最具代表性的“公共图书馆”印象。石井敦认为岩仓使节团“心目中对图书馆形成的最为核心的认识就是在参观法国国立图书馆时形成的。日本最初的国立图书馆基本上就是以这样的简单的思想为基础建立起来的”③。建立日本国立图书馆的最初的思想体现为“将图书的保存视为图书馆建立与发展的重点,而并非将图书馆的利用置于同等重要的地位”,换言之“在使节团的思想中,完全没有将图书馆视为国民教育的重要的组成部分来理解”④。

在这一阶段,通过观察形成的印象暂时还不能称之为“公共图书馆思想”,它只是以一使节团为媒介照搬回日本的西方公共图书馆的风貌。思想的孕育需要对多项素材进行加工,各种信息在近代日本的母体中杂糅与孕育,方才形成了日本本土的公共图书馆。在这一阶段,岩仓使节团带回的公共图书馆印象不仅仅是《特命全权大使美欧回览实记》一种,随使节团出访的田中不二麿在《理事功程》中记录了另一种风貌的公共图书馆。

3.3.3 田中不二麿与《理事功程》

田中不二麿作为文部省特派的教育专员随岩仓使节团出访。在《事由书》中单列条目规定了教育使节团的“出使目的,应为研究各国教育诸项规定,即国民教育之方法,官民学习建设之方法、费用、统筹方法,诸学科之顺序、规则及许可证等级之样式等,亲见官民学校、贸易学校、诸艺术学校、医院、育幼院之光景,研究将之

---

① ② 久米邦武. 特命全权大使米欧回览实记·第5篇·欧罗巴大洲ノ部 下[M]. 東京:博聞社,1878:84.
③ ④ 石井敦,前川恒雄. 図書館の発見:市民の新しい権利[M]. 東京:日本放送出版協会,1973:84-85.

用于我国之途径方法"①。

从教育的整体观点上看,岩仓使节团发现在教育内容上,东西方存在着根本性的差异。"西洋人勉有形之理学,东洋人务无形之理学,使两洋国民之贫富不同,尤觉生于此积习。""有形之理学"指与工业生产有密切关系的科学知识,"无形之理学"则指儒家的经学。日本传统的儒家教育"所学之物,非高尚之空理,则浮华之词藻,与民生切实相关之事业,则被视为琐碎小事,而绝非用心于此",如果不对传统的教育模式进行改造,就培养不出堪当重任的人才②。

为了完成比较西方与日本的教育现状、总结西方诸国的教育制度等方面经验的任务,田中不二麿回国后主持编修了《理事功程》,其中记录了多个国家的"书库"、"文库社"或者"书籍院"的基本情况。

首先,在卷之一的《合众国教育略记》之二《马萨诸塞州》中在"书库"一节中记录如下:

> 每个城市都必备1—2座书库,其中一般都设有学习室并制定一定的规则,为读者提供便利。另外,以人头税的方式征收费用,一般一年大约不超过1美元。但是在遇到增补图书或者增加新业务的时候,经协议限制在50美分之内,同样按照人头税的方式征收。也有由其他人民团体自行建立的书库。全州范围内的公私书库的总数,大小规模合计有300余所。③

在卷之四《法国之一》的"书库"一节中介绍:

> 基本上各大区④在小学内都开设有一所书库,其中的书籍都是对教育有用的,排除了有伤风化的图书。允许任何人根据自己的需要借阅其中的书籍。进入小学学习的学生通常来自贫困或者中等家庭的子女(上等家庭的子女一般由其父母进行教育或者雇专人进行教育),大议会讨论

---

① 李扬. 岩仓使节团的教育考察与新岛襄[J]. 才智,2015(10):176.
② 袁灿兴. 岩仓使节团与日本的近代化之路[J]. 淮北师范大学学报(哲学社会科学版),2011(2):69-70.
③ 田中不二麿. 理事功程[M]. 東京:文部省,1877:34-35.
④ 此处"大区"是指根据当时法国的教育规定划分的大学区。

决定了小学教育的必修内容(任何人都必须接受某种相同的教育)以及免费(不论贫富都免费进行小学的教育)的基本政策。①

在卷之九《德国之一》中,论及促进教员的学历进步的方法,罗列有三项,即集会、文库社与重返学校接受教育。在"其二 文库社"中记录如下:

该社虽然归属于德国的一般民众所有,但是主要由政厅制定文库社的规则、选择书籍和提供运转所需的经费。由于民众或者居住于州内的宗教派别的不同,各社多少存在一些差异,但是还是由政厅负责制定文库社的基本规则。

由社长负责选择该社出版的书籍和『ペリオディクル』(当时刊行的报纸)之外的报纸。

普鲁士国的读书社中允许保存的『ペリオディクル』是州内唯一刊行的学校报纸,其目的也非常明确,不允许在报纸中讨论学校的规则。

文库社的社员关系的维持需要由学校的教员自己出资。②

在卷之十五《瑞士国之三》"鲁国教育概括"中,"书籍院"一节描述如下:

在圣彼得堡有一座规模巨大的文库,其所藏图书超过 8 万卷。10 年前,来这里借阅的人不过 3 万人,但是到了 1868 年,已经达到了七万三千人。目前藏书二十四万八百余册,其中还不包括报纸类的馆藏量。

另外收藏的其他国家出版的在鲁国刊行的报纸大约 340 种。③

在上述记载中可以发现,田中不二麿在《理事功程》中所记载的图书馆与使节团在《特命全权大使美欧回览实记》中记录的并不完全相同。目前无缘考证田中不二麿与使节团的出访行程是否存在差异,暂且保留这个疑问。在田中的见闻中可以看出,他以教育为视角,在最初印象中就为图书馆赋予了"教育"功能。田中

---

① 田中不二麿. 理事功程[M]. 東京:文部省,1877:184.
② 田中不二麿. 理事功程[M]. 東京:文部省,1877:610 - 611.
③ 田中不二麿. 理事功程[M]. 東京:文部省,1877:970 - 971.

从一开始就将图书馆作为近代教育制度的组成部分,这一界定很到位地发现了公共图书馆的本质①。这也是对《特命全权大使美欧回览实记》所描述的西方公共图书馆的重要补充。

总体来说,田中不二麿在《理事功程》中将公共图书馆描绘为:图书馆是社会教育的组成部分;图书馆的经费来自于税收或者民间组织,且有的图书馆向读者征收费用;图书馆与政府的关系密切,体现在费用的来源、制度管理、馆藏管理等方面。与《特命全权大使美欧回览实记》相比,《理事功程》中对西方公共图书馆的考察更为细致和全面。首先,在图书馆的职能方面,与使节团所提出的凭借古物之精妙的"教授义理",以激发今人之奋斗热情的并不确切的"教育"意味相比,田中明确从教育的角度来考察和理解图书馆这一事物。这一点从两者类分事物的方式上也可以体现——使节团将图书馆与档案馆、博物馆视为一类,而田中未做区分的只是公共图书馆与学校图书馆。其次,在图书馆的运营方面,使节团关注的是博大与引以为傲的馆藏与严格的借阅管理,尤其以借阅管理为甚;而田中所关注的是在一定的规范下建立馆藏和图书馆的藏书可供读者任意使用。最后,在图书馆与政权的关系方面,使节团注意到的是公税支持,田中则考察选书与管理等更为细致的方面,并且,田中提到了私立图书馆的存在。

这两种不同的视角形成了两种相关又不完全相同的关于西方公共图书馆的印象,构成了日本在明治初期从西方世界"照搬"而来的公共图书馆思想的雏形,正如石井敦所说的两种观点的并存②。日本近代,这两种并存的印象形成了两种并行的公共图书馆思想,共存了相当长的一段时期。

3.3.4　初期观念的全貌

福泽谕吉的《西洋事情》、岩仓使节团的《特命全权大使美欧回览实记》与田中不二麿的《理事功程》共同构筑起日本公共图书馆初期观念的全貌。这些观念比较松散,有些事业发展的关键性信息在这个阶段并未凸显。本书将其中具有共性

① 石井敦,前川恒雄.図書館の発見:市民の新しい権利[M].東京:日本放送出版協会,1973:85.
② 石井敦,前川恒雄.図書館の発見:市民の新しい権利[M].東京:日本放送出版協会,1973:87.

的部分进行了归纳。

（1）图书馆的收藏范围

从福泽谕吉开始,便将书籍字画以及一些实物视为图书馆的馆藏,没有区分图书馆与博物馆。岩仓使节团非常重视馆藏的问题,于是强化了这一认识,在图书馆等同于博物馆的印象之上,又加入档案馆的元素,提出了馆藏建设的基本思路是"涵盖百科之书、百家之言",并且提出"在信息的获取中,世间没有废物"的观点①。这一点在田中不二麿的观点中并不突出。

（2）借阅方式

福泽谕吉在《西洋事情》的《初编》中提到了"人们可以到这里来任意阅读图书。但是仅允许每天在书库内阅读,不允许将图书带回家"的借阅方式②,这样的"不外借"的借阅方式在其后的岩仓使节团的见闻中也得到了确认。岩仓使节团考察到大英博物馆与瑞士的书库采取凭证借阅的方式③④,以及法国的巴黎大书库的复杂的闭架借阅模式⑤,这些都没有涉及外借服务,对福泽谕吉所提到的不外借的借阅方式起到了观念上的强化作用。

（3）书籍来源

福泽谕吉在《西洋事情》中提到国内出版社出版的图书需要缴纳一本到文库,而国外出版的书籍需要购买⑥。岩仓使节团将图书馆、博物馆与档案馆视为相似的事物,将书籍作为一般的博物收藏来看待,所以对"馆藏"的理解与福泽谕吉强调的"书籍"有一些差异。从字面上看,使节团提到了俄罗斯的圣彼得堡大书库依靠专门的经费进行采购⑦,可以理解为将采购作为馆藏建设的主要途径。田中不二麿的考察中,提到德国的文库社是由政府负责提供经费和采购图书的⑧,同样提

---

① 久米邦武.特命全権大使米欧回覧実記・第4篇・欧羅巴大洲ノ部 中[M].東京:博聞社,1878:391-392.

②⑥ 福澤諭吉.西洋事情[M].東京:慶應義塾大学出版会,2009:39-40.

③ 久米邦武.特命全権大使米欧回覧実記・第2篇・英吉利国ノ部[M].東京:博聞社,1878:109-110.

④ 久米邦武.特命全権大使米欧回覧実記・第5篇・欧羅巴大洲ノ部 下[M].東京:博聞社,1878:84.

⑤ 久米邦武.特命全権大使米欧回覧実記・第3篇・欧羅巴大洲ノ部 上[M].東京:博聞社,1878:52-53.

⑦ 久米邦武.特命全権大使米欧回覧実記・第4篇・欧羅巴大洲ノ部 中[M].東京:博聞社,1878:76.

⑧ 田中不二麿.理事功程[M].東京:文部省,1877:610-611.

到了以采购方式建设馆藏的做法。

（4）运营方式

福泽谕吉在《西洋事情》中提到政府征收的税费的用途应该遵循"取之于民、用之于民"的原则①，以及政府在社会教育方面所应该承担的责任②。岩仓使节团提到，法国的巴黎大书库依靠政府提供税金维持，且向读者收取借阅费③。田中不二麿考察美国马萨诸塞州的图书馆采取征收人头税的方式④，德国的文库社依靠政府提供经费并向读者收取费用⑤。另外，在美国还存在社会团体主办的公共图书馆⑥。汇总上述观点，明治初期，将公共图书馆的运营理解为：以税金作为公共图书馆的经费来源，可以向读者征收费用，可以由政府主办的、亦可以是民间力量主办。

（5）社会功能

福泽谕吉在《西洋事情》中强调了图书的重要性，并认为政府应该承担起"提供教学所必需的用品（书籍、设备、校舍等）"的职责⑦。虽然没有直接探讨"书籍"与"图书馆"的关系，但是明确肯定了图书馆开启民智的社会教育功能。岩仓使节团也发现了图书馆的教育功能，认为主要体现在"教授义理"方面，将其与传授理论知识的机构相配合，从而形成"兼顾义理与实践"的基本教育策略⑧。在岩仓使节团的考察中，在为图书馆和博物馆的馆藏感到震惊和感动的同时，提出了"古物"能够展示出其中所代表的"苦心孤诣的奋斗精神"，由此来"激发了奋斗之心，建立起学习的信念"⑨。另外，岩仓使节团对于西方国家的图书馆中所藏的日本文献格外重视，发现了图书馆收藏文献的军事作用。田中不二麿以教育视角考察西方图书馆，对图书馆的教育功能格外重视。总体来说，三者对于图书馆的教育功能都是肯定的，且都从自己的立场进行理解：福泽谕吉强调了社会教育对近代化的作

---

① 福澤諭吉.西洋事情[M].東京：慶應義塾大学出版会,2009：155－156.

②⑦福澤諭吉.西洋事情[M].東京：慶應義塾大学出版会,2009：275－276.

③ 久米邦武.特命全権大使米欧回覧実記·第3篇·欧羅巴大洲ノ部 上[M].東京：博聞社,1878：52－53.

④⑥田中不二麿.理事功程[M].東京：文部省,1877：34－35.

⑤ 田中不二麿.理事功程[M].東京：文部省,1877：610－611.

⑧⑨久米邦武.特命全権大使米欧回覧実記·第2篇·英吉利国ノ部[M].東京：博聞社,1878：111－112.

用,岩仓使节团强调社会教育的整体性与军事外交方面的参考作用,田中不二麿则是纯粹地考虑了教育功能。

从总体上来说,在幕末到明治初期,传入日本的西方公共图书馆印象可以表达为:由政府或者一般民众、社会团体主办,通过呈缴本制度或者采购的方式建立馆藏,馆藏范围包括书籍和文物的、承担社会教育功能的机构,采取严格的借阅制度,包括发放借阅凭证、闭架借阅和不外借等具体方式,并向读者收取费用。依据不同的信息来源,将这些要点汇总如表3-2所示:

表 3-2　传入思想的要点

	收藏范围	借阅方式	书籍来源	运营方式	社会功能
《西洋事情》	书籍字画,未区分图书馆与博物馆	可阅览、不外借	国内采取呈缴本制度,国外书籍需购买	政府或一般民众所有;政府应使用税费支持社会教育事业	教授义理,文明开化
《特命全权大使美欧回览实记》	认为图书馆等同于博物馆和档案馆	凭证阅览、闭架借阅、不外借	主要依靠经费采购	依靠税金运营,并收取借阅费	爱古之心激发奋斗的动力;文献的军事外交作用
《理事功程》	未明确	未明确	依靠经费采购(政府负责)	依靠人头税,或者依靠政府拨款并向读者收取费用;或由社会团体主办	教育

3.4　初期观念的体现

从幕府末期到明治前10年这段时间,日本尚未经历以自由民权运动为契机的复古思潮的兴起,在这个阶段,日本对西方的态度是完全开放的。日本以同样开放的态度吸纳并模仿了西方的公共图书馆,甚至不放过一些细节。比如仿照大英博物馆图书馆所建立的官立书籍馆就是尽可能还原英国的模式,将图书馆建在了博物馆之中。最能代表这段时间日本公共图书馆形象的就是官立书籍馆和京都集书院。

3.4.1 官立书籍馆(国立图书馆前身)

开设于东京的官立书籍馆是由日本政府主办的,也是日本国立国会图书馆的前身。市川清流在《书籍馆建设之仪附文部省出仕市川清流建白书》提到了建立官立书籍馆的设想:

> 择府内临街的清净之地,建造一个大书院,室内四周摆放数个书架,收集各种类型的书籍,分门别类摆放于书架之上。允许平民到馆阅览,以供其考古证今或著述编辑之用。这正是人才培养之本、国力增强之源,见证了宋太宗所言之"开卷有益"。①

在倡导"公开"的同时,市川清流明确提出了模仿大英博物馆图书馆建立图书馆的设想:

> 建立在英国首都伦敦的书籍院允许借阅人任意借阅藏书,也允许人们每天来阅读和抄录。但是不允许将书册带走。②

可见,官立书籍馆从规划之时就确定了允许阅览、不允许外借的借阅制度。这种还原大英博物馆图书馆的基本设想在官立书籍馆的筹备期也得到了制度保障。文部省所颁布的《文部省书籍馆规则》中规定了办馆的基本理念、目的与运营方式。该文件在开篇写道"为了人才教育和文化进步的需要,现在东京汤岛博物馆中开设书籍馆。将原本收藏于府库中的和、汉、洋的书籍以及遗落于其他地方的书籍

---

①②市川清流.書籍院建設ノ儀付文部省出仕市川清流建白書[M]//小川徹,山口源治郎.図書館史.補訂版.東京:教育史料出版会,2003:34-35.

尽数收集于此,供民众来此阅读"①,进一步确定了官立书籍馆的"公开"性。

在管理方式上,官立书籍馆在公开与公平的原则之上针对礼仪提出"不论借阅人的贵贱,每天早上八点开馆,晚上四点闭馆"②,但是要求基本的着装礼仪,即"不允许穿着短袖的衣着难以蔽体的民众进入"③。

官立书籍馆实行严格的借阅管理制度,"借阅者应向图书馆工作人员提供名片,在政府任职人员还需注明官职"④,还不允许带入自己的书籍;同时,"允许读者每天来借阅馆内藏书阅读和抄录,但不允许外借"⑤。

官立书籍馆以政府的立场关照科研人员和学者的需求,在制度之外对这一群体提供了额外的便利。该馆规定"仅限于参考之用的情况下,可以在告知图书馆工作人员并获得允许后将自己的书籍携带入馆"⑥。在图书的借阅方面,官立图书馆的馆藏兼顾普通人阅读和学者研究的双重需要,将馆藏分为"世间稀有图书和供高等学者使用"的甲部和"供初学者和普通读者使用"的乙部⑦,同时规定了甲乙两部不同的借阅费用,以及在甲部可以通借乙部的藏书的细则⑧。

官立书籍馆建立之初并没有建立起完善的经费制度和图书采访制度,《文部省书籍馆规则》中提到"有此希望的民众可以不拘于书籍类型将图书捐赠出来,以弥补馆藏不足、使藏书永世不朽。居住在东京的人可以向当局直接捐赠,其他地方的人可以交于地方政府"⑨,希望依靠捐赠获得馆藏,并"根据捐赠书籍的实际情况赠送相应的书籍借阅许可票"⑩。

官立书籍馆的发展经历了几个阶段。第一阶段是文部省书籍馆阶段。明治四年(1871)文部省在汤岛圣堂建立博物局,明治五年(1872)建立书籍馆,作为博物局的下属机构。书籍馆提供收费服务,作为通俗图书馆的乙部半个月15钱、1个月25钱,作为参考图书馆的甲费用是乙部的两倍。第二阶段是官立浅草文库阶段。明治七年(1874)8月,东京书籍馆所在的汤岛圣堂因被地方政府征用,书籍馆在当年7月迁入位于浅草的旧米仓中,建立官立浅草文库。第二年,博物局和书籍馆此前并入的博览会事务局解散,虽然将建筑物返还给了书籍馆,但书籍全部留在

①②③④⑤⑥⑦⑧⑨⑩ 文部省博物局. 番外東京湯島博物館中ニ書籍館ヲ建設シ收蔵ノ群籍衆庶ノ借覧ヲ許ス事[EB/OL]. [2016–05–31]. http://dl.ndl.go.jp/info:ndljp/pid/797569.

了浅草,作为太政官文库,即后来的内阁文库。第三阶段是东京书籍馆阶段。明治八年(1875),文部省提供所藏约1万册图书,在汤岛再次建立书籍馆,当年4月改称"东京书籍馆",并于5月开馆。之后,东京书籍馆接收了旧藩校等的藏书,到年底,藏书规模已达到33000册左右。东京书籍馆一改旧规,从1876年7月开始,开放时间从上午10点直至夜间,并提供免费阅览。到1876年,通过购买和捐赠的途径,馆藏已达7万余册,到馆人数也达到日均72人。第四阶段是东京府书籍馆阶段。1877年2月,西乡隆盛从鹿儿岛起兵,发起内战。明治政府受到内战的影响,财政吃紧,自西乡从鹿儿岛起兵之日,将开馆不足2年的东京书籍馆关闭。东京书籍馆关闭后,其中的一部分法律类藏书收入开成学校(即东京大学的前身),还有一部分收入后来建立的医学院校。1877年4月12日东京大学建立,其附属图书馆成为日本大学图书馆的开端。东京书籍馆的建筑和其中大部分的藏书借予东京府,东京府书籍馆于5月开馆。1880年7月,该馆再次更名为东京书籍馆,结束了作为东京府书籍馆的3年历史。此后,原先制定的夜间开馆和免费开放的制度也逐渐废止①。

从整体来看,官立图书馆诞生于日本公共图书馆思想的印象初定期,具备了政府主办、建立呈缴本制度、与博物馆合体、闭架借阅与在馆阅读的特征,采取严格的借阅管理制度,面向民众开放,并从收费服务发展到免费服务最终又回归了收费服务。这基本是依照传入日本的西方公共图书馆印象建立而成的图书馆实体。从1872年到1880年的四个阶段中,官立书籍馆几经波折,孕育了日本大学图书馆的诞生,奠定了国立国会图书馆的基础。在其波折的发展历程中,一方面在近代日本呈现了西方公共图书馆的形象,另一方面也对这一形象的实现途径进行着不断的调整,使之逐渐适应日本社会的需要。

3.4.2 京都集书院(集书会社)

日本沿袭自西方的公共图书馆从一开始就不是专属于官方的,在其印象初定的幕府末期—明治初期,私立集书院也承担了公共图书馆的社会功能。明治五年

---

① 岩猿敏生.日本図書館史概説[M].東京:日外アソシエーツ,2007:156–163.

(1872)，福泽谕吉、桢村正直、大黑屋太郎右卫门在京都(现中京邮局附近)建立京都集书院，简称"集书院"①。从其业务类型和经营特点来看，集书院不同于官立的公共图书馆或者传统意义的图书馆、文库或集书院，而是介于江户时代的借书屋与今日的公共图书馆之间的中间形态②。除了承担过渡时期的借书屋业务之外，集书院还具有社会教育功能，这在其布告中有所体现：

> 市郡的学校近来发展迅速，但是对于因年龄限制、工作时间的限制而不能到学校学习的人来说，其前途是暗淡无光的。为了为其提供培养智识与才能的机会，使其将工作和本职之余用于休闲游戏的时间拿来享受阅读的乐趣，并获得发展的机会。为了这些心系社会大众之福利的有志之士，我们开设了集书院。③

从集书院的主办方来看，应属于私立的机构，但也存在民间力量与政府协作的成分。集书院以书商与政府配合的方式，通过借书屋的方式首先解决馆藏问题，并在京都府推进派的支持下，在馆藏的发展、公司的建立等方面得到政府的支持。值得一提的是，集书院建立的初衷就是建立京都府的公共图书馆④。

明治五年发布的《集书公司总则》中，依据集书院建立的基本意旨，对其馆藏内容和服务原则进行了明确说明：

> 在西洋各文明国家的城市中都设有文库，称之为"bibliotek"，其馆藏范围从日用书籍图画到古籍珍本皆有，收藏各国的书籍，以供人们随意浏览阅读。⑤

可以看出，集书院基本上是依照福泽谕吉在《西洋事情》中所描述的西方之公共图书馆的基本形态建立而成的。在《集书公司总则》之后的《规则》中提到集书

---

①　京都集书院[EB/OL].[2016-06-02].https://ja.wikipedia.org/wiki/京都集书院.

②　西村隆.丹波龟山深海氏二题[J].立命館文学,2012(1):772.

③　石山洋.源流から辿る近代図書館[M].東京:日外アソシエーツ,2015:34.

④　京都域粋69号『京都集書院』書林から近代の書籍商へ[J/OL].[2016-06-03].http://www.kita-touhoku.com/kyoto/documents/ikiiki69.pdf.

⑤　角家文雄.日本近代図書館史[M].東京:学陽書房,1977:47.

院提供除在馆阅读之外的有偿外借服务。《规则》第二条中提到"带回家阅读的情况下,必须将书籍的定价预付为押金",并在第三条中明确规定了外借的时间为"100 页的书 10 日,200 页 20 日,若逾期未能归还图书,则视为以原价出售该书"①。

集书院的另一大突破是开架借阅,这一点在其《集书公司总则》中也有提及,石山洋更加形象地进行了描述:

> 木制的二层西洋建筑,铁栏的正门前建造铁门、石柱,采取惯常的委托民间经营的方式。集书院进出自由,院内可以饮食。阅览室和书库都在二层,利用者可以进入书库寻找需要的书籍,也可以自己将书放回原处。费用是一次一钱五厘。②

集书院是对以福泽谕吉描绘的集社会教育的功能、开架借阅和外借服务于一身的西方公共图书馆形象的完美再现。集书院作为一个私立的机构,实行有偿服务,外借与出售服务一体化,体现了其过渡性的特点。集书院的出现,"极大的反响和期待,笃志家(其中也包括东寺)提供了藏书,府民也捐赠了资金。进而这件事情在其他府县也进行了报道,从而在日本各地掀起了建立图书馆的运动"③。但是明治初期的日本并没有做好容纳一个承袭了极其纯正的西方血统的公共图书馆的准备,集书院从建立到关闭的 10 年间,可以说毫无成就感可言:

> 集书院于明治五年 9 月竣工,在经历了藏书运抵、整理排架、准备使用凭证等一系列的准备工作后,于明治六年 5 月 15 日正式营业。看起来似乎光明的前途就在眼前了,然而,事情的发展却不像之前预想的那般顺利,并没有发生值得欣慰的事情。换言之,利用者完全没有发展起来。从明治十三年的年度总结报告来看,全年到院共 734 人,除去运营经费,还产生了 58 日元的赤字。估计其他年份的经营情况大致如此。最终,集书公司结束了经营,明治九年再次转为由京都府直接经营。明治十五年彻

---

① 角家文雄.日本近代图书馆史[M].東京:学陽書房,1977:48.
② 石山洋.源流から辿る近代図書館[M].東京:日外アソシエーツ,2015:35.
③ 京都域粋 69 号『京都集書院』書林から近代の書籍商へ[J/OL].[2016 – 06 – 03]. http://www.kita-touhoku.com/kyoto/documents/ikiiki69.pdf.

底关闭。直到明治二十三年京都府教育会附属图书馆(明治三十一年开设的府立图书馆的前身)的开馆之际,才将集书院的藏书交付其中。①

《京都域粹》的文章总结书籍院失败的原因主要是经济方面的,认为在明治初年,政府自身尚未稳定的情况之下,又面临明治十年(1877)的西南战争的经费压力;并且在明治五年(1872)的"学制"公布后,国民均需接受教育的政策之下,民众的压力反而增大了②。若以明治初年的日本社会的发展的实际情况来看——近代国家尚未建立、教育制度刚刚起步,近代市民社会尚未形成——在这种情况下,若以一国之力支撑官立公共图书馆尚且可行,但若以民间之力推动地方政府的实践,希望以过渡体的形式逐步建立起私立的公共图书馆,至少其客观条件并不具备。

在明治初期,"作为公立图书馆建立起来的集书院在当时的历史阶段独树一帜",除了京都集书院,还有作为吉川弘文馆的前身的近江屋半七经营的"贷观所"、上州安中的"便览舍"等,这说明在明治五年之时还存在其他类似集书公司的机构。永末十四雄认为,私立集书院失败的原因在于"以经济来源作为事业基础,并且未能建立起固定的读者群体"③。

京都集书院所呈现的公共图书馆的特征是不同于官方机构的。由于福泽谕吉直接参与其中,所以集中体现了福泽在《西洋事情》中描绘的公共图书馆的形象。集书院与官办书籍馆相比,独具社会团体主办、开架借阅与提供外借服务的特色。集书院虽然仅存在了短暂的一瞬,却在日本公共图书馆史乃至日本近代史上依然留下了不可忽视的印记。

①② 京都域粋 69 号『京都集書院』書林から近代的書籍商へ[J/OL].[2016 - 06 - 03]. http://www.kita-touhoku.com/kyoto/documents/ikiiki69.pdf.

③ 石山洋.源流から辿る近代図書館[M].東京:日外アソシエーツ,2015:35.

4 日本本土公共图书馆思想的形成(1880—1945)

    1880 年前后开始,日本出现了自由民权运动的思潮,在国内矛盾日益尖锐之下,日本进入了皇权复古的思想阶段。在前一个阶段的全盘西化时期,日本为了迅速建立起近代国家与近代社会,效仿西方开启了相似的近代化之路,尽可能地模仿西方之一切。在公共图书馆领域的早期尝试中,出现了图书馆与博物馆合体的模仿大英博物馆图书馆的形态。但随着日本自上而下的近代化造成各方面社会矛盾的逐渐激化,自由民权运动兴起、复古之风盛行,在西方体制的外衣之下日本的近代思潮又重新回归了日本的传统思想,并形成集权的皇国思想。进而军国主义兴起,日本进入了军国主义时期,这一思想阶段一直延续到 1945 年日本在第二次世界大战中战败为止。

    在公共图书馆的事业方面,上一阶段出现了官立的东京书籍馆与民间力量和地方政府合作的京都集书院,公共图书馆事业的雏形已经出现。在近代中后期,由于受到国内客观环境的制约,日本公共图书馆事业的发展呈现出三条发展主线——作为国立图书馆的官立图书馆逐渐工具化、地方政府主办的公立公共图书馆日趋衰落、私立公共图书馆逐渐兴起。在思想的方面,在舶来信息所形成的印象之上,受到复古之风的影响,日本公共图书馆思想中逐渐填筑起本土化、时代化的内涵,形成了以日本为体、西方为用的本土化公共图书馆思想。依据西方之经验照搬而来的公共图书馆印象逐渐被塑造成适应于日本社会的新形象,图书馆领域的学者和先驱在日本近代社会的母体之下,构建起本土化的公共图书馆思想体系,并不断在其中填充新的内涵。

    在公共图书馆的实践方面,一方面,上一阶段兴起的公立书籍馆在这一阶段很快消失于历史的洪流之中,代之以社会教育为目的建立起来的通俗图书馆,承担了公共图书馆在社会教育中的重要角色;另一方面,官立图书馆在前一阶段的东京书籍馆的雏形下发展为帝国图书馆,成为名副其实的国立图书馆;另外,1877—1886 年后期私立图书馆迎来了蓬勃发展的阶段,这个阶段延续到第二次世界大战结束,成为这一时期公共图书馆事业的重要参与者、公共图书馆社会功能的重要承担者。

4.1 近代中后期的日本社会

1880 年前后起,日本逐渐从由幕府末期到明治初期的文明开化的浪潮中抽身而出。在全盘西化的尝试中,自西方社会照搬而来种种近代制度与日本自上而下建立的近代国家之间的矛盾日渐凸显。"不适用"是这些"体"与"用"之间矛盾的根本原因。在矛盾日益明朗的过程中,曾经被西方文明压制的日本精神与日本民众的自我意识从社会的方方面面渗透出来,国粹主义、自由民权运动与皇权至上成为这一阶段的社会思想的主流。

在统治阶层,在这一社会思潮之下,日本对内与对外政策也发生了很大的变化。随着日本近代教育制度的建立和完善,公共图书馆被纳入社会教育体系,公共图书馆的生存环境与发展的环境也随着社会教育制度的调整而不断改变。

在市民阶层,日本经历了独具特色的近代化进程,建立起市民社会。市民社会孕育了日本近代社会中公共领域的形成,为"public"赋予了日本近代语义,也成为这一时期日本公共图书馆思想的社会根基与时代注脚。

4.1.1 复古风潮的兴起与国粹主义极端化

(1)明治维新结束

从 1877 年 6 月立志社总代表片冈健吉向天皇提出开设国会的建议以来,经过爱国社的重建和国会期成同盟的斗争,终于迫使政府在 1881 年 10 月以天皇的名义宣布了制宪和召开国会的日程表,民权运动取得了阶段性的胜利。但由于国内外的各种矛盾继续存在,民权派的基本要求并未实现,运动进入后期发展阶段。在自由民权运动中,各方势力争执不下。1881 年伊藤博文通过《召开国会敕谕》充分体现了渐进论的立场,并在 1883 年岩仓去世后成为主持国政的顶梁柱,但是随着民权运动的由盛转衰,明治政府在摧毁民权运动的过程中迅速组建了近代天皇制。其标志就是 1889 年《大日本帝国宪法》(也称《明治宪法》)的颁布,亦即明治维新的终结①。

日本的近代化以这种折中与复古的方式终结,恰恰说明了其近代性的独特之处。幕府末期,日本通过学习西方的方式探究其落后于欧美的原因,因而在明治初期,日本以自上而下的方式开启了近代化进程。明治维新以《明治宪法》的颁布来确立近代天皇制国家的方式终结,表明了部分保留封建性的意图。明治政府的收入来自于农村,其资本主义发展所需要的资本积累和集中也依靠农民的付出②,因此,对农民阶层的刻意保留必然造成近代市民阶层的发育迟缓。

在日本的近代,国家在社会中处于绝对强势的地位,这也是明治维新时期各方意识与意见争鸣的结果。明治时代多样化的国家论反映了国权与民权的纠葛状态,其争论的实质是国家优先还是国民优先的问题,它牵扯的是近代日本国家意识的主要组成部分——国民意识③。在日本近代国家的建立过程中,最终选择了建立天皇制的集权国家,这一选择本身就是对国民意识的抑制。国家抑制于国民之上,形成了国家的强势与国民的弱势。正因如此,国民的并不充分的自由与薄弱的国民意识,力证了日本近代未形成市民社会的观点或者支持了"近代市民社会"的特殊提法④,这其实描述了封建社会的构成要素犹存的日本近代的实际问题⑤。在这个"社会"中,近代国民意识相对薄弱,民主与自由的程度较低,资本主义的发展阶段比较初级,但是这些力量依然存在。这也是本书划定的探讨日本近代公共图书馆思想的母体与植根的土壤,即不充分的市民社会。

(2)国粹主义极端化

1880 年后,明治维新发展到了新的阶段,文明开化的风潮逐渐淡化,代之以民

---

① 宋成有. 新编日本近代史[M]. 北京:北京大学出版社,2006:142 - 157.

② 诺曼. 日本维新史[M]. 姚曾廙,译. 北京:商务印书馆,1962:103.

③ 陈秀武. 近代日本国家意识的形成[M]. 北京:商务印书馆,2008:222.

④ 植村邦彦. 何谓"市民社会"——基本概念的变迁史[M]. 赵平,等,译. 南京:南京大学出版社,2014:125 - 127.

⑤ 植村邦彦. 何谓"市民社会"——基本概念的变迁史[M]. 赵平,等,译. 南京:南京大学出版社,2014:128.

族化的新走向。政治上,明治十四年(1881)政变、自由民权运动后,近代天皇制建立起来;思想领域,国粹主义的兴起引发了复古主义的新风潮。

"国粹主义"是一个与"民族国家""民族性"同义或者近义的概念,其含义具有两面性——对内的和对外的。对内可以是民族的独立自强,可以是保存优良传统的基本立场,但是其中也包含了对外的为求独立与强大的侵略性。国粹主义在日本近代的演进,伴随明治维新中日本效法西方的国力增强与近代化进程的展开,尤其到了明治维新的末期,其两面性表现得尤其明显。

国粹主义兴起于明治中期,其根源可以追溯到江户时代。自古以来,日本人在其独特的风土历史中保持着其特质,"国粹(nationality)"也就倾注了美好的山河与温暖的气候的"美意识"①。以"美意识"为中心的国粹主义中强调了"国粹主义"的传统主义内涵。明治二十一年的神武天皇忌日,出现了一份杂志《日本人》,提倡"国粹保存",旋即感到保存之名不甚妥当,遂改为彰显,然国粹保存之名早已在社会上广为流传,故照旧通用②。志贺重昂在《日本人》上发表多篇文章阐释国粹主义,他在《日本前途的两大党派》(《日本人》第六号,明治二十一年 6 月 18 日)解释"'日本旨义'是指什么呢,是'保存势力的旨义',什么是保存势力呢,就是将自己特有的势力一步一步地逐渐发挥起来,使其根基更加稳固,时期重心更加纵深,逐渐发展成为强大的势力",即表达了国粹主义("日本旨义")是"势力的保存",民族与国家的发展正是需要国粹的发挥③。于是,国粹主义快速转变为"保存势力"为核心的思潮。

我国学者在研究中指出,明治中期的国粹主义倡导的是保留日本传统、对抗全盘西化的极端思想。明治中期,在西化风潮中出现的国粹主义是对极端欧化主义的一种理性反思,是日本近代化由全盘西化走向民族化、本土化的一个拐点。经历了明治中期的反思后,在近代天皇制的日本,国粹主义逐渐极端化,它成为日本转而走向侵略扩张的帝国主义的民族主义思潮。随着日本自身国力的日益增强,国

---

①　荻原隆.志贺重昂における国粋主义の観念——概念の両義性と論理の混乱[J].名古屋学院大学論集(社会科学篇),2008(2):27.

②　史少博.日本的"国粹主义"哲学思潮演变路径探悉[J].人文杂志,2015(1):25.

③　荻原隆.志贺重昂における国粋主义の観念——概念の両義性と論理の混乱[J].名古屋学院大学論集(社会科学篇),2008(2):27-28.

粹主义思想家们在呼吁国民团结、发扬日本民族精神、对抗西方列强的过程中滋生出对亚洲邻国的蔑视,其对外思想主张最终与明治政府的对外侵略扩张路线合流,成为日本亚洲侵略的文化理论工具①。

国粹主义在明治维新后促成了日本的民族主义的主要思潮,并在 20 世纪后演变为以天皇制国家为基石的国家主义②,这两次思潮的主导阶级虽然不同,但是其前赴后继的关系却联合促成了日本走上了军国主义的道路,并开始了其在亚洲的不断侵略与战争的进程。在公共图书馆领域,可以看到国粹主义带来的两面效应:一方面,日本公共图书馆思想呈现出鲜明的本土化趋势,在学习和借鉴西方经验的基础上,官立(国立)图书馆与公共图书馆两股思潮逐渐兴起并日益完善;另一方面,受限于国粹主义发展的政策背景,社会教育逐渐向着思想善导的方向发展,被裹挟于其中的公共图书馆事业也在思想善导的趋势下改变了发展方向,成为思想善导的有力工具。

4.1.2　社会教育制度的建立与公共图书馆事业环境的构建

(1)日本近代之社会教育论

在近代日本,对社会教育的理解是一个渐进的过程。但是在这个概念逐渐建立的过程中,有一个一以贯之的基本观点,即社会教育位于学校教育的辅助地位。明治时期,山名次郎的社会教育论认为:社会是一个有机体,社会教育的主旨就是理解自我教育的必要性,应该使自己与社会共同发展,从而将社会自主进行的教育理解为社会教育,教育的主体是长者、继承人、绅士、富豪等统治阶层,与教育的主体对应的是贫民——社会下层,其教育的功能是补足"国家教育所不能触及的领域",将社会教育作为国家兴办的学校教育的补充③。在明治时期初步建立起社会教育是"统治阶层"针对"社会下次"的国家教育之外的教育。

此后约 30 年,大正年间比较有代表性的社会教育观点是时任社会教育局局长乘杉嘉寿所提出的,他认为"身处社会中的个人必须培养自己具备作为该社会成员

---

① 王俊英.日本明治中期的国粹主义研究[D].北京:中国社会科学院研究生院,2012:2.
② 徐静波.近代以来日本的民族主义思潮[J].日本学论坛,2007(1):65-66.
③ 福尾武彦.社会教育の歴史的素性1[J].千葉大学教育学部研究紀要第 1 部,1976(12):189.

的基本资质与能力,用以获得这样的资质和能力的全部资源的集合就是社会教育,是社会在建立和发展中必不可少的一项事业",在社会教育与学校教育的关系中,他特别提出,社会教育并不单单是学校教育的补充,也是"学校教育的延长,在补充学校教育的同时,也对学校教育给予特殊的刺激,使其获得新的内容,使之在内容和形式上都发生了变化"。从而确立了补充、延长、变化论[1]。

在第二次世界大战结束前,最后出现的关于社会教育的代表性观点是小尾范治提出的,他认为"社会教育是由社会对社会进行教育的场所中的教育"。他尤其重视学校教育与社会教育的关系,提出"教育不应被生活富裕者或者特权阶级所独占,一般民众不论姓名、年龄,或者地位、境遇,都应该能够接受教育。因此单独依靠学校教育是不可能实现的,作为其补充,深刻感受到社会教育的必要性"[2]。

在从明治到昭和初期的这段时间,对社会教育的理解逐渐发展,从最初的将其视为学校教育的补充,发展为学校教育的延长,在横向与纵向上都将社会教育视为学校教育的弥补。明治维新后,日本的近代社会教育开始形成规模,大约从明治中期开始逐渐对学校教育的不足之处发挥补充的作用。

(2)近代教育制度的建立

明治维新中,日本政府学习西方经验,建立起与西方教育制度与教育内容相似的近代教育制度,并从法律的高度对该制度予以规范,建立起从小学到大学的完整的学校教育体制。日本最初将"学制"作为近代法规的一部分建立起来,以"国民皆学"为首要目的,其次强调学区制[3]。

对明治政府而言,建立这种全盘西化的教育制度的初衷,是通过西方的知识和经验对日本民众进行文明开化,使之在学习西方知识的基础知识的同时,学会以西方的思维方式思考问题,进而培养社会精英,为日本近代化的发展提供人才。在日本近代学习西方的狂热浪潮中建立这样的教育制度,似乎是顺理成章且言之成理的,但是,本质上,西方的教育制度嫁接于绵延至近代的日本中世封建社会之上,其结果必然差强人意。

①　福尾武彦.社会教育の歴史的素性1[J].千葉大学教育学部研究紀要第1部,1976(12):189.
②　福尾武彦.社会教育の歴史的素性1[J].千葉大学教育学部研究紀要第1部,1976(12):189 - 190.
③　伊藤博.教育史から見た幕末期から明治初期の教育[J].大手前大学論集,2011(12):25.

明治十年(1877)前后,日本全国的入学率不足30%,在入学者中,80%会在一年之内退学,日本的学校教育遇到了严峻的发展瓶颈,欧美学校教育制度不适应日本国民需求的问题凸显。文部省意识到了事态的严重性,开始反思至今为止日本社会所吸纳的一切文化元素,进而引发了对学习西方思潮的反思①。

1881年明治政府颁布《教育令施行规则》,规定"教育之目的主要在于振作尊王爱国之志气",这意味着政府开始在教育政策中公然提出"皇国"教育目的;1890年颁布的《教育敕语》则是将此前"犹抱琵琶半遮面"的国家主义教育公开化、正式化、法制化,以敕语的形式确定了此后50年日本教育的基本目标——"义勇奉公""扶翼皇运",即皇国教育②。原本仿照西方建立起来的社会制度的框架也在复古思潮的冲击下被赋予了日本传统的内涵,教育制度亦是如此。新思潮的冲击使日本近代教育在"皇国教育"的理念之下,逐步走上了军国主义道路。

日本近代皇国教育的确立对日本近代社会以及近代社会中公共图书馆的发展的作用主要体现在两个方面。首先,教育本身必然提高了社会成员的素质,提高了识字与阅读的能力,为公共图书馆的发展提供了广泛的读者群体。明治维新以后,"阅读"行为在报纸的普及、就学机会扩大等因素的相互作用下,读者的范围扩展到了较之明治维新之前极其广泛的阶层。日本近代的教育制度虽然未能如福泽谕吉所愿,培养起经历了文明开化洗礼的近代国家的市民,但是在明治政府对教育的大力投入之下,民众的文化水平得到了大幅度提高,从而为公共图书馆提供了更广泛的读者群体。其次,在经历了"阅读"行为的从音读到默读的缓慢的变迁过程后,默读能力与阅读行为之间建立了密切的联系,大众化默读才是养成公共图书馆利用习惯必不可少的基本素质③。

(3)社会教育的"思想善导"转型

从明治末期通俗图书馆出现开始,公共图书馆就被作为对国民进行社会教育的机构,只是当时所谓"教化"多是指对基本素质和修养的培养,希望通过教

① 吉冈眞知子.明治期における近代学校教育制度の成立と子育て観[J].東大阪大学・東大阪大学短期大学部教育研究紀要,2005(3):3-4.
② 朱琴.日本近代教育的军国主义演变[J].阅江学刊,2015(3):75.
③ 山梨あや.近代日本におる読書と社会教育[M].東京:法政大学出版局,2011:55.

育培养读书的习惯,改变民众的低俗趣味和不良生活习惯①。在社会教育方面,明治政府对社会教育的重视自中日甲午战争和日俄战争之后开始。迫于战争对国内造成的压力,亟须稳定民众的情绪,这就为社会教育赋予了"教化"的外衣②。

从明治末期延续至大正初期的地方改良运动③也是促成社会教育的"思想善导"化变革的缘由。在这个过程中,公共图书馆的数量大幅度增长。由于地方改良运动与社会教育之间的密切联系,在地方改良运动中必然需要大力发展社会教育,并且其发展方向是既定的——为了地方改良运动的顺利进行,其"教化事业"必然需要一改明治前期的文明开化的初衷,而转向"思想善导"的发展方向。

大正时期,日本面临"卧薪尝胆"号召的失效、战败造成的国内情绪的反弹以及资本主义发展带来的城市化进程与农村人口与产业结构的调整的困境,需要加强对国民的思想的控制,此时的社会教育被赋予"思想善导"的新功能。

日本近代社会教育的转型是随着明治维新结束后的社会发展需求而出现的教育政策的调整。明治维新后,日本的资本主义迅速发展,城市化与市民阶层逐渐发展,造成人口的大规模迁移。随着国粹主义的极端化,日本逐渐走上了称霸东亚的道路,对国内征收重税以支持对外的侵略活动,对国内民众的生活造成了巨大的压力。而身在其中的社会教育从一开始就具备了"自上而下"的特征,被赋予了依照统治阶级的需求予以培养和加工的意味。因此,虽然在规则的制定上强调社会教育作为学校教育的配合与补充的定位,强调通过社会教育实现教育的普遍均等的原则,但是也暗含了按照一定的需求塑造社会成员的意味。日本的近代化是自上而下的近代化,在这样的"近代国家"中的社会教育,其基本的意愿与教育需求必然无法脱却统治阶级的统治需要,体现出培养统治阶级所需要的平民阶层的基本立场。

---

① 裏田武夫.明治・大正期公共図書館研究序説[J].東京大学教育学部紀要,1965(8):153-189.
② 裏田武夫.明治・大正期公共図書館研究序説[J].東京大学教育学部紀要,1965(8):171.
③ 地方改良运动:明治三十七年后在明治政府的倡导下开展的以减轻国家对地方的管理力度并以地方的发展作为国家发展与强大的基础的阶段性政策。见:斉藤利彦.地方改良運動と公民教育の成立[J].東京大学教育学部紀要,1982(3):173-174.

4.1.3 "public"的日本近代读解

日本自上而下、自发的近代性孕育了日本近代社会的发展,在日本独特的近代社会中,"public"的概念逐渐形成,勾画出日本近代的公共领域,并赋予"公共图书馆"时代与地缘内涵。这部分内容在第二章有所提及,在这里仅作为引申。

在第二章曾经提到对日本公共图书馆的含义的困惑,虽然在词典中明确表达了"公共"之所指,且我们在面对复杂的日本公共图书馆这一事物的时候也可以毫无违和感地将其对应于"public library",但随即必须面对的问题就是"公共"一词在日本究竟是指"公权力"还是"公开"或其他含义。中国与日本的很多学者倾向于认为"public library"指的是日本的"公立図書館",将"公共"的含义确定为"公权力"或"政府";但日本《图书馆法》自1950年便明确规定了公共图书馆包括公立图书馆与私立图书馆,那么在其语境之下,"公共"又应该是指"公开"。

在探讨"public library"的词义之前,需要研究"public"一词在日语语境下的含义。在英语世界,哈贝马斯将18世纪以后出现的"公共性"的含义解释为:在沙龙或者读书会的活动中,具有自律性的市民建立起"公众 public"的自觉,通过公开讨论形成共识,进而形成政治秩序的基础[1]。在这里,"public"表达了某一社会阶层的一致与共识的概念。在日本学者的研究中,齐藤纯一提出了"公共"的三种含义:①与国家相关的"公的"(official);②并不特指对象,而是与所有人相关联(common);③对所有人都开放(open)。而这三者呈现了"对抗"的关系[2]。日本公共哲学的研究专家山脇直司在文章中指出了英语中的"public"的含义相当于:a. 针对所有人的;b. 公开的;c. 政府的。同时指出:在用于公共部门的情况下,明确使用了 c 项的含义;在用于公共事业的情况下,对其负责一方虽然表达了 c 项的含义,但是多少也必然包含了 a 与 b 项的意思[3]。

实际上,早在明治维新之时,"公共"一词在日本已经有了明确的翻译。明治

---

① 天満隆之輔. 公共図書館の成立過程をめぐって——森耕一の図書館史に関する思索のあとをたどる[M]//森耕一追悼事業会. 公立図書館の思想と実践. 神戸:森耕一追悼事業会,1993:26.

② 中村春作. 近世思想史研究と「公共圏」論[J]. Problématique,2002(7):13 – 26:20.

③ 山脇直司. 公共概念の再検討[J/OL]. [2016 – 04 – 09]. http://www.cao.go.jp/zeicho/siryou/pdf/kiso_b13e. pdf.

时代的英和辞典中"public"皆被释为"公的""公众",至少在明治七年(1874)时,"公共"一词即已被当作"public"的译语使用了①。但是在实际使用中,"公共"实际被赋予了更多的、更为复杂的含义。

(1)"公共"即"国家"

在日本前近代的幕府末期,经世致用之学以朱子之学为正统,包括阳明学、古学和折中学派三支②。日本公共哲学学者的研究中提出,朱子学认为,道德的本性(原则上)是万人所具备的,这就是"性"(理),而且这种本性不是仅仅封闭地存在于个人的内心,而是作用于自我与他人的关系上,以促使其发生变革,是一种动态的、开放的力量,由这点来看,可以说朱子学促使人们形成"公共"伦理,也正因为如此,朱子学才得以在东亚近世社会广泛地流传开来③。

朱子之学的"公共"有其独有的倾向性和关注点,由此也决定了东亚之"公共"以及日本近代之"公共"的特殊性。在道德的发挥即追求"公共"的方式上,朱子学有一定的倾向性。在中国、朝鲜等地,统治者阶层是朱子学的中间力量,因此有关如何形成(作为统治者的)主体意识的讨论及习俗就构成了朱子学发展的主线。其体现在公共探求上,则表现为不太关注个别的事物,而是更注重统合的层面,以理性确立"天理之公",同时以一种可以称之为自我收敛式觉醒的"敬"来存养它,并不断地向他人以及整个世界唤起并推行"天理之公"④。

日本近世的儒学家们对朱子之学的"公共"进行了不同的理解和尝试,从"公共"的施动与被动的意义上,出现了"垂直向位"之外的"水平向位"的新解读,这一点主要体现在前近代的阳明心学中。蓝弘岳指出,阳明心学者所使用的"公共"一词有着与理学者相同的"共同""共有"等的语义外,其民众本位、平等性、开放性的语感更强,可以说阳明心学中已具备了发展出基于"心"的、"由下而上之意义结

---

①　蓝弘岳.东亚中的"公共"概念——历史源流与展开[M]//黄俊杰,江宜桦.公私领域新探:东亚与西方观点之比较.上海:华东师范大学出版社,2008:74.

②　大谷敏夫.清末経世学と経世思想——幕末から明治にかけての日本の学術・思想の变遷と比較して[J].アジア文化学科年報,2004(7):30.

③④　黑住真."公共"的形成与近世日本思想[M]//黄俊杰,江宜桦.公私领域新探:东亚与西方观点之比较.上海:华东师范大学出版社,2008:111.

构"的"公共"概念之契机①。从幕府末期到近代这段时间,日本思想界对"公共"的理解也具有水平相位②的含义,但从政治的角度来看,最终屈就于近代国家的体制,成为垂直相位的含义,即"公共"即为"国家"。

(2)"公共"即"天皇"

在横井小楠的《国是七条》中充分表达了对"公共之政"的基本观点:

1. 将军应赴京为以往的不恭向朝廷致歉;

2. 取消大名的参勤轮换制,改为述职制;

3. 让大名的妻子返回故乡;

4. 不拘于旁系、氏族启用有能力之人才;

5. 大开言论,于天下行公共之政;

6. 发展海军,增强兵力;

7. 停止相对(自由)贸易,进行官方贸易。③

这是横井"共和之政"的基本内容,也是此后明治政府的执政基础。横井的基本意图在于打破幕府的独裁,倡导共和政治。横井的主要观点在于:首先迫使幕府独裁的现行体制形同虚设,在此基础上建立由诸侯参与国政、天皇行使决策权的政治理论,倡导基于"公议舆论"的共和政治。这虽然与西方政治思想中的共和制的概念不尽相同,但是小楠当下所谋求的是以"公共之政"打破一直以来的幕府私政,从而建立起以共议来决定国策的政治流程④。

横井从"公政"与"私政"对立的层面上表达了对"公共"含义的理解,但是其"公共之政"依然保持了天皇的决策权,所以只能说在一定的阶层内部体现了水平相位的"公共"概念。但在幕府时代末期的阻力之下,其力主的"公共之政"的"七条"在日后被修改为"五事",弱化了其中"公共"的意味,仅表达如下:

① 蓝弘岳.东亚中的"公共"概念——历史源流与展开[M]//黄俊杰,江宜桦.公私领域新探:东亚与西方观点之比较.上海:华东师范大学出版社,2008:64-65.

② "相位"是物理学术语,描述波在特定时刻位于其循环中的位置。

③④岡崎正道.横井小楠の政治思想——幕政改革と共和政治論[J].Artes liberales:bulletin of the faculty of humanities and social sciences,Iwate University,1999(6):115.

1. 应将将军上京作为当务之急;

2. 应废除参勤轮换制,改为朝觐制;

3. 应允许诸侯的妻子返乡;

4. 应发展海军,增强兵力;

5. 应也允许诸侯进行贸易。①

从"七条"到"五事",呈现了"公共之政"的消磨与水平相位的"公共"在日本幕府时代末期难以立足的实际情况。

明治维新时期,福泽谕吉也是关照"公共"的低阶层含义的一员,在其观点的阐述中,"公共"一词兼顾"政府之公"与"人民之权"的意味。上文对福泽谕吉有专门的研究,这里仅引蓝弘岳的一段简述进行说明:

> 福泽在《民间经济录》第二编曾论及在英国人民间接握有"中心政府之政权",所以无须与政府争权,又说:"(在英国)亦有鉴于学者、有经验者的看法,有关铁道瓦斯等其他的大事业皆归于政府之公,公共之事让公共一手执之可省去竞争而产生之徒费徒劳的议论渐盛。"他以此论证日本亦当由政府来担当"公共事业"。②

福泽谕吉的"政府之公"与"人民之权"虽然在自上而下的日本近代化中呈现出了基于人民主权、权利意识的"自下而上的意义结构"发展的契机③,但这种两个相位共存的情况在《明治宪法》颁布后告终,日本近代的"公共"一词最终归位于垂直相位的概念。《明治宪法》主要参照德国系的诸种宪法而成,明治二十三年(1890)发布的《明治宪法》,可检出三条含有"公共"的条文。这 3 个条文的"公共"一词,实际上在草案的阶段皆是用"国家"一词的。虽不可一概而论,但"公共"一

---

① 冈崎正道.横井小楠の政治思想——幕政改革と共和政治論[J]. Artes liberales:bulletin of the faculty of humanities and social sciences,Iwate University,1999(6):114.

② 蓝弘岳.东亚中的"公共"概念——历史源流与展开[M]//黄俊杰,江宜桦.公私领域新探:东亚与西方观点之比较.上海:华东师范大学出版社,2008:75-76.

③ 蓝弘岳.东亚中的"公共"概念——历史源流与展开[M]//黄俊杰,江宜桦.公私领域新探:东亚与西方观点之比较.上海:华东师范大学出版社,2008:77.

词正是因有着这两个交叉相位的意义,所以可朝其垂直相位的意义方向来理解,即君主主权的国家中所管理、保护的拥有私之自由的国民。亦可朝其水平相位的意义方法解释,即基于人民主权与权利意识所组成的国家、集团。当然,在近代日本的天皇制国家中,"公共"一词主要作为垂直相位的意义使用的。如国体论者那样,可把《明治宪法》的最高主权者解释为天皇,明治以后"公共"概念亦可有天皇中心的意义①。

黑住真也解释了近代日本的"公共"与天皇的直接关系,即在近代日本国民国家中,"公"的秩序意味着各种价值、权利全部集中在天皇国家那里,然后由天皇国家再将其分配到各个阶层、各个人,而人们全部被动员起来,一起为那个中心(天皇国家)奉献一切②。

可以说,关于"公共"的理解,在日本并非没有出现水平相位的学说,但是在日本近代的客观环境之下,即使福泽谕吉也最终转向了天皇为上、政府之公的立场。关于自上而下的专制之下的"公共"一说可以解释日本近代公共图书馆的官办与集权统治的特点,而关于日本公共图书馆包含公立图书馆与私立图书馆的问题,或许可以从日本近代的社会演进中找到答案。

(3)"公共"即公与私之间

在国家与天皇的公共之上,公共哲学的研究可以为日本近代公共图书馆事业实景提供更好的解释。

公共哲学界将"公共"进行二分或者三分,二分法分为"公"与"私",以金泰昌为代表的一派提出三分法,即将作为"公"与"私"的媒介的"共"纳入其中的观点。一般观点认为"公"即"官=国家",这是常见的思维方式,三分法与此不同,开始重视自下而上形成的"共"的观念,并思考"公共性"的含义③。

在金泰昌的三元论中,"公共"不但是独立的,而且是自私至公的,或者说是自

①　蓝弘岳.东亚中的"公共"概念——历史源流与展开[M]//黄俊杰,江宜桦.公私领域新探:东亚与西方观点之比较.上海:华东师范大学出版社,2008:78-80.

②　黑住真."公共"的形成与近世日本思想[M]//黄俊杰,江宜桦.公私领域新探:东亚与西方观点之比较.上海:华东师范大学出版社,2008:109.

③　小林正弥.総括コメント 風土論と公共哲学の関係の発展に向けて[J].公共研究,2006(9):142-143.

下而上的,这其实构成了一个不同于日本以往形成的自上而下的"公共"的另一个"公共"含义,提供了重新审视"公共"的视角。这一点与长坂寿久的观点不谋而合。上文中曾经提到过,长坂认为,明治时代以后进入近代进程的日本是一个在"公"与"私"的"公私二元论"的基础上建立起来的近代国家:"公"是指政府,"私"是指个人/人民(people)/市民(citizen)/家族或者经济活动;在两者中间由"公共圈"(public sphere)发挥着媒介的作用。在"公"与"私"之间,存在着由"私"指向"公"的媒介概念——"公共"①。

　　"公共"由政治领域的国家、天皇的单一自上而下的含义引申为社会领域的"共"的含义,引发对"公共"的独立性与双向性的探讨,为解释"public library"在日本近代的多种表象提供了新的思路。在公共领域,有两种同时存在的"公共",即由"公"到"私"的自上而下的公共与由"私"到"公"的自下而上的公共。以此反观日本近代的公共图书馆问题,公共图书馆生存于"公共"这个非"公"非"私"的领域,这一领域与两者同时保持着联系,因此公共领域中的公共图书馆非常有可能同时具备"公"与"私"两端的特性,这取决于其来自于公的公共领域抑或是私的公共领域。从具体的实例来说,来自于"公的公共领域"的公共图书馆自然会具备自上而下的公共性,其特征上对"公"的一方产生倾向性;反之,来自于"私的公共领域"的公共图书馆自然也会具备自下而上的公共性,也会具有"私"的一方的一些特征。比如日本近代的私立图书馆在日本近代图书馆史中占据重要的地位,并以公开的方式提供服务,呈现了私的公共领域的"公共",反之亦然。在公共领域中,公与私的融合度受限于市民社会的成熟度,即近代化程度。

4.2　日本近代公共图书馆事业的发展

4.2.1　事业发展的整体趋势

　　日本近代,在社会层面,义务教育在民众间得以普及,一般民众的识字能力与

阅读能力都得到了提高,近代科学技术在民众间得到了普及;在政治层面,明治维新后期建立了日本的近代政权。但是日本近代并未出现如同英美的近代化,作为图书馆事业发展基础的民主主义和基本人权思想等因素的发展比较受限①,公共图书馆的发展必然呈现出有别于欧美的轨迹。

(1)公共图书馆的社会教育定位

在日本近代教育的发展过程中,并没有始终将图书馆作为社会教育的组成机构,这与日本近代效仿欧美国家建立教育制度的做法有关。欧美诸国早期建立的社会教育机构中,图书馆和博物馆等基本上都是私立机构,不进行法律规定,并且大多未得到政府的资助与支配。因此,明治政府虽然要求建立起图书馆和博物馆等具有近代特征的社会教育机构,将其作为文明开化的组成部分,但是并没有立即将其纳入教育行政的直接管辖范围之中②。

随后,田中不二麿随岩仓使节团出访欧美,田中在《理事功程》中对图书馆的教育功能进行了深入的剖析,明治十二年(1879)的《教育令》中第一条就提出开设"书籍馆"③,公共图书馆自此被纳入了社会教育范畴。

学校教育与社会教育的轻重之争在日本近代的漫长过程中屡次被提起,日本近代政权始终选择以学校教育为重,认为学校教育应该优先于社会教育,公共图书馆也因此被置于次要地位之上。在从明治末期到大正、昭和的这段时期,日本面临建立学校教育制度与图书馆的双重需求,自然顺理成章地选择以学校教育为先的标准。

外山正一等人在帝国议会的遵从国民意识与图书馆热高涨的背景下,提出了关于图书馆的建议和法案,这是帝国议会开设以来第一次讨论与图书馆有关的议题。重野安绎、外山正一与铃木充美、小室重弘分别于1896年(明治二十九年)2月和3月向贵族院和众议院提出了《建立帝国图书馆的建议案》并获得通过。1897年4月公布了《帝国图书馆官制》,这是图书馆设立运动的一项成果。同年(明治三十年)2月,外山正一在60票赞成的情况下向贵族院提出了《公共图书馆费国库补助法案》。但是在议会中,久保田让等人以应先确立学校教育制度为理由,将该

① 冈田茂.「現代」の図書館について[J]. Junto Club,1998(9):2-3.

② 田代元弥.わが国社会教育制度の改革について[J].横浜国立大学教育紀要,1966(2):2.

③ 小笠原正.近代日本における社会教育法制[J].弘前学院短期大学紀要,1983(3):3.

法案托付于委员,从而成为废案。就这样,外山正一在贵族院内为地方图书馆的发展所进行的努力始终无法突破当时文部行政偏重学习教育的壁垒。此后外山第三次作为文部大臣出任伊藤内阁,担任文教行政一职,希望"确立社会教育等方案",任职 2 个月后辞职,公共图书馆法案在日本帝国议会举步维艰①。

在明治后期,虽然图书馆的建立之风盛行,但是日本近代的统治者仅仅将其视为重大事件的纪念之物②。虽然公共图书馆的社会教育功能早被认可,但是在重视学校教育的时代,这种认可反而成为政府忽视公共图书馆的理由。

公共图书馆被纳入社会教育的体系,体现了日本近代政权对公共图书馆社会教育功能的认可,同时也为公共图书馆的发展创造了一个小的外部环境,使其在事业的发展和思想的延伸方面受到"社会教育"划定的外延的约束。日本近代社会教育作为学校教育的补充而立足,以培养社会成员的基本素质为主要内容,因此在经历了文明开化后的日本近代,在国粹主义极端化发展的历史进程中,社会教育的目的不可避免地从"文明开化"转向"思想善导"。身处其中的公共图书馆自然无法脱却这层外衣,因而转型为思想善导的工具。

(2)公共图书馆思想善导功能的强化与弱化

从明治末期的通俗图书馆的出现开始,公共图书馆就被作为对国民进行社会教育的机构,只是当时的所谓"教化"更多体现在培养国民的基本素质和修养的方面,希望通过阅读习惯的养成,改变民众的低俗趣味和不良生活习惯。日本近代社会教育的转型是随着明治维新结束后的社会发展的需求而出现的教育政策的调整。明治维新后,日本的资本主义迅速发展,城市化与市民阶层逐渐发展,造成人口的大规模迁移;随着国粹主义的极端化,日本的对外政策逐渐走上了称霸东亚的路线上,对国内征收重税以支持对外的侵略活动,无形中对国内民众的生活造成了巨大的压力。日清战争的直接军费达 19.8 亿日元,而日俄战争的军费是日清战争的 10 倍,民众在战争造成的外在压力与对战胜对方的期许中承受着繁重的财政负担。随着战争的结束,民众逐渐意识到期望与现实之间的差距。统治阶级很早就觉察到了这一问题,为了给民怨寻找安全的出口,需要加强战后的社会管理,特别

---

①　裏田武夫.明治・大正期公共図書館研究序説[J].東京大学教育学部紀要,1965(8):169 - 170.

②　裏田武夫.明治・大正期公共図書館研究序説[J].東京大学教育学部紀要,1965(8):169.

加强对国民教化的投入。加之资本主义发展带来的城市化进程与农村人口与产业结构的调整,需要对国民的思想进行更加强力的控制,因此,此时的社会教育被赋予"思想善导"的新功能①。

日本的社会教育从一开始就具备了"自上而下"的特征,被赋予了依照统治阶级的需求予以培养和加工的意味。因此,日本近代的社会教育虽然在规则的制定方面重视和强调与学校教育的配合与补充的模式,强调通过社会教育实现教育的普遍均等的原则,但是也暗含了以一定的需求对社会成员予以加工的意味。因此,日本这般"近代国家"的社会教育,其主旨必然围绕着统治阶级的统治需要,其所谓"社会教育"也体现了培养统治阶级所需要的平民的基本立场。

具体来说,在自由民权运动中,对传统的国风的尊重之风盛行,取代了此前对洋风的推崇,于是复古思想兴起,在教育领域主张建立以儒教主义的皇国思想为基础的教育方针②。从明治末期延续至大正初期,以"如果希望国家富强,就必须首先振兴地方"为主旨的地方改良运动③也是促成社会教育的"思想善导"化变革的缘由,在这个过程在,公共图书馆的数量大幅度增长。地方改良运动的三大特点包括:生产事业的振兴;改变一直以来的中央对市町村的极端官治主义,使市町村切实具备"自治"的能力;为实现以上的目标,需要通过发挥公共心和教化事业的作用,并设立对优良作风的奖励等措施,激励每一个居民自发产生奋斗的动力和积极参与的"公共心",因此要切实重视教育活动④。

正是由于地方改良运动与社会教育之间的密切联系,因此,在地方改良运动中必然需要大力发展社会教育,并且其发展方向是既定的——为了地方改良运动的顺利进行,其"教化事业"必然需要沿着培养"公共心"的方向发展,改变明治前期的文明开化的初衷,转向"思想善导"的发展方向。这种从政权阶层的需要为基础的近代教育逐步建立而成,立身其中的公共图书馆也在这样的需求之下发展起来。在日俄战争结束后的新局面中,社会教育展现出日益明显的必要性,进而,作为社

① 裏田武夫.明治・大正期公共図書館研究序説[J].東京大学教育学部紀要,1965(8):153-189.
② 吉岡眞知子.明治期における近代学校教育制度の成立と子育て観[J].東大阪大学・東大阪大学短期大学部教育研究紀要,2005(3):3-4.
③ 斉藤利彦.地方改良運動と公民教育の成立[J].東京大学教育学部紀要1982(3):173.
④ 斉藤利彦.地方改良運動と公民教育の成立[J].東京大学教育学部紀要1982(3):173-174.

会教育机构的图书馆所发挥的作用也变得极为重要①。

但是,从实际情况看来,公共图书馆并未依照统治阶级的意愿,充分履行思想善导的职责。究其原因,石井敦在《日本近代公共图书馆史的研究》中提到,"一般而言,在资本主义的上升期,图书馆在健全的资产阶级(市民阶级)②的指导下得以发展。但是如日本这般基本不存在"健全的"资产阶级(市民阶级)的国家中,图书馆很快转化为反对教化政策的机构,其结果必然导致民众的反抗,最终成为形同虚设的慈善机构"③。因此,公共图书馆社会教育功能与思想善导功能同时被弱化。

4.2.2 事业发展的实景

近代中后期以后,日本的公共图书馆事业呈现出两条发展轨迹——官办图书馆与民办图书馆。前者以田中稻城与和田万吉为代表,后者以佐野友三郎与汤浅吉郎为代表;前者强调图书馆的设施,后者强调图书馆的服务;前者是官僚的,后者是市民的④。官立图书馆就是后来所说的"国立图书馆",在日本的近代中后期,田中稻城以国立图书馆为核心,构建起日本公共图书馆的功能体系;佐野友三郎的公共图书馆事业以实现通俗图书馆功能为目的,力求服务方式的突破,以巡回文库的方式将公共图书馆的服务辐射到更为广阔的区域。

(1)官立(国立)图书馆

"官立图书馆"后来又被称为"国立图书馆""帝国图书馆",因为经费来源的不同,在日本是指今日依然被视为有别于依靠地方财政税收支持的"公共图书馆"。日本的国立图书馆以"帝国图书馆"的名义建立于明治三十九年(1906),是日本国立图书馆的前身⑤。田中稻城在帝国图书馆的建立过程中发挥了重要的作用,并提出了很多建馆建议,虽然这些建议被采纳和实现的极少⑥。

---

① 裹田武夫.明治·大正期公共图书馆研究序说[J].東京大学教育学部紀要,1965(8):168.

② 原文为ブルジョアじー,对应法语"bourgeoisie",中文对应为"资产阶级",日语中还有"市民階級"的含义,特此说明。

③ 石井敦.日本近代公共図書館史の研究[M].東京:財団法人日本図書館協会,1971:37.

④ 竹林熊彦.湯浅吉郎の図書館思想[J].図書館雑誌,1957(4):146.

⑤ 岩猿敏生.日本図書館史概説[M].東京:日外アソシエーツ,2007:164.

⑥ 杉泊直也.帝国図書館の構想と実際 - 田中稻城の構想を中心として[J/OL].[2016 - 06 - 17].
http://klis.tsukuba.ac.jp/archives/2012/s0711606 -2012122715072425944A.pdf.

在开馆之后直到第二次世界大战的结束之前的这段时间,帝国图书馆作为日本的国立图书馆,依然难以免于战乱的侵袭。在太平洋战争期间,时任馆长的松本喜一借鉴伦敦在第一次世界大战中的炮火中坚持开馆的经验,始终坚持开馆。昭和十八年(1943),命令当时的司书官冈田温进行科学文献目录的编纂工作。昭和二十年(1945)11月13日,松本馆长在任期去世。1946年5月13日,司书官冈田温就任馆长①。

在这一阶段,日本的官立图书馆虽然在田中稻城的努力之下具备了初步的形态,但在基本业务和功能方面却受限于日本近代中后期的客观条件,未能实现田中建立帝国图书馆的初衷。此后数十年的时间中,帝国图书馆在战乱中难以获得发展的契机,只能尽全力保持开馆的状态。

(2)私立图书馆

日本最早的私立图书馆可以追溯到平安时期(710—1192),在日本的图书馆发展历程中长期占据绝对多数的地位②。日本的私立图书馆经历了从平安时期开始的漫长的萌发阶段后,1880年左右进入了快速发展的时期,这一阶段一直持续到第二次世界大战结束。简单来说,日本近代的公共图书馆的发展路径大致如下:

明治十年(1877)文部大辅田中不二麿公开发表了关于建立图书馆必要性的文件,明治十一年(1878)诞生了7座重要的图书馆,其中包括私立住吉神社书籍纵览所这一私立图书馆。至明治三十二年(1899)发布《图书馆令》之时,对日本全国的图书馆进行统计,共有官立图书馆③ 13座,私立图书馆25座。明治三十四年(1901)书籍商人博文馆主大桥佐平捐建私立大桥图书馆,明治三十五年(1902)德川赖伦开设私立南葵文库,这两座都是日本著名的图书馆。明治四十三年(1910),文部大臣以训令的形式发布《关于设立图书馆的注意事项》一文作为建立图书馆的标准,之后建立的图书馆多参照该文。据统计,该阶段日本共有公立图书馆129座有余,私立图书馆245多座。大正六年(1917),日本全国统计,有公立图书馆

---

① 鈴木宏宗.元帝国図書館長松本喜一著作一覧[J].参考書誌研究,2001(3):70.
② 王颖.日本的图书馆事业[J].中国图书馆学报,1996(2):72.
③ 马宗荣.日本图书馆事业的史的研究.文华图书馆学专科学校季刊,1932(6):185."官立图书馆"主要是官家所建,所以不能统一概括为"公立图书馆"。但在后面的数据中均为"公立图书馆"。

644 座,私立图书馆 610 座。至此,这一阶段的可查的统计数据中,公立图书馆的数量第一次超过私立图书馆。其中比较著名的私立书馆包括提到过的南葵文库、大桥图书馆、成田图书馆和鹈饲图书馆。大正十一年(1922)统计,公立图书馆共 934 座,私立图书馆 698 座。大正十二年(1923)东京大地震,私立大桥图书馆和其他几座公立图书馆遭到破坏,所藏图书尽数被毁①。

截至 1946 年,全日本共有私立图书馆 854 家②。从时间序列中可以看出,近代日本的私立图书馆兴起于明治时代初期(1877—1886),这与出现在明治末期到大正时期的公共图书馆的快速发展时期③的出现相比早了 30 余年。在 19 世纪 80 年代到第二次世界大战结束的这段时间正是日本私立图书馆在历史舞台上发挥最大作用的时期。这段时间的私立图书馆主要有 3 个来源:

①在自由民权运动的发起地区与政治运动相结合的产物;

②在与中央区域隔绝的穷乡僻壤为了满足文化方面的需求而建立的设施;

③各地教师为了满足自己的学习需求而建立的图书馆④。

里田武夫指出,第 1 种来源的私立图书馆"截止到至今为止的史料研究阶段,尚且无法确认其实际情况",并且"无法明确(形成于运动中的阅览设施)与政治运动之间的直接关系"⑤。在三种类型中,最主要的是第 2 和第 3 两种类型,而其中最为主流的私立图书馆是第 3 种⑥。

对此,石井敦又有不一样的看法。石井敦在《日本近代公共图书馆史研究》一书中以很大的篇幅探讨了在日本近代的社会运动中出现的图书馆。这主要是对于里田的研究中的第一种情况的探讨,即与政治运动相结合产生的私立图书馆,但未拘于明治十年(1877)前后的时间范围。石井敦认为,"从现实的桎梏中脱离出来,民众为建立新社会而开展社会运动,这说明了对于作为阅读机构的图书馆(=学习)的需求是存在的,只是由于受到了'自上'的压力,这些社会运动并非主流"⑦。以此为基础,石井敦对日本的民众运动与图书馆的发展过程进行了切分,简要概括

① 马宗荣.日本图书馆事业的史的研究[J].文华图书馆学专科学校季刊,1932(6):184-188.
② 李国新.日本图书馆法律体系研究[M].北京:北京图书出版社,2000:144.
③ 裹田武夫.明治·大正期公共图书馆研究序说[J].东京大学教育学部纪要,1965(8):167.
④⑤⑥ 裹田武夫.明治·大正期公共图书馆研究序说[J].东京大学教育学部纪要,1965(8):164.
⑦ 石井敦.日本近代公共图书馆史的研究[M].东京:财团法人日本图书馆协会,1971:223.

如下①:

　①自由民权运动与图书馆(19 世纪 70 到 80 年代)

　②国立教育运动与图书馆(19 世纪 90 年代)

　③初期社会主义运动与图书馆(1890 年后)

　④农民运动与图书馆(1922 年后)

　⑤劳动运动与图书馆(1911 年后)

从石井敦的研究中可以看出,从政治运动的角度研究的日本近代私立图书馆与里田提到的三种类型的私立图书馆其实对应的是一个对象,只是考察的方式略有不同。在石井敦的研究中提到的 5 项政治运动中,农民运动中建立的图书馆对应于里田提出的第 2 种情况,即"在与中央区域隔绝的穷乡僻壤为了满足文化方面的需求而建立的设施",而自石井敦所提出的 5 项中,在国立教育运动中,地方的有财之士、有识之士与教师们建立了密切的联系,教师们加入了由他们主办的教育会,教育会成为地方财政的补助对象,图书馆则顺理成章纳入教育会的管辖范围。此后,教育会图书馆成为通俗图书馆的设立典范,在教师与各地的合作之下,各地的教育会附属图书馆与根据教育会的建议建立的公共图书馆快速发展起来。这一部分图书馆中很多后来都成为今日日本的公共图书馆②。这确实如里田所述,在三种情况中,第 3 种是私立图书馆中的主流③。

教育会附属图书馆是日本近代兴起的私立图书馆中对后世影响最为深远的一种。这种原本以教师提高自身修养为目的建立的图书馆,与田中不二麿在《理事功程》卷之九《德国之一》中提到的促进教员的学历进步的三种途径:集会、文库社与重返学校接受教育极为类似,其中记录有"文库社的社员关系的维持需要由学校的教员自己出资"④。这其中也体现出明治初期传入日本的公共图书馆印象的延续效应,或者是否可以引申为,这一印象的强化作用是促使教育会附属图书馆在诸多私立图书馆中得以生存下来的原因之一。

---

①　石井敦.日本近代公共図書館史の研究[M].東京:財団法人日本図書館協会,1971:223 – 237.

②　石井敦.日本近代公共図書館史の研究[M].東京:財団法人日本図書館協会,1971:226 – 228.

③　裏田武夫.明治・大正期公共図書館研究序説[J].東京大学教育学部紀要,1965(8):164.

④　田中不二麿.理事功程[M].東京:文部省,1877:610 – 611.

虽然很多私立图书馆受到政治环境的影响最终未能得以保全,但是配合于日本近代政治运动的需要而不断出现的私立图书馆,不但对于其诞生的时代于日本社会而言是必要的,它们也弥补了公共图书馆在思想善导的功能框架下的功能缺失,成为实际承担着图书馆的公共图书馆社会功能的事业组成部分。

4.3 田中稻城以国立图书馆为核心构建公共图书馆功能体系

近代中后期,日本图书馆思想呈现出两条主线——国立图书馆与公共图书馆。国立图书馆以田中稻城与和田万吉为代表,公共图书馆思想则以佐野友三郎与汤浅吉郎为代表;前者强调图书馆的设施,后者强调图书馆的服务;前者是官僚的,后者是市民的①。田中稻城作为日本帝国图书馆的第一任馆长,是日本近代中后期国立图书馆事业的重要参与者,在围绕国立图书馆开展各项工作的同时,对日本图书馆事业的发展也起到了重要的推动作用。

近代中后期,欧美依然是日本图书馆事业发展的主要参照。田中稻城作为日本最早的图书馆学留学生,系统学习了欧美图书馆实践与研究的成果。本书以田中稻城两次出访欧美的所见所得为主题,将田中的手稿的观点、主张提炼并归纳入不同主题。依据其借鉴欧美之所见解决日本的现实问题的基本思路,尝试组合成体系化的思想内容。同时,本书希望通过对田中稻城的访学见闻与事业观点的归纳,探讨在全盘西化的明治维新浪潮退去后,日本图书馆界在国粹主义时代学习西方经验的路径与形式。

4.3.1 田中稻城其人②③

田中稻城(1856—1925)曾任日本国立图书馆即帝国图书馆的首任馆长,是日本近代著名图书馆学家与政客。田中稻城出生于幕府末期周防国的岩国藩士永末

---

① 竹林熊彦.湯浅吉郎の図書館思想[J].図書館雑誌,1957(4):146.
②③ 石山洋.源流から辿る近代図書館[M].東京:日外アソシエーツ,2015:36 - 38;
　　帝国図書館[EB/OL].[2016 - 05 - 30].https://ja.wikipedia.org/wiki/帝国図書館.

家,是第三子。幼名辰之助,后作为田中家的养子更名为田中林藏,后来改名为稻城。田中稻城在藩校学习汉学,在英语学校学习英语,1875 年进入东京开成学校学习。1881 年从东京大学文学部和汉文学科毕业,同时受聘于东京大学文学部、法学部做准讲师,1882 年晋升为助教授。1886 年进入文部省工作,任命为文部一等属,由此开始涉足图书馆行政管理的工作,负责文部省所辖东京图书馆的运营工作。

1888 年,时任文部省书记官的田中稻城出访美国、英国、法国和德国,进行"关于图书馆的学术旅行",1890 年 3 月回国。回国后,田中就任帝国大学文科大学(前身为东京大学文学部)教授,此后,受命兼任东京图书馆馆长。1893 年专职就任图书馆馆长,着手日本国立图书馆的筹备与运营工作。在森有礼内阁大力发展学校教育、忽视社会教育的时代背景下,面对东京图书馆极度窘迫的预算与设施,田中向政界关键人物进言,介绍欧美各国的国立图书馆的政策,从国立图书馆在国家教育和文化政策方面的重要性出发,宣传建立国立图书馆必要性,倡议将东京图书馆改建为帝国图书馆。在田中的努力下,中日甲午战争结束后,1896 年日本帝国议会两院通过了建立帝国图书馆的议案,1897 年帝国图书馆官制的公布标志着帝国图书馆的成立。

帝国图书馆在原东京图书馆的基础上建立,原东京图书馆馆长田中稻城任帝国图书馆首任馆长。虽然在帝国图书馆成立之时,田中稻城及其所在的帝国图书馆新建筑设计委员会计划建立亚洲最大规模的图书馆,但是由于当时日本政府的财政困难,第一期工程被大幅度缩减。从 1898 年开工到 1906 年竣工,历时 8 年,新建成的帝国图书馆只完成了计划规模的 1/4,其中阅览座位 300 席,书库为地上 8 层、地下 1 层,收藏能力达到 50 万册。

这段时间,田中稻城再次赴海外学习图书馆制度,1892 年发起了建立日本文库协会的倡议,并参与了《图书馆令》的研讨工作。

大正年间(1912—1926),由于当初计划扩建的书库和阅览室未能实现,帝国图书馆的书库和阅览室的发展逐渐遇到了瓶颈。田中稻城拒绝将设于帝国图书馆内的教室提供给图书馆员教习所(图书馆情报大学的前身)使用,从而与文部省普通教育局的乘杉嘉寿形成对立关系,扩建图书馆的要求也与文部省的立场针锋相对,田中因此辞职。1925 年,田中稻城因神经衰弱去世。

从田中稻城的主要经历来看,他的主要工作可以依据其两次出访分为两个部分——筹建国立图书馆阶段与倡议建立日本文库协会、参与《图书馆令》工作阶段。本书的基础是存于日本同志社大学今出川图书馆竹林文库中所藏"田中稻城关系文书",作者前期与工作人员沟通,因手稿老化程度比较严重,对方建议首先参考数字化手稿。在本书获得的数字化手稿中,可以较为完整识别的包括《帝国图书馆设立案》《帝国图书馆设立之议》《什么是帝国图书馆》《本馆的性质》《东京图书馆》《东京图书馆的近况及其扩张》《关于书籍馆之我见》《东京图书馆馆长职务规程》《关于东京图书馆经费的意见》《学校外教育》《开馆式祝词》《复命书》《图书馆新建筑之意见》以及关于图书馆管理方面的《图书馆管理法》和《理想的书目》等。这些手稿中的核心内容存在一定的重复,且因为年代久远、数字化文件的字迹模糊等问题,因此最终能够有效读取的部分比较有限。在手稿中识别的内容主要是围绕国立图书馆的建立、探索图书馆社会功能的实现途径、建立图书馆的管理制度与开展图书馆服务的具体办法4个方面。在这些手稿中,田中的每一项观点的提出都离不开对欧美经验的参考和借鉴,为研究的展开铺垫了基本的思路——如何借鉴国外经验来解决日本问题。

4.3.2 以国立图书馆为核心构建图书馆功能体系

田中稻城在《书籍馆之我见》中,依据其在欧美访学时期的见闻,总结了图书馆的基本类型:

> 在海外各国开设的书籍馆,从其性质而言大致分为参考图书馆、普通图书馆等两三种类型。图书馆要么侧重于其中一个类型,或两三种特征兼而有之。[1]

这是对图书馆功能的划分。田中认为,普通图书馆(也称为"通俗图书馆")供一般读者阅读与学习基础性知识,而参考图书馆满足学者研究之用[2]。一家图书

---

①② 田中稻城. 書籍館二就キテノ卑見[G/OL]. [2016 - 06 - 28]. http://library. doshisha. ac. jp/ir/pdf/takebayashi/honbun/265_007_015. pdf.

馆可以同时具有多种功能,也可以在多种功能中选择侧重点。如果说,普通图书馆的功能是对近代中后期日本社会所需要的社会教育与思想善导的基本功能的支持,那么参考图书馆则是对图书馆的基本功能的延伸。田中稻城将参考图书馆的功能划归于欧美所见之国立图书馆,并选择以东京图书馆作为日本国立图书馆的雏形加以改造。同时主导了将私立的教育会图书馆转型为公立图书馆的工作。通过国立图书馆(参考图书馆)与公立图书馆(通俗图书馆)的协作,田中部署了日本图书馆事业的结构与功能框架。

(1)国立图书馆

田中稻城在出访中,非常关注开设于各国的国立图书馆。他将国立图书馆定义为"依靠国税维持的议院图书馆以及行政诸部的图书馆"①。并且,"国立图书馆并不是不向民众开放的图书馆,而是由于其基本的立足点的局限性,通常兼具公共图书馆的基本属性,采取分部管理,一类是满足与政权有关部门的参考需求的文献,另一类是可以供民众阅读的书籍"②。即在田中看来,国立图书馆是兼具参考图书馆和普通图书馆功能的图书馆。

从时间上看,田中稻城对于国立图书馆的观点的形成大致可以分为 3 个阶段:东京图书馆时期、东京图书馆扩建为帝国图书馆时期和帝国图书馆时期,目前获得的资料主要集中于前两个阶段。

在东京图书馆时期,田中稻城出访欧美图书馆,介绍了欧美所见国立图书馆的基本情况:

> 欧美各国的图书馆数量众多,还分为不同种类,但是在一个国家中一定开设有一座国立图书馆。所谓国立图书馆是指将古今国内外的图书记录收集保存起来,以提供给国民使用,并依靠国税维持运营的机构。即英国博物馆图书部、法国的国立图书馆、德国的皇家图书馆、美国的议院图书馆、比利时与荷兰的皇家图书馆都是国立图书馆。③

---

① ② 田中稻城.拜启然ハ小生儀比程米国巡回[G/OL].[2016 – 07 – 02]. http://library. doshisha. ac. jp/ir/pdf/takebayashi/honbun/268_040_058.pdf.

③ 田中稻城.東京図書館ニ関スル意見要略[G/OL].[2016 – 06 – 27]. http://library. doshisha. ac. jp/ir/pdf/takebayashi/honbun/265_067_073.pdf.

　　他强调国立图书馆是国家之必备机构，且应具备收藏古今国内外图书记录并提供给国民使用、依靠国税运营的特点。在《帝国图书馆设立案》中，田中稻城注意到不同称谓的国立图书馆与国体之间的关系，认为"因国体的不同，其称谓有所不同，但是其实质并没有差别"①。

　　在具体的实践方面，田中稻城认为在日本建立国立图书馆的可行方案是改造东京图书馆，他在《本馆的性质》的手稿中提出将东京图书馆作为日本国立图书馆的雏形的建议②。他认为一方面，"东京图书馆是收集古今国内外的图书与记录，提供全国民众阅读的机构"，与帝国大学图书馆、内阁文库、内务省书库、各府县图书馆相比，具有作为国立图书馆的优势③。在《帝国图书馆设立案》中，田中列举了东京图书馆当时的到馆量与借阅量对自己的观点进行说明④。在馆藏建设方面，他提出将当时由内务省书库承担的呈缴本保存任务转入国立图书馆⑤。在日本国立图书馆的功能定位上，田中指出，东京图书馆的"读者以自己的研究为目的到馆的情况居多，从事翻译工作的读者较少，所以，为了给这一类读者提供便利，应将参考图书馆作为该馆的建设目标"⑥。依据田中稻城的计划，日本国立图书馆是作为参考图书馆建立起来的。

　　如上所述，田中稻城基本确定了国立图书馆的 4 个基本要素在日本的本土化途径：东京图书馆已有的包含古今国内外图书的馆藏与面向全国民众开放的要素，加之依靠国税维持适当的图书馆规模，并争取获得呈缴本制度。为了使国立图书馆实现其应有的功能，田中在《帝国图书馆设立案》中，设计了东京图书馆的改建

　　①　田中稻城,牧野伸顕.帝国図書館設立案［G/OL］.［2016 – 06 – 24］.http://library. doshisha. ac. jp/ir/pdf/takebayashi/honbun/265_227_234. pdf.

　　②　田中稻城.本館ノ性質 他［G/OL］.［2016 – 06 – 24］.http://library. doshisha. ac. jp/ir/pdf/takebayashi/honbun/265_017_025. pdf.

　　③　田中稻城.東京図書館ニ関スル意見要略［G/OL］.［2016 – 06 – 27］.http://library. doshisha. ac. jp/ir/pdf/takebayashi/honbun/265_067_073. pdf.

　　④⑤帝国図書館.帝国図書館設立案［G/OL］.［2016 – 06 – 27］.http://dl. ndl. go. jp/info：ndljp/pid/1087833.

　　⑥　田中稻城.書籍館ニ就キテノ卑見［G/OL］.［2016 – 06 – 28］.http://library. doshisha. ac. jp/ir/pdf/takebayashi/honbun/265_007_015. pdf.

方案,在田中的设计中,整个建筑共三层,包括书库、阅览室、教室等基本的功能区域①。

(2)官私合营的公共图书馆

日本近代的私立图书馆中仅有一小部分得以保存下来,主要是教育会附属图书馆。教育会图书馆是在 19 世纪 90 年代国立教育运动中建立的。这些图书馆最早由教师们管理,归半官方半民间的教育会所附属。图书馆建立的初衷是教师们为了满足自己的学习和研究教学方法的需要而将教科书或全国各地的教育会的文件收集起来建立而成。随着馆藏量的增加,也允许学生与一般民众来使用。随着国立教育运动的兴起,地方的有力之士与有识之士与教师们建立了密切的联系,教师们加入了由他们主办的教育会,教育会成为地方财政的补助对象,图书馆则顺理成章成为教育会责任的一项,教育会图书馆也成为通俗图书馆的典范。在教师与地方势力的合作之下,各地的教育会附属图书馆与根据教育会的建议建立的公共图书馆也快速发展起来。这一部分图书馆后来很多都成为今日日本的公共图书馆②。

从影响力而言,日本近代的私立图书馆中对于其公共图书馆事业影响最大的就是教育会附属图书馆。这些图书馆通过附属于教育会的方式被纳入地方财政的管辖范围,这是一个从私立图书馆向公立图书馆转型的过程。此后教育会附属图书馆被作为日本公共图书馆历史上具有重要意义的通俗图书馆典范而得到推广,为日本公共图书馆事业的发展奠定了不可替代的基础。促成教育会图书馆转型为具有通俗图书馆功能的官私合营图书馆的关键人物就是田中稻城。里田武夫记录了这一官私合营的过程:

> 作为地方教育会图书馆的范本,明治二十年(1887)以来,大日本教育会(1883 年设立,为帝国教育会的前身)的事务所建立并经营附属书籍馆,并将东京上野的东京图书馆的馆藏中"通俗一类"的图书全部借来作为馆藏。1889 年以后,被作为通俗图书馆的范例进行经营。该图书馆将

---

① 帝国図書館.帝国図書館設立案[G/OL].[2016 – 06 – 27]. http://dl. ndl. go. jp/info:ndljp/pid/1087833.

② 石井敦.日本近代公共図書館史の研究[M].東京:財団法人日本図書館協会,1971:226 – 228.

"通俗"作为主要目标,照搬了夜间开馆、儿童阅览、馆外借出等等新时代的图书馆业务。该会会长辻新次发展了通俗图书馆的理论,从理论与实践两个方面针对地方教育会的图书馆经营问题进行了指导。……其背后是我国最早的图书馆学留学生田中稻城(1856—1925),他在欧美等国的图书馆中历时一年半的时间,直接学习专门知识与技术,他作为整个过程的指导者存在于幕后。①

田中稻城在教育会图书馆转型仪式上发表了题为《学校外教育》的讲稿。他提到,"在私立图书馆中,也有诸如明济②图书馆、史密斯图书一类借阅量远在公立图书馆之上的"③,并提出了教育会图书馆转型的建议:

现在本会的图书馆还属于私立,并作为通俗图书馆的示范逐渐发展成今天的格局。今后,在学校外教育领域,随着通俗图书馆所发挥的效用日渐鲜明,日后会有机会提出转型为公立图书馆的议题。④

田中稻城印证了私立图书馆公立化的可行性,并将教育会图书馆的功能定位为通俗图书馆,使其在社会教育的领域中继续发挥作用。

4.3.3 公共图书馆教育功能的体现

在田中稻城活跃的年代,统治阶层较为重视学校教育,将图书馆作为社会教育的组成部分,置于学校教育之下的次要地位。田中稻城在欧美访学的经历中,留意到公共图书馆与当地学校合作的现象,包括提供专门的场所和书籍以支持教学活动,或者为教师提供更大的借阅权限等方式。在承担一定的参考图书馆功能之外,公共图书馆还承担着服务于一般民众的阅读需求的通俗图书馆功能。

(1)服务于学校教育的参考图书馆功能

田中稻城非常注重图书馆的功能,对一种类型的图书馆具备的多种功能的情

---

① 裏田武夫.明治·大正期公共图书馆研究序说[J].東京大学教育学部紀要,1965(8):165.

② 原文为"ミユーヂー"。

③④ 田中稻城.学校外教育[G/OL].[2016-06-30].http://library.doshisha.ac.jp/ir/pdf/takebayashi/honbun/267_137_143.pdf.

况尤其关注。在访美期间,田中稻城走访了位于马萨诸塞州中部的伍斯特图书馆与邻近罗得岛州首府的普罗维登斯图书馆。在伍斯特图书馆田中留意到该馆为学校的教学工作所提供的服务:

> 该馆与学校建立联系,对学生和教师采取特殊的借阅办法。据说,有时候教师带着学生到馆,在该馆专备一室,将与其学科相关的书籍取出来进行教学活动。小生到访之时,正好遇到高等学校的十二三个学生来看书。由于他们当时正在完成希腊史的课业,除了需要阅读教科书之外,还需要阅读与希腊相关的书籍。①

除了到馆教学之外,图书馆也可以将学校教育的需求列为图书馆制度,为学校教育提供支持。比如在罗德岛的普罗维登斯图书馆,田中稻城发现,该馆给教师提供了更大的借阅权限,"一般来说一个人只能借阅一本书,但是教师可以借阅十册"②。在伍斯特图书馆,田中见到了图书馆为所在地区工业的发展与工业学校的需要专门建立工业类馆藏③。

田中稻城反观日本,随着日本近代学制的建立,各类新型人才在学校教育中脱颖而出,"不但学科的区分比以前更多了,人才的培养与其学习知识的深奥程度与广泛程度也不是昔日可以比拟的"。学校教育面临的主要问题就是参考资源的不足,"这些学子并非都是生活富裕之人,岂能收集来汗牛充栋的书籍以供参考之用"。因此,田中认为对近代学校教育而言,"官立参考图书馆是不可或缺的"④。

另一方面,有效而合理的社会功能的发挥对图书馆而言同样多有裨益。田中稻城认为,一方面"通过与学校的合作,能够对学校教育起到很大的作用",另一方面,"图书馆不拘于小都府的服务,其业务也取得了长足的发展",多项服务的开展有助于"当地居民感受到了图书馆的必要性"⑤。因此,田中稻城主张将图书馆的服务深入到学校教育的范畴中,在更为广泛的领域发挥"参考图书馆"的功能。

---

①②③⑤田中稻城. ウースター図書館[DB/OL].[2016 – 07 – 02]. http://library. doshisha. ac. jp/ir/pdf/takebayashi/honbun/268_029_038. pdf.

④ 田中稻城. 書籍館ニ就キテノ卑見[G/OL].[2016 – 06 – 28]. http://library. doshisha. ac. jp/ir/pdf/takebayashi/honbun/265_007_015. pdf.

（2）服务于社会教育的通俗图书馆功能

田中稻城关注到日本近代学校教育的问题,他指出,虽然学校教育保证了高入学率,但是高辍学率并存,在日本全国的普通小学生中,中途退学的人数占到总人数的2/3①。因此,他主张为无法接受学校教育的人提供受教育的机会,以达到加强修养、减少犯罪率、维护社会安定的目的②。为了说明这一观点,在《学校外教育》的讲稿中,田中稻城以小字标注了英国的案例,以数字说明了图书馆对于提高民众素质和减少犯罪率的实例③。在注释旁边的正文中,田中稻城提到:"从例子中可以看出,在英国,图书馆建立以来,其下等民众的面貌得到了改善。"④

田中稻城认为,日本近代的社会教育中缺少图书的支撑,"在封建时代,各藩建立的学校中大多收藏有图书,地方人士可以很方便地利用这些藏书阅读,然而今日的图书印量虽然增加了却不如以前使用起来方便"⑤。图书馆恰好可以弥补这一不足,为社会民众提供可读之书:

> 图书馆中配备了各种各样的书籍,上等人和下等人根据其所需来到图书馆,选择与其学力相当的图书,逐渐积累自己的研究,或者逐渐累积自己的智识,或者助力于自己的职业,使自己逐渐成为一个优秀的国民。从而实现学识的积累而并非驻足于浅尝辄止的研究。日积月累,在付出了时间和金钱的代价后,虽然非常艰辛,但其中一定会涌现出能够与接受过高等教育的人相匹敌的人物。这其中也不乏精通东西古今、有一技之长的名士。⑥

田中稻城将社会教育作为学校教育的有力补充,进而在社会教育的范畴之中探索图书馆的功能,他认为,图书馆应建立在城市中,馆藏应满足一地之需,并兼顾儿童阅读习惯的培养⑦。"一地之需"是多元的,也是多层次的,相应的,图书馆的

---

①②③④⑥田中稻城.学校外教育[G/OL].[2016-06-30].http://library.doshisha.ac.jp/ir/pdf/takebayashi/honbun/267_137_143.pdf.

⑤⑦田中稻城.書籍館二就キテノ卑見[G/OL].[2016-06-28].http://library.doshisha.ac.jp/ir/pdf/takebayashi/honbun/265_007_015.pdf.

功能也不是单一的。在功能方面,田中稻城将社会教育与学校教育同样视为图书馆功能所及的领域。

4.3.4 馆藏布局与外借服务

日本近代初建的图书馆对外借服务保持着高度谨慎的态度,在学者与使节团的出访记录中,有关借阅管理制度的记录往往事无巨细,体现了日本社会对图书馆的管理与图书借阅问题的关注。田中稻城在访学的过程中也专门学习了美国图书馆的外借管理办法,提出依据功能划分馆藏布局,以方便不同类型的读者进入适当的区域进行借阅的方案。

田中稻城在美国访学记录中提到了图书馆外借管理的基本方法:

> 避免书籍丢失的基本方法是将读者的姓名和住址记录下来,在其初次到馆的时候,要记录一个或两个保证人的名字,调查其真伪错讹后向读者提供外借特许票。……图书的借阅期限为两个月。超期归还者按照每日 2 仙收取罚金;即使催促依然不肯归还者按照每日 20 仙收取罚金。未支付罚金者不得借阅其他书籍。书籍丢失或者破损要进行赔偿,3 个月未归还即视为丢失。①

前文曾经提到,田中稻城的手稿中记录了其赴马萨诸塞州和罗得岛州的两所公共图书馆访学的见闻。在手稿的修改部分,田中加入了很多文字,专门说明外借服务的管理办法。从内容上看,两家图书馆的管理办法基本一致,现将字迹相对清晰的、对伍斯特图书馆的外借流程翻译如下:

> 想要获得书籍外借许可的人,需要先在 Wa 纸上登记自己的住址和姓名,在提交给馆员的时候,再在馆员用纸上记录姓名及其顺序编号。在卡片中有 a 和 b 两个顺序,即按照姓名和编号两个顺序放入不同的账目中,这样就可以通过编号检索姓名,也可以通过姓名检索编号。

---

① 田中稻城. 拝啓然ハ小生儀比程米国巡回［G/OL］.［2016 - 07 - 02］. http://library. doshisha. ac. jp/ir/pdf/takebayashi/honbun/268_040_058. pdf.

借阅者在 Wb1 纸上(学校教师和学生则分别为 Wb2 和 Wb3)写上姓名。在借书人借阅图书的时候,在这张纸上写上书籍的编号并交给借阅台。借阅台在借出图书的时候,在 Wc1 纸上(学校教师和学生则分别为 Wc2 和 Wc3)正面写上书籍的编号,背面写上借阅者的姓名,下面写上日期。以此作为凭证保留下来,书籍和借阅人所持卡片则交予借阅人。这样一来,外借手续很快就能够办理完毕。①

从可辨识的字迹来看,田中稻城在罗得岛州所见外借手续与此大致相同,只是各项卡片的名称有所不同②。

田中稻城对图书外借服务非常重视,他在《图书馆管理法》中对"外借法"进行了定义和说明:

> 外借法是将图书外借到馆外的手续。首先,图书馆要预先制作一些证票,读者借阅的时候,将自己的姓名、住址、书名、编号等记录在上面交给图书馆。图书馆要核对这些卡片,检查其信息的真伪。图书外借的时候要预先约定期限……③

这是与田中稻城的美国所见极为相似的"外借法"。在实践方面,田中稻城在《帝国图书馆设立案》中列举了东京图书馆在明治二十七年(1894)的到馆人数和外借图书数——"到馆人数每日平均两百四五十人,外借图书总数一年合计四十二万五千余册(明治二十八年末统计)"④,若按 365 天计算,则全年到馆人数为 89425 人左右,人均年借书量为 4.75 册,说明在明治二十七年,日本图书馆的外借服务已经比较成熟,并得到社会的广泛接受。

有效开展借阅服务的基础在于为读者提供恰当的馆藏。为此,田中稻城主张

①② 田中稻城. ウースター図書館[G/OL]. [2016 – 07 – 02]. http://library. doshisha. ac. jp/ir/pdf/take-bayashi/honbun/268_029_038. pdf.

③ 田中稻城. 図書館管理法 帝国図書館長文学士田中稻城君[G/OL]. [2016 – 07 – 06]. http://librar-y. doshisha. ac. jp/ir/pdf/takebayashi/honbun/267_096_100. pdf.

④ 帝国図書館. 帝国図書館設立案[G/OL]. [2016 – 06 – 27]. http://dl. ndl. go. jp/info: ndljp/pid/1087833:9.

依据图书馆的参考图书馆与通俗图书馆的不同功能,划定区域,有针对性地为不同读者提供借阅服务。在《学校外教育》讲稿中,田中稻城提到:

> 都府的图书馆中大多设有参考部、借书部、报纸杂志部。其中参考部里面存放高尚的图书,借书部里面存放通俗图书。这样一来,下等的读者就会到参考部阅读,而上等的读者就会更多地到借书部借阅。①②

在公共图书馆中,依据不同的功能将图书与馆舍进行切分,从而为不同的读者提供不同的图书与空间,方便读者根据自己的到馆目的有针对性地使用图书馆资源,这是确保公共图书馆实现其社会功能的有效途径。

4.3.5 图书馆管理与行业构成

田中稻城主张以参考图书馆与通俗图书馆功能为核心构建图书馆事业,这就需要合理的管理制度。图书馆需要稳定的经费来源、合理的管理制度,以保障图书馆各项功能的发挥。

(1)经费来源与收费制度

依据田中稻城所见,在美国,虽然"各州的法律存在不同,但是在新英格兰地区都是向纳税者征收图书馆创立费。每1美元中抽取25美分到50美分的维持费",对民众而言,"府民在图书馆的建立中投入了自己的财产,因而图书馆成为允许公众免费阅览的场所"③。

田中稻城在《学校外教育》的讲稿中,提出了公立图书馆应该免费开放的主张,他认为"所谓的公立图书馆是指英语中的'free public library',是建立在市町村

---

① 原文中提到的"下等的读者就会到参考部阅读,而上等的读者就会更多地到借书部借阅",这种情况与上文中所提到的田中稻城在《书籍馆之我见》中的关于参考图书馆与通俗图书馆的看法相左,根据上下文的理解,本书认为手稿中应该存在笔误的情况。作者希望表达的应该是"上等读者到参考部、下等读者到借书部"的含义。

② 田中稻城.学校外教育[G/OL].[2016 - 06 - 30]. http://library. doshisha. ac. jp/ir/pdf/takebayashi/honbun/267_137_143. pdf.

③ 田中稻城.拜启然八小生仪比程米国巡回[G/OL].[2016 - 07 - 02]. http://library. doshisha. ac. jp/ir/pdf/takebayashi/honbun/268_040_058. pdf.

的、公立的、提供书籍的免费阅览的机构"①。田中稻城在社会教育的范畴之下,为英文的"free public library"提出了清晰的定义与构成要素——公立、公开、免费。

(2)图书馆管理制度

田中稻城在出访中,留意到美国的两所图书馆的馆长一职都是由具有专业素养和工作热情的人担任,在馆长之外还设有委员,负责各种重大事件的决议②。他描述了委员与馆长协作的图书馆管理制度:

> 委员5人,经议会认可后由市长确定人选,任期五年。委员负责图书馆的法律规则的制定以及图书馆运营经费的支取、图书馆员的任免及其薪金的确定等事务。③

在美国罗得岛州首府的普罗维登斯图书馆,他发现"馆长和委员每周召开一次会议选择图书,再告知书肆"的图书采购决策制度④。

田中稻城在《图书馆普通规定》中说明了图书馆委员的任命和职责范围,从语气来看,这份手稿应该是田中稻城代拟的文书,其中以"朕"作为第一人称。在其中第四条"委员的成立"中规定了委员的任命条件与人员结构:

> 第一,首席委员的任命由朕许可;
>
> 第二,图书馆令:三年内由大臣召集的委员曾经两次从伯伦学者的范畴中选取;
>
> ……
>
> 第七,如前所述的条款,在学者范围内召集伯伦以外的官员;大臣要从委员中选取首席者。⑤

---

① 田中稻城. 学校外教育[G/OL]. [2016 - 06 - 30]. http://library. doshisha. ac. jp/ir/pdf/takebayashi/honbun/267_137_143. pdf.

②④ 田中稻城. ウースター図書館[G/OL]. [2016 - 07 - 02]. http://library. doshisha. ac. jp/ir/pdf/takebayashi/honbun/268_029_038. pdf.

③ 田中稻城. 拝啓然ハ小生儀比程米国巡回[G/OL]. [2016 - 07 - 02]. http://library. doshisha. ac. jp/ir/pdf/takebayashi/honbun/268_040_058. pdf.

⑤ 田中稻城. 図書館普通定則[G/OL]. [2016 - 07 - 06]. http://library. doshisha. ac. jp/ir/pdf/takebayashi/honbun/266_119_124. pdf.

田中稻城强调委员的专业性与学术素养,而委员的任命则需要政权的支持,从委员到首席委员的选拔与任命都需要大臣的举荐,其中首席委员甚至需要通过天皇任命。

文书中的另外几条说明了委员的职责:

第五条:委员必须将图书馆的利益置于最高的地位并严格遵守;

第六条:委员遵从大臣的命令,负责第一条中的维护图书馆秩序、第二条中的图书馆利用法,以及除了馆长和次长之外的图书馆职员章程中的事项;

第七条:委员制定图书馆管理方面的原则需要长期保持。①

田中稻城认为,委员向大臣负责,在职责上与馆长与次长各司其职,共同管理图书馆的日常事务。并且,图书馆的基本业务、运营制度等都需要在委员的参与下制定。

4.3.6　田中稻城构建的日本图书馆功能体系

在田中稻城的时代,日本处于近代中后期,自由民权运动、国粹主义的风潮迭起,日本的图书馆事业受限于社会教育,主要发挥着思想善导的功能。田中稻城通过欧美访学,将很多欧美图书馆界的经验引入日本。在作者获得的手稿中,田中稻城依据欧美所见为日本图书馆事业的发展提出规划和建议。虽然田中的图书馆事业主要集中于国立图书馆领域,但是他的图书馆学思想涉及图书馆事业的各个领域,构成了以图书馆功能为核心的事业体系。

(1)图书馆功能的构成

正如前文提到的,田中稻城在《书籍馆之我见》中依据性质,将海外所见的图书馆(书籍馆)分为参考图书馆与普通图书馆两种类型,并指出"图书馆要么侧重

---

① 田中稻城. 図書館普通定則[G/OL]. [2016 – 07 – 06]. http://library. doshisha. ac. jp/ir/pdf/takebayashi/honbun/266_119_124. pdf.

于其中一个类型,或两三种特征兼而有之"①。田中稻城将参考图书馆与通俗图书馆(或称为"普通图书馆")作为图书馆的两项基本功能,参考图书馆主要服务于学者的研究之用,通俗图书馆主要服务于一般民众的阅读需求。

日本近代中后期,图书馆被纳入社会教育领域,并成为思想善导的工具。从图书馆的功能来看,图书馆在社会教育领域主要发挥的是通俗图书馆的功能,服务于一般民众,并依据统治阶级的需要,为民众提供特定的书籍。因此,田中稻城所主张的参考图书馆功能实际上超越了社会教育领域,他依据马萨诸塞州中部的伍斯特图书馆与罗德岛的普罗维登斯图书馆等地的访学见闻,提出图书馆为学校教育服务的主张,在参考图书馆维度上延伸了图书馆的功能。

田中稻城一贯主张一家图书馆不囿于一个功能,可以提供多元化的服务。因此,他主张国立图书馆以参考图书馆的功能为主、其他图书馆兼具参考图书馆与通俗图书馆的双重功能。构建出跨越社会教育约束的、由社会教育范畴中的通俗图书馆功能与社会教育范畴之外的参考图书馆功能共同组成的图书馆功能体系。

(2)图书馆体系的参与者

在田中稻城的时代,图书馆事业主要由国立图书馆、公立图书馆与私立图书馆组成。这一时期,日本的近代教育刚刚起步,学校图书馆尚未成熟。英文的"free public library"被他定义为"建立在市町村的、公立的、提供书籍的免费阅览的"公立图书馆②,今日经常提到的"公共图书馆"一词在这一时期的使用率并不高。

田中稻城将图书馆的功能有侧重地分配给图书馆事业的不同机构。国立图书馆以参考图书馆的功能为主,兼具通俗图书馆的功能,为民众提供可读的书籍③;公立图书馆兼具参考图书馆与通俗图书馆的功能,为学校教育提供书籍、教学场所与特殊的借阅权限,同时还要为脱离学校教育的一般民众提供使用的图书,以达到"上等人和下等人根据其所需来到图书馆,选择与其学力相当的图书,逐渐积累自

---

① 田中稻城. 書籍館二就キテノ卑見[G/OL]. [2016 – 06 – 28]. http://library. doshisha. ac. jp/ir/pdf/takebayashi/honbun/265_007_015. pdf.

② 田中稻城. 学校外教育[G/OL]. [2016 – 06 – 30]. http://library. doshisha. ac. jp/ir/pdf/takebayashi/honbun/267_137_143. pdf.

③ 田中稻城. 拜啓然ハ小生儀比程米国巡回[G/OL]. [2016 – 07 – 02]. http://library. doshisha. ac. jp/ir/pdf/takebayashi/honbun/268_040_058. pdf.

己的研究,或者逐渐累积自己的智识,或者助力于自己的职业,使自己逐渐成为一个优秀的国民"的目的①;在教育会图书馆的改制中,田中稻城提出,教育会图书馆可以作为通俗图书馆的典范,在学校外教育领域发挥通俗图书馆的作用②,从而构建起由国立图书馆、公立图书馆与私立图书馆共同构成的图书馆体系。

(3)图书馆功能的实现

受到社会教育领域与思想善导功能制约,为了实现参考图书馆与通俗图书馆的双重功能,需要以更加有效的方式对图书馆进行管理,建立公正合理的管理制度,为不同功能的实现提供不同的空间与资源。

在《图书馆普通规定》中,田中稻城拟定了图书馆委员的职责范围,强调委员的专业性与学术性,规定委员的任命需要大臣的举荐与天皇的任命③,提出建立馆长与委员协作决策图书馆重大事件的制度④。在《学校外教育》中,他提出在都府图书馆分设参考部与借书部,前者体现参考图书馆功能,后者体现通俗图书馆功能⑤,从而有效划定功能区域,为不同的读者提供有针对性的服务。在《图书馆管理法》中,田中稻城定义了"外借法",参考欧美图书馆的外借管理经验,对外借服务进行了规定⑥。在管理制度、馆藏布局、服务细则等方面确保了图书馆功能的实现。

4.4 佐野友三郎的通俗图书馆主张与实践

佐野友三郎在日本近代中后期的公共图书馆事业中占据着极其重要的地位。近代中后期,日本的发展道路逐渐向帝国主义和军国主义转向,在公共图书馆体系

---

①②⑤ 田中稻城. 学校外教育［G/OL］.［2016 - 06 - 30］. http://library. doshisha. ac. jp/ir/pdf/takebayashi/honbun/267_137_143. pdf.

③ 田中稻城. 図書館普通定則［G/OL］.［2016 - 07 - 06］. http://library. doshisha. ac. jp/ir/pdf/takebayashi/honbun/266_119_124. pdf.

④ 田中稻城. ウースター図書館［DB/OL］.［2016 - 07 - 02］. http://library. doshisha. ac. jp/ir/pdf/takebayashi/honbun/268_029_038. pdf.

⑥ 田中稻城.図書館管理法 帝国図書館長文学士田中稻城君［G/OL］.［2016 - 07 - 06］. http://library. doshisha. ac. jp/ir/pdf/takebayashi/honbun/267_096_100. pdf.

中主要为市民提供服务的通俗图书馆服务逐渐被统治阶级垄断,成为日本近代政权向民众进行思想善导的工具。这一时期的公共图书馆虽然还维持着公费、公开的公共图书馆基本特征,但是实质上却很难实现社会教育的基本功能。

日本的公共图书馆事业在"思想善导"为导向的行业背景之下,以教化作为主要任务与目的,佐野友三郎以秋田县图书馆与山口县图书馆为阵地进行的积极尝试与事业坚持,成为日本近代公共图书馆史中与众不同的一笔。石井敦在《日本近代公共图书馆史研究》中提到,山口县立图书馆在明治到大正时期对日本图书馆界影响极其深远,而佐野友三郎正是这一时期的馆长,他筹建巡回文库,普及通俗图书馆,收集乡土志史料,推行开架阅览,研究十进分类法与著者号码等,这些成就对黎明期的日本图书馆界以至今日都有着深远的影响①。

从思想的源头来说,佐野友三郎的思想来源同样是美国,比如在他的论述中同样提到了美国马萨诸塞州公共图书馆的基本情况②。与早期以及同期的日本图书馆学家、社会学者的不同之处在于,佐野友三郎对于舶来思想并非原封不动地接受,而是从日本的实际情况考量其可行性和实现途径。佐野没有受到欧洲公共图书馆思想的明显影响,而是主动接受美国公共图书馆思想,其中最为主要的是麦尔威·杜威的思想。佐野主动与杜威联系,探讨日本公共图书馆的服务问题。在吸收美国的公共图书馆思想的过程中,佐野提出了要以美国公共图书馆思想理念作为依据,努力使舶来的经验在日本的土壤中生根发芽③。他在一些场合将自己的理念表达为"使图书馆思想通俗化,从而使一般公众所周知"。佐野友三郎从大众需求和实际情况入手,至少从现象层面对日本的现实情况进行把握,以这一现实情况作为开展图书馆活动的基础。石井敦认为这与田中稻城将图书馆作为自上而下的慈善的恩惠机构,将"管理"作为最为重要的关键点的观念形成了鲜明的对比④。

4.4.1 佐野友三郎其人

关于佐野友三郎的研究很多,为避免冗余,本研究以石山洋的《公共图书馆之

---

① 石井敦.日本近代公共図書館史の研究[M].東京:財団法人日本図書館協会,1971:11.
② 石井敦.日本近代公共図書館史の研究[M].東京:財団法人日本図書館協会,1971:13.
③ 石井敦.日本近代公共図書館史の研究[M].東京:財団法人日本図書館協会,1971:247.
④ 石井敦.日本近代公共図書館史の研究[M].東京:財団法人日本図書館協会,1971:54.

父·佐野友三郎(上、下)》为依据,简要概括其生平。

佐野家原为桥松平藩士,佐野友三郎(1864—1920)生于元和元年(1864),出生地在川越。佐野从群马中学考入东京大学预科,进入法科学习,入学一年后转入文科,即将毕业之际,又因不信任外籍教师而罢考,进而退学。

在事业方面,在学友的帮助下,佐野自明治二十三年(1890)起担任米泽中学教谕,之后又在广岛中学工作,明治二十八年(1895)专任台湾"总督府"官员,明治三十二年(1899)返回米泽。这一年,佐野的大学预科班同学武田千代三郎就任秋田县知事,邀其担任县立图书馆馆长。武田深知佐野性格不喜欢被人干涉,因此将图书馆的事务全权交给佐野。佐野受到纽约州立图书馆长麦尔威·杜威在1892年所作实验效能报告的启发,开始研究移动文库。虽然佐野巡回文库的成就得到了文部省与图书馆界的肯定,但是受到日俄战争时局的影响,发展并不顺利。

明治三十五年(1902),武田转任山口县知事,为了建立县立图书馆,为再次获得佐野的协助,与佐野所在的秋田县进行协商,但被秋田县拒绝。此时佐野的身价飞涨,以京都府立图书馆馆长汤浅吉郎的500日元标准相邀已然不行,最终以大阪府立图书馆馆长的1000日元的收入标准达成协议。明治三十六年(1903)3月佐野转任山口县。同年6月武田辞官,7月山口图书馆开馆之时,武田已经不再担任知事,但关于县立山口图书馆的规则早在前一年的1月颁布,其中已经加入了"巡回书库"的相关条款。①

佐野友三郎虽然毕业于国文专业,但是由于他的英文很好,曾经在中学担任英语教师,所以他的图书馆实践主要依据美国图书馆界的经验。他通过系统性地阅读图书馆业务的英文书籍,而非局限于专门技术的片面知识,得以从整体上把握了民主图书馆的全貌。

大正四年(1915),佐野友三郎奉命出访美国,经4个月时间的走访,完成了《美国图书馆事情》一书。但是在该著作刊行前的5月13日,佐野突然自杀,享年

---

① 石山洋.源流から辿る近代図書館(21)公共図書館の父·佐野友三郎(上)[J].日本古書通信,2002(9):17.

57 岁。其自杀的原因被认为是长期受到日本官僚制度与图书馆服务的发展之间矛盾的困扰而引起的神经衰弱的结果①。

4.4.2　图书馆的服务精神

在已有的研究中,一般将注意力集中在佐野友三郎的实践成就方面。佐野友三郎的公共图书馆生涯中始终坚持自己的主张,他选择学习美国的经验,依据日本图书馆事业的现状去寻求答案,在思想善导的大背景下坚持通俗图书馆功能的建立与服务的不断完善,这些实践成就与其坚守的事业理念是密不可分的。在石井敦所编的《佐野友三郎》文集中,有一篇极为短小的文字,题为《图书馆的精神》,其中可见支持佐野图书馆事业成就的服务于人的基本理念。现将其内容完整翻译如下:

> 所谓图书馆,基本上不是抱持着坐等读者的到来,来者不拒、去者不追的态度,就是千方百计地努力缩短与读者之间的距离,拼命地接近读者。我们说通俗图书馆也罢,参考图书馆也罢,专门图书馆也罢,图书馆也是有很多种类型的。不论类型如何,图书馆是在近世思想的基础之上建立起来的,即便在教化中有所贡献,也应当抱持着博爱的精神。我们常说,所谓图书馆精神就是感同身受地面对人,为了人舍弃自己,以图书服务于人,为人提供帮助。这是我们的口号,也是我们的理想。即使欠缺这样的精神,在建立海量的藏书、精选和汉洋的精粹等方面的努力也能够取得相应的成效,这是不容置疑的。②

首先,佐野所提到的"图书馆的精神"中"图书馆"是一个泛指的概念。在上文的论述中曾经提及这一阶段的日本图书馆行业在吸纳西方的图书馆思想与实践经验的时候对其图书馆的类型有着非常明确的辨别意识,不论是田中稻城还是佐野

① 石山洋.源流から辿る近代図書館(22)公共図書館の父·佐野友三郎(下)[J].日本古書通信,2002(10):26.
② 佐野友三郎.図書館の精神[M]//佐野友三郎.佐野友三郎.石井敦,编.東京:日本図書館協会,1981:103.

友三郎,这一点在上一小节佐野友三郎的旅美见闻的记述中也可见一斑。正如在上段引文中佐野所述,"图书馆也是有很多种类型的"。在对图书馆的认识不断加深、从细节上不断构建起图书馆事业与功能的组成部分的同时,佐野强调同为图书馆的共性,即"不论类型如何,图书馆是在近世思想的基础之上建立起来的"①。这是佐野提出的图书馆精神的时代背景与依据——近世思想。

"近世"指的是日本的江户时代。在本书的第 3 章中曾经对日本从近世到近代的国内文化、教育等方面进行了研究。用黑住真的结论概括而言,日本的"近世思想"中体现了"'平民'已经正式登上政治舞台的历史事实,其政治、社会意义之巨大是不容否认的",这是一种"试图在超越了家庭成员、关系亲近者的层面上,追求规模更大、联系更紧密的'共同'的思想动向"②。因此,以近世思想为基础的图书馆虽然身处教化的时代主题之下,"即便在教化中有所贡献,也应当抱持着博爱的精神"③,图书馆精神中不应缺失对"人"的关注。

佐野将图书馆精神阐释为"感同身受地面对人,为了人舍弃自己,以图书服务于人,为人提供帮助",他说,"这是我们的口号,也是我们的理想"④。佐野的图书馆精神强调服务的诚恳态度与事业理想,提倡近世思想中的博爱精神,主张在图书馆事业中呈现出这种精神。同时,佐野很理解,在日本图书馆的来者不拒、去者不追或者拼命接近读者的现状中很难实现他服务于人的事业理想,因此,他提出从馆藏建设入手,通过"建立海量的藏书、精选和汉洋的精粹"⑤,以书服务于人,进而实现他所主张的图书馆精神。

从某种意义上说,"以书服务于人"可以视为对佐野的图书馆思想的高度概括。一方面,他置身的通俗图书馆领域,以为社会民众提供可读的书籍作为事业核心,建立健全的图书馆借阅制度、开办儿童服务,并为通俗图书馆服务无法触及的地区提供巡回文库;另一方面,将馆员作为图书馆事业的核心要素,为了培养博爱、专业的图书馆专业人才,他大力主张图书馆专业人才的教育。

---

①③佐野友三郎. 図書館の精神[M]//佐野友三郎. 佐野友三郎. 石井敦,編. 東京:日本図書館協会,1981:103.

②④⑤黑住真."公共"的形成与近世日本思想[M]//黄俊杰,江宜桦. 公私领域新探:东亚与西方观点之比较. 上海:华东师范大学出版社,2008:117-118.

4.4.3　通俗图书馆事业的展开

（1）通俗图书馆功能体系的构建

佐野友三郎出访美国,将出访所得整理成文稿,于1919年以文部省的名义,出版为《美国图书馆事情》一书。该书分为:美国图书馆事情的梗概、美国图书馆的经营、图书馆刑用法、美国图书馆印象记,共4部分,283页[①]。在该文中,佐野提到"通俗图书馆"的观念:通俗图书馆作为图书馆的一类功能,在美国的图书馆事业体系中,多种类型的图书馆都具备这一功能。佐野解释了美国图书馆事业的构成,包括有国立图书馆、州立图书馆、郡立图书馆、公共图书馆和大学及特殊图书馆、美国图书馆协会附属教育会和图书馆部[②]。具体来说,美国的国立图书馆是由"原本供两院议员专用的议院图书馆,随着图书的增加、设备的完备,逐步发展成为国立图书馆"[③]。美国国立图书馆为一般民众提供有差别的服务,规定"年龄在16岁以上的人均可以自由阅览,但是外借服务只限于两院议员、一定级别的高管以及其他法令中明文规定的人",同时"馆长可以随时提供特权,允许以研究和调查为目的的学者外借图书"[④]。州立图书馆是以供州厅、州学校以及其他教育机构与州公民共同使用为目的的[⑤]。州以下为郡,美国各州一共2956个郡,其中建立有郡立图书馆的有83个[⑥]。在通俗图书馆的功能体系中,州立图书馆负责满足州内官民的一般需求,统管一州内的图书馆业务;国立图书馆支持州立图书馆的工作,并着力于建立丰富馆藏;官署、学校、协会等的附属图书馆以及特殊图书馆,都为通俗图书馆

---

① 塩見昇.師範学校と図書館科:教員養成大学における図書館学教育(その3)[J].教育学論集,1981(3):68.

② 佐野友三郎.米国図書館事業の梗概[M]//佐野友三郎.佐野友三郎.石井敦,編.東京:日本図書館協会,1981:243-263.

③ 佐野友三郎.米国図書館事業の梗概[M]//佐野友三郎.佐野友三郎.石井敦,編.東京:日本図書館協会,1981:244.

④ 佐野友三郎.米国図書館事業の梗概[M]//佐野友三郎.佐野友三郎.石井敦,編.東京:日本図書館協会,1981:245.

⑤ 佐野友三郎.米国図書館事業の梗概[M]//佐野友三郎.佐野友三郎.石井敦,編.東京:日本図書館協会,1981:249-250.

⑥ 佐野友三郎.米国図書館事業の梗概[M]//佐野友三郎.佐野友三郎.石井敦,編.東京:日本図書館協会,1981:253.

起到补充的作用①。

佐野介绍了这些不同类型的图书馆相互协作所构成的通俗图书馆体系,这一体系作为美国普通教育的组成部分,与学校建立起合作的关系,在学校教育之外承担起教育职责。不同类型的图书馆在社会教育方面承担各自的功能,发挥不同作用,提供针对性的服务,这些功能、作用与服务的整体构成了通俗图书馆体系。在美国,通俗图书馆主要依靠公费运营,其主要工作内容与服务项目包括:开架借阅、开设儿童室、为学校提供服务,通过分馆、派出出纳所、巡回文库相配合的方式实现图书外借的服务,开设专门人才养成所,进行目录交换、图书借贷等图书馆间的合作②。

根据美国的通俗图书馆功能体系的构成方式和分工,佐野首先对日本图书馆类型进行了汇总与类分。他认为,可以从图书馆的经费来源或者馆藏特点两个方面进行分类。如果从经费来看,日本的图书馆可以分为"公费出资的帝国图书馆或者府县立图书馆、町村图书馆,以及与此相对的由私人经营的私立图书馆";如果从图书馆的馆藏特点来看,可以分为"一般图书馆或者学校附属图书馆、专门图书馆等"③。

进而,佐野友三郎提出了以社会教育为核心建立日本的通俗图书馆功能体系的基本观点:

> 这些各式各样的图书馆形成一个相互帮助的整体,互相扶持,以学校外教育为中心,通过图书馆(中央以及地方)协会、通信、出版以及集会的力量来加强图书馆的利益,教育会图书馆部要研究学校与图书馆的合作方法,两种图书馆专业杂志要作为意见交换、发表研究成果的媒介,全国重要城市要建立图书馆用品用具的专营店,以协助图书馆的建立。④

---

①② 佐野友三郎. 米国図書館事業の梗概[M]//佐野友三郎. 佐野友三郎. 石井敦,编. 東京:日本図書館協会,1981:243.

③ 佐野友三郎. 通俗図書館(殊に巡回文庫につきて)・Ⅰ[M]//佐野友三郎. 佐野友三郎. 石井敦,编. 東京:日本図書館協会,1981:71 - 72.

④ 佐野友三郎. 米国図書館事業の梗概[M]//佐野友三郎. 佐野友三郎. 石井敦,编. 東京:日本図書館協会,1981:243 - 244.

　　佐野以"学校外教育"(即一般所说的社会教育)作为图书馆事业的核心功能,一方面建立起图书馆的功能体系,另一方面,也为图书馆事业建立起有利于发挥其基本功能的组织模式。在这个事业组织中,不但各种类型的图书馆、行业协会、行业刊物、用品供应商为共同的社会责任而凝聚,它们各自的职责也被明确界定。

　　佐野在《美国图书馆事业梗概》一文中提到了美国加利福尼亚州从1911年开始推行郡立免费图书馆制度①,对加利福尼亚州的郡与城市征收的免费图书馆税费问题进行了探讨,提出郡立图书馆征收的免费图书馆税平均值是城市税费平均值的1/3以内,专用与主体馆藏的建设②。在加州的经验中,税费支持与免费开放之间建立起对应关系,因此,为了确保通俗图书馆功能的正常开展,佐野友三郎提出了两项保障措施,第一是以公费支持通俗图书馆的运营,第二是提供免费开放。这两项措施在当时的日本都是具有开拓性的创举。

　　为了维系通俗图书馆的运作,佐野提出了"今日之通俗图书馆原则上采取公费经营"③的主张。在近代中后期的日本,公立与私立图书馆并存,能够将不同归属的图书馆以一项共同的社会功能统一,并提出公费支持的意见,这是具有划时代意义的壮举。佐野认为,"使图书馆思想通俗化,为一般民众所熟识是与图书馆的生存与发展息息相关的",但是图书馆得到民众的认可需要一个过程,"在等待民众的了解和接受的过程中,图书馆要尽可能形成一个独立的组织"④。如果要确保这一组织在民众逐步加深了解的过程中足够稳固,"毋庸置疑,私立图书馆的基础也需要如同公立图书馆一般稳固"⑤,这就需要以充足、稳定的经费支持私立图书馆的长期运营。这一点在佐野所在的山口县已经率先实现了。"山口县的170所图书馆中,私立图书馆有36所,其中大多数是依靠郡或者町村提供的补助来维持运营的"⑥。

　　佐野同时认为,通俗图书馆事业的保障需要公费资助与免费开放两项措施双

---

　　①　佐野友三郎.米国所観[M]//佐野友三郎.佐野友三郎.石井敦,編.東京:日本図書館協会,1981:232.
　　②　佐野友三郎.米国所観[M]//佐野友三郎.佐野友三郎.石井敦,編.東京:日本図書館協会,1981:234.
　　③　佐野友三郎.通俗図書館の経営[M]//佐野友三郎.佐野友三郎.石井敦,編.東京:日本図書館協会,1981:11.
　　④⑤⑥佐野友三郎.通俗図書館の経営[M]//佐野友三郎.佐野友三郎.石井敦,編.東京:日本図書館協会,1981:13.

管齐下,他认为这种做法使"以公费支持建立而成的图书馆就会失去作为通俗教育机构原本的意义"。为了确保各类图书馆的维持与读者的使用,提出"帝国图书馆率先废除阅览费的话,地方收费图书馆也会竞相效仿"倡议,希望通过免费开放,避免"依靠公费维持的地方图书馆追加征收阅览费情况"的出现,使有到馆需要的民众获得使用图书馆的机会①。

佐野友三郎依据美国通俗图书馆的功能体系,设计出日本的通俗图书馆体系,以社会教育为核心,将日本图书馆事业中的各组成部分统一协调,并提出了公费支持与免费开放两大举措,确保整个体系的正常运转。

(2)通俗图书馆的两项要件

日本近代中后期,学校教育制度基本建立,公共图书馆作为社会教育的组成部分被纳入社会教育体系。在这样的大背景下,佐野友三郎提出了"通俗教育"的命题,他认为通俗教育就是"学校是奠定教育的基础的机构,此后,能够提供给民众自己、自发地使自己的教育完备化的机会的是图书馆,也只能是图书馆"②。而图书馆若要顺利地承担起通俗教育的任务,实现通俗图书馆的基本功能,需要将学校教育置于前段,用佐野的话说就是"作为学校教育的后继者,继续延续学校教育的功能,以确保学校教育的成果为目的",只有这样才能获得具备"一定的阅读能力"基础的阅读者③。通俗图书馆作为学校教育的后继,因此,学校教育成为通俗图书馆发展的基础和前提,需要承担起培养一般民众阅读能力的重任。通俗图书馆的社会功能在这一基础上才得以发挥,从而作为学校教育的补充与延续,实现社会教育的功能,提高民众的智识与道德修养。

将通俗教育置于学校教育的后端,佐野提出了推行通俗教育有两个先决条件,"其一是拥有值得阅读的优良图书,其二是具备阅读这些书籍的能力"④。他解释为,"如果缺少好书,即便拥有阅读的能力也无济于事,反之拥有大量的好书但是不

---

① 佐野友三郎.帝国図書館[M]//佐野友三郎.佐野友三郎.石井敦,编.東京:日本図書館協会,1981:196.

② 佐野友三郎.通俗図書館(殊に巡回文庫につきて)・Ⅰ[M]//佐野友三郎.佐野友三郎[M].石井敦,编.東京:日本図書館協会,1981:80.

③④佐野友三郎.通俗図書館の経営[M]//佐野友三郎.佐野友三郎.石井敦,编.東京:日本図書館協会,1981:11.

具备阅读能力,在这两种情况下,通俗图书馆的发展都是无法实现的"①。民众阅读能力可以通过学校教育来获得,而馆藏建设必须要通过图书馆行业自己的努力才能实现。

首先,佐野首先强调馆长的能动作用。这与佐野在探讨图书馆的诸项因素时,对馆员的重要性的强调如出一辙。他认为,"在图书馆的经营中,首要的问题就是需要有一个称职的馆长,图书的选择尚在其次,馆舍的建设也在其次",这是图书馆的经营与运作中最为重要的一环,"图书的选择和运用则需要在馆长到位后才能够着手进行"②。一个称职的馆长能够系统地规划图书馆的各项工作:筹备馆舍,社会资源,建立馆藏,为一地民众提供合理的开放时间,建立人性化的借阅制度,提供符合民众一半需求的馆藏资源。这是确保图书馆建立确实可用的馆藏资源的重要前提。

其次,为了实现有阅读能力的民众能够利用图书馆资源自主学习的目的,作为通俗图书馆,要对读者的使用需要进行探讨,"在图书的选择中,要处理好社会的实际希望与真实的需求之间的关系",因为读者的需求往往具有一过性与片面性,图书馆往往面临这样的困境,"需要储备民众需要的书籍,但是民众需要的书籍却不一定是对馆藏所必要的书籍",因为"民众无法自觉其所需要"③。针对这种情况,佐野提出两个处理办法,"一方面是要接纳读者的实际希望,另一方面则需要馆长能够洞察其真实的需求从而做出取舍"④。因此,在馆藏建设方面,馆长必须起到有效的决策作用。佐野还提出了馆藏建设工作的操作规范:

> 选择时需要考虑到图书馆的资金、土地情况、读者的种类和受教育的
> 程度等因素,以此为标准选择日常生活中所必需的参考书、有利于道德的
> 书籍、促进一般民众养成阅读兴趣的书籍、适合作为家庭读物的书籍、有

---

① 佐野友三郎. 通俗図書館の経営[M]//佐野友三郎. 佐野友三郎. 石井敦,編. 東京:日本図書館協会,1981:11.

② 佐野友三郎. 通俗図書館の経営[M]//佐野友三郎. 佐野友三郎. 石井敦,編. 東京:日本図書館協会,1981:12.

③④佐野友三郎. 通俗図書館の経営[M]//佐野友三郎. 佐野友三郎. 石井敦,編. 東京:日本図書館協会,1981:16.

利于促进地方产业发展的书籍等。虽然制定这样的标准并非难事,但是在实际选择某一种书籍时却难以抉择。此外,在考虑书籍内容之外,还需要对印刷、纸张、装订、形式优劣等方面进行考量。[①]

佐野友三郎将通俗图书馆所承担的通俗教育置于学校教育之后,通过学校教育培养起具备阅读能力的民众后,通俗图书馆承担起为这些民众提供适宜阅读的图书的职责。因此,需要选拔出足以承担起图书馆工作的馆长,根据读者的需要与馆藏的需要判断馆藏建设的标准,逐渐建立起适合一地民众通俗教育之需的馆藏资源。

(3)通俗图书馆业务的开展

佐野友三郎认为,"优秀的图书馆,不一定要具备气派的建筑、豪华的设备或者馆藏的丰富",判断的重点在于"其馆藏的图书能够很好地满足当地的实际需求、这些图书能够得到有效的利用"[②]。因此,在客观条件不足的情况下,通过有效的服务确保馆藏资源的有效利用成为图书馆工作的第一要务。因此,佐野友三郎学习了美国的经验,从通俗图书馆的经费、馆藏、组织、服务等方面进行统筹安排,以确保读者能够便捷、顺利地获得图书为第一要务,提出了开架借阅、外借服务、儿童服务几项重点业务。

首先,在经费来源方面,虽然同样具备通俗图书馆的功能,但是不同类型的图书馆的经费来源是截然不同的。从建馆经费来看,国立图书馆依靠国税的支持,美国的州立图书馆的建馆经费则主要依靠捐赠[③]。税收可以为作为通俗图书馆稳定的经费来源,郡立图书馆通过税收获得固定的经费来源,并对经费的使用进行了严格的规定。郡立图书馆一般要征收比例极低的郡税(税率是在城市中所征收的免费图书馆税费平均值的大约1/3以内),用于主体馆藏的建立。

---

① 佐野友三郎.通俗図書館の経営[M]//佐野友三郎.佐野友三郎.石井敦,编.東京:日本図書館協会,1981:16.

② 佐野友三郎.通俗図書館(殊に巡回文庫につきて)・I[M]//佐野友三郎.佐野友三郎.石井敦,编.東京:日本図書館協会,1981:86.

③ 佐野友三郎.米国図書館事業の梗概[M]//佐野友三郎.佐野友三郎.石井敦,编.東京:日本図書館協会,1981:251-252.

其次是馆藏建设,各级公共图书馆之间在馆藏建设方面进行深入的合作——州立图书馆与州内其他图书馆之间的馆藏互为补充①;州立图书馆下设郡立图书馆,"郡立免费图书馆是全郡的书籍收藏地与配送中心,成为州立图书馆与郡民之间的中介"②。州立图书馆补充郡立图书馆的藏书不足,为郡立图书馆与其他有需求的图书馆免费提供书籍的补充和支持③,但"不必要的复本不在这一范畴之内,需要郡民承担少许费用"④。这样便形成了一套体制,即以州为单位、郡为核心,州立图书馆与郡立图书馆在馆藏上相互配合,并从整体上相互协调,服务于全州民众的阅读需求。他在《美国所见》中记录了加利福尼亚州的馆藏建设方案,很好地描述了州立图书馆与州内其他图书馆之间的合作方式:

> 州立图书馆关照着州内的约 800 所大大小小的图书馆与大约 1200
> 个分馆。州内的免费公共图书馆以及其他图书馆将其购书经费的绝大部
> 分用于购买小说及少年文学等书籍,因此,州立图书馆的藏书就需要在其
> 他方面补充这些图书馆的不足。⑤

在图书馆的组织方面,佐野在《美国图书馆事业梗概》中提到美国的国立图书馆的组织:管理部、预订部、目录部、书目部、期刊部、写本部、音乐部、法律文库、收发部、印刷部、卡片出售部、阅览部、公文部、地图部、版画部以及版权局⑥。州立图书馆以纽约州立图书馆为例,分为管理部、目录部、预订部、阅览部(参考部)、藏书部、法律文库、医学文库、写本部、教育普及部、图书选择部、立法参考部、盲人文库和图书馆学校⑦。另外提到纽约公共图书馆中还设有儿童室、演讲室、陈列室等功

---

①⑤佐野友三郎. 米国所観[M]//佐野友三郎. 佐野友三郎. 石井敦,编. 東京:日本図書館協会,1981:232.

② 佐野友三郎. 米国所観[M]//佐野友三郎. 佐野友三郎. 石井敦,编. 東京:日本図書館協会,1981:233.

③④佐野友三郎. 米国所観[M]//佐野友三郎. 佐野友三郎. 石井敦,编. 東京:日本図書館協会,1981:234.

⑥ 佐野友三郎. 米国図書館事業の梗概[M]//佐野友三郎. 佐野友三郎. 石井敦,编. 東京:日本図書館協会,1981:246.

⑦ 佐野友三郎. 米国図書館事業の梗概[M]//佐野友三郎. 佐野友三郎. 石井敦,编. 東京:日本図書館協会,1981:247-248.

能空间①。

在服务方面,在各种类型的图书馆所构建的通俗图书馆体系中,不同类型的图书馆所承担的任务与角色不尽相同,在同一的功能规划之下,各类型的图书馆各司其职,从而建立起完整的服务体系。其中,国立图书馆开设有以高端用户为主要对象的馆际互借服务②,以州为单位提供巡回文库的服务③。在借阅服务方面,纽约公共图书馆通过建立分馆普及图书馆服务④。佐野友三郎介绍了纽约公共图书馆的几项比较有特色的服务,包括家庭文库、儿童服务,这些都是针对特定读者群体而开展的服务方式⑤。与田中稻城一样,佐野友三郎也留意到公共图书馆与学校的合作关系,包括为教师提供更多的外借权限和提供到馆授课的资源与学习空间等方式⑥。此外,纽约公共图书馆还提供盲文文库⑦,对此不再赘述。

佐野依据美国的通俗图书馆服务经验,对日本的的通俗图书馆服务进行了设计,对现有的服务进行改良,将巡回文库、公开书架、外借服务、儿童服务作为主要的服务项目。

在前面曾经提到,日本对公共图书馆的印象主要是具备了政府主办、建立呈缴本制度、与博物馆合体、闭架借阅并不外借以及严格的借阅管理方式,并面向民众开放,经历了免费服务到收费服务的过渡等要素。这一印象与佐野所设想的通俗图书馆的服务有着显著的差异,因此佐野对图书馆服务进行了改良,以巡回文库、公开书架、外借服务、儿童服务为主要特征。正如前文所述,佐野认为,通俗图书馆

---

① 佐野友三郎. 米国図書館事業の梗概[M]//佐野友三郎. 佐野友三郎. 石井敦,编. 東京:日本図書館協会,1981:255.

② 佐野友三郎. 米国図書館事業の梗概[M]//佐野友三郎. 佐野友三郎. 石井敦,编. 東京:日本図書館協会,1981:246.

③ 佐野友三郎. 米国図書館事業の梗概[M]//佐野友三郎. 佐野友三郎. 石井敦,编. 東京:日本図書館協会,1981:249.

④ 佐野友三郎. 米国図書館事業の梗概[M]//佐野友三郎. 佐野友三郎. 石井敦,编. 東京:日本図書館協会,1981:256 – 257.

⑤ 佐野友三郎. 米国図書館事業の梗概[M]//佐野友三郎. 佐野友三郎. 石井敦,编. 東京:日本図書館協会,1981:256 – 258.

⑥ 佐野友三郎. 米国図書館事業の梗概[M]//佐野友三郎. 佐野友三郎. 石井敦,编. 東京:日本図書館協会,1981:259.

⑦ 佐野友三郎. 米国図書館事業の梗概[M]//佐野友三郎. 佐野友三郎. 石井敦,编. 東京:日本図書館協会,1981:243 – 263.

的首要特征就是以外借服务作为主要的服务方式,因此佐野提出,对于图书馆而言,第一要务是建立馆藏,第二是外借服务,第三则是儿童服务。佐野强调外借服务手续的简化与服务范围的广泛,与岩仓使节团记述的复杂而严苛的外借手续相比,佐野提倡通过公开书架的方式简化外借手续,一方面达到简化操作的目的,另一方面使一般民众能够自主选择,从而使外借服务的效果更加优化,并将开设分馆作为扩大图书馆的服务范围的途径①。

在佐野所倡导的外借服务中,虽然强调了目录的重要性——比如在下面所提到的巡回文库的章节中,佐野认为目录的编修是有针对性地提供巡回文库服务的先决条件,但是在外借服务中,佐野明确提出对一般民众而言最为重要的不是建立完备的目录提供给读者检索,而是建立能够提供优质服务的出纳台:

> 出纳台作为图书馆的业务部门,不但负责图书的出纳,在小图书馆中,还要承担包括图书咨询的几乎全部工作,公众对图书馆形成印象的主要依据就是在出纳台接受的服务的优劣。因此,出纳台工作的主旨就是要对读者非常诚恳,工作中以忍耐、热忱与公平为准则,以书服务于人、对人发挥作用。对于读者所需或者迅速满足或者告知读者无法满足其需求的原因,务必尽力满足其需求。②

换言之,通俗图书馆的服务对象是一般社会大众,若要保证图书馆服务的有效展开,就需要采取行之有效的方式来实现图书馆的服务。在参考图书馆中通过目录得以实现的服务在通俗图书馆中要靠出纳台的人工服务而实现。

此外,佐野认为通俗图书馆的另一要务是儿童服务。概括来说,这一项服务中涉及两方面的意图——其一是对儿童的阅读需求的满足,需要配备相应的设备、书籍并提供一定的空间适应儿童的阅读方式和天性;其二是对儿童的阅读习惯的培养,通过图书馆的各项符合儿童兴趣的服务方式与设施,使儿童建立起阅读的习惯

---

①　佐野友三郎.通俗图書館(殊に巡回文庫につきて)・Ⅰ[M]//佐野友三郎.佐野友三郎.石井敦,编.東京:日本図書館協会,1981:73.

②　佐野友三郎.通俗図書館の経営[M]//佐野友三郎.佐野友三郎.石井敦,编.東京:日本図書館協会,1981:27-28.

和兴趣,并通过与学校的合作使儿童学会使用图书馆的技能。佐野认为,儿童服务是日本公共图书馆的短板,提出开辟专区和兼顾 12 岁以下低龄读者需求的解决办法,具体来说就是:

> 为 12 岁以下的儿童提供符合他们需求的书籍置于专门区域。不仅应让他们阅读这里的书籍,还要为他们准备一些标本一类的东西,或者讲故事给他们听,这样一来就会让他们接触到感兴趣的内容从而激发阅读兴趣。①

因此,佐野的通俗图书馆的基本思想针对不同的读者——从 12 岁以下阶段到12—14 岁的阅读旺盛期,再到成年人——有着不同的关注点,并从普及和推广利用图书馆的行为、培养阅读习惯的角度强调了不同阶段的服务重点,以促使不同阶段的一般民众都能够有效地利用图书馆的藏书为宗旨,以自我教育为目的,体现了佐野对"人"的完整性的关注。

4.4.4 巡回文库

巡回文库的设计与实践是佐野友三郎的公共图书馆事业的主要成就之一,也是他对日本近代公共图书事业影响最大的一项成就。如同佐野友三郎的公共图书馆思想的来源一样,佐野的巡回文库的思想来源也是美国,主要受到了杜威的启发,并参考了美国其他一些地区的经验。佐野将巡回文库作为解决通俗图书馆普及问题的利器,在其曾任馆长的秋田县立图书馆与山口县立图书馆,利用巡回文库推动了当地的公共图书馆事业的发展。

(1)美国经验与杜威的主张

美国巡回文库在公共图书馆事业中所取得的成就吸引了佐野友三郎对此问题的关注。在佐野的文集中有一篇《附说》,虽然无法考证这是来自于哪一文献的附说,但其中明确记录了他与杜威联系的内容,以及通过沟通明确了巡回文库对日本

---

① 佐野友三郎.通俗図書館(殊に巡回文庫につきて)・Ⅰ[M]//佐野友三郎.佐野友三郎.石井敦,编.東京:日本図書館協会,1981:74-75.

的适用性：

> 我们在调查巡回文库的制度的时候，曾经与美国纽约州立图书馆馆长麦威尔·杜威通信，请求他提供帮助。他向我们提供了一些参考资料，并恳切地回信，在信中对巡回文库推崇备至："我们现在所做的事业中最大的新事业就是通过利用巡回文库来弥补公共图书馆事业的不足，称为家庭教育(Home Education)，这项事业对你们也是一样适用的。将这项事业运用到贵国，会成为教育中最为适用的方式。"①

佐野接受了杜威的建议。在佐野看来，美国早期建立的地方公共图书馆事业的败局是依靠巡回文库的推行而逐渐扭转的，而这样的经验对当时的日本图书馆界的价值是不言而喻的。在当时，日本的通俗图书馆发展遇到了严重的瓶颈，佐野提到美国的经验，"建立于1893年前的通俗图书馆中成功保存下来的只有百分之一二，其他的图书馆虽然在建立初期的一两年中多少取得了一些成效，但是经历一段时间之后就陷入一蹶不振的状态之中"，他分析原因，认为包括两点，"其一是配备的藏书不符合一般读者的阅读兴趣，其二是在开馆后无法保证新书的持续供给"②。佐野对通俗图书馆的存续困境的研究经历了不同阶段，除了如上所提出的两点原因之外，在《通俗图书馆（关于巡回文库）·Ⅱ》中将第一点原因进一步表述为"很多图书馆初期配备的图书太过严肃无法适应当地的情况"③。两相结合反映出公共图书馆建立初期在馆藏建设方面存在的问题，从前文对图书馆的分类和对图书馆的功能的探讨中可以这样来理解，即对于应对与地方面向民众的一般需求的公共图书馆而言，其馆藏建设没有考虑到一般读者的需求，而是将自己定位为参考图书馆来建立馆藏，且无法确保馆藏资源的不断增加，从而遭遇了与美国公共图书馆建立初期相同的失败。在佐野看来，杜威推行巡回文库方案实际上是为了解

---

①　佐野友三郎.附説[M]//佐野友三郎.佐野友三郎.石井敦,编.東京：日本図書館協会,1981:126 – 127.

②　佐野友三郎.巡回文庫[M]//佐野友三郎.佐野友三郎.石井敦,编.東京：日本図書館協会,1981: 167.

③　佐野友三郎.通俗図書館(殊に巡回文庫につきて)·Ⅱ[M]//佐野友三郎.佐野友三郎.石井敦, 编.東京：日本図書館協会,1981:137 – 138.

决两个问题,其一是解决如上所提到的馆藏不符合实际需求且追加困难的问题,其二是图书馆服务的普及问题:

> 直到 1892 年前都没有办法解决这一问题,这一年杜威提出了巡回文库的方案,获得了纽约州提供的资金,将购入的书籍每百册分编一个巡回文库,将这些文库送至农村、学校、通俗演讲本部、公共图书馆等地,以 6 个月为期进行交换。很多一蹶不振的小图书馆通过巡回文库又重新振作起来。在美国的各州中有 2/3 直接学习了这种方案。①

这是最为直接和表面的效果,佐野认为巡回文库更深层次的意义在于解决了图书馆的普及问题,这比单纯地促使地方公共图书馆的复苏更有意义:

> 如今,美国的图书馆中最引人注目的问题就是图书馆普及的问题。所谓图书馆普及问题,也就是说要使已经建立起来的图书馆的效果得到最大限度的发挥,要为承担图书馆的建立与维持的地方尽可能地提供奖励,还要为不具备图书供给渠道的地区免费提供书籍。作为解决一系列问题的方法,首先就是通过巡回文库向不具备典型图书馆的地区提供图书。其次,就是图书馆组织员,换句话说就是建立起类似于巡回教师的制度,从而为图书馆建立或者组织设计之类的事项提供充分的帮助,并对书籍选择与目录编纂一类的事务提供帮助。②

因此,佐野对巡回文库的推崇,一方面是由于这种制度使已建立起来的公共图书馆获得生存和发展的机会,另一方面使没有建立图书馆的地区很快得到支持,实现建立图书馆的效果。这两点作用对于近代中期的日本都非常重要,佐野希望通过巡回文库的建立达到"不间断地提供有益的图书,激发公众的读书兴趣,从而更加激发了町村建立公立图书馆的动力"的效果,进而"使公立图书馆在大学发展的

① 佐野友三郎.巡回文库[M]//佐野友三郎.佐野友三郎.石井敦,编.東京:日本図書館協会,1981:168.

② 佐野友三郎.通俗図書館(殊に巡回文庫につきて)・Ⅱ[M]//佐野友三郎.佐野友三郎.石井敦,编.東京:日本図書館協会,1981:138.

助力中成为学校外教育的重要机构与町村的新知识源泉"①。推动公共图书馆的发展,使其能够承担起社会教育的重要职能,这与田中稻城观点是一致的,也与这一时期的日本政府建立和发展公共图书馆的政见相一致。

佐野总结了巡回文库在美国的发展情况,汇总几点经验作为学习的依据:

概括来说,巡回文库以纽约为中心逐渐发展起来,此后,马萨诸塞州、威斯康星州、密歇根州、宾夕法尼亚州、马里兰州、俄亥俄州也建立起巡回文库制度,并取得了有目共睹的成就。现将纽约巡回文库与其他巡回文库在组织中的共同之处总结如下:

一、选择 25 册、30 册、50 册或 100 册形成一个文库,将其作为一个整体进行运送,并放置在存放地,存放于结实耐用的容器中。

二、巡回文库主要由州立图书馆负责管理。

三、巡回文库主要供如下情况使用:(一)公立图书馆;(二)在开设有公立图书馆的町村中由若干名纳税人联名提出申请;(三)学校;(四)研究会、讲习会等。

四、使用期限依情况从三个月到六个月不等,到期后须归还文库才能借阅其他的文库。

五、对于借阅的文库,公立图书馆、学校、町村及其他团体要建立委员会,并作为文库的管理者,承担一切责任。

六、巡回文库的购买经费全部由州经费负担,借用巡回文库的图书馆及町村向个人提供免费借阅,为了支付文库的运输成本,有的地区采取由借用文库的町村或图书馆支付手续费的方式,或者征收州税。

七、在图书馆与町村等内部,巡回文库面向个人的借阅期限要根据文库的驻在期限的长短与所在地人口的多少来决定,在到期未能还书的情况下要收取罚金。②

---

① 佐野友三郎.米国巡回文库起源及び発達[M]//佐野友三郎.佐野友三郎.石井敦,编.東京:日本図書館協会,1981:116.

② 佐野友三郎.米国巡回文库起源及び発達[M]//佐野友三郎.佐野友三郎.石井敦,编.東京:日本図書館協会,1981:121 - 122.

这 7 项是佐野对美国的巡回文库的具体操作事项的总结,也是对巡回文库制度的简要概括。此外在美国的具体实践中,有的州采用固定配书原则的"固定法",有的采取参照读者意愿的"自由法",或者两者兼而有之。

(2)日本巡回文库的基本构想

佐野通过学习美国巡回文库的经验、借鉴杜威的经验与成果,逐渐形成了日本巡回文库制度的基本构想,在这一构想中,解决图书馆的普及问题成为终极目标。佐野还希望通过巡回文库的建立弥补地方图书馆的馆藏不足、无法满足民众一般需求的问题。这些要点构成了日本巡回文库的基本方案。在日本近代的公共图书馆历史中,佐野友三郎在秋田县与山口县图书馆所建立的巡回文库制度对日本产生了广泛而深远的影响。

佐野首先明确提出了在日本建立巡回文库的目的在于"为小村落中无法建立图书馆的地方提供优质的图书是一点;向虽然能够建立图书馆但是图书馆尚未建立起来的地方配送图书以促进当地图书馆的建立是一点;向已经建立起来的图书馆提供图书的补给是一点"[1]。除此之外,佐野认为必须要考虑一些非常规的需求,诸如"若干名纳税者联名申请的情况下允许使用也是一种情况,还有诸如纽约的案例中提到的研究会之类的机构借用也是一种情况。还有其他的学校图书馆因为图书馆的功能不足而借用巡回文库的情况、以家庭为单位借用家庭文库的情况。我认为,为学校图书馆、临时团体等各种类型的机构提供多种类型的图书都是极为普通的情况",因此,他将建立巡回文库的目的精炼概括为"向所有的地方送书"[2]。这是一个具有普遍意义又极为开阔的定位。

佐野在《关于建立巡回文库的意见》(1902)中详细描述了对日本巡回文库制度的构想,本研究将其中的内容翻译如下:

- 由于巡回文库在我国未曾有过先例,因此在实施之前,要充分考虑到其具体规则的简便性,并务必为操作者运用规则留足余地。
- 巡回文库中收录的图书,除了辞典类、各学科的参考书,以及涉及

---

①②佐野友三郎. 通俗図書館(殊に巡回文庫につきて)・Ⅱ[M]//佐野友三郎. 佐野友三郎. 石井敦,编. 東京:日本図書館協会,1981:145 - 146.

各科专业知识的书籍之外,要以符合普通读者兴趣的、以可以在短时间内阅读完的图书为主。

●适用于某一学科系统性研究的图书不一定适合于普通巡回文库的初衷,因此,在书箱中可以多收入一些文学类的书籍,另外收入少量的科学图书,其种类不用一应俱全。重点在于首先要培养起读者的阅读兴趣,才能拉近图书与一般民众距离。

●巡回文库的书箱高度与长度均为三尺左右,深度在 8 寸左右,要结实并易于搬运,存放于驻在图书馆中,以供图书馆调用。

●巡回文库中收录的图书数量规定在 100 册到 150 册之间。

●每一个巡回文库都要配备图书目录,以备阅览之便。另需配备借阅申请册,以供统计业绩之用。

●在借用巡回文库的郡立图书馆中,在提供馆内阅览的基础上,鼓励通过简单的手续将书籍短时间借出的服务方式。

●在巡回文库的读者中不乏一些专门从事某一学科研究的有志者,在达到一定人数的情况下,可以根据其申请在下一次借用的文库中收入若干册与其需求相关的图书,这是鼓励地方民众研究之志的一种途径。

●在郡立图书馆所在地开设有讲习会、研究会等机构的情况下,在与协会负责人或者讲师协商后,根据讲习的科目挑选相关图书形成专用文库,讲习期间从郡立图书馆借用,提供给学员等人进行学习参考。

●关于巡回文库的具体操作,在没有特殊标准的情况下,先按照以上的方法操作,在文库巡回一次之后对其成效进行调查,在征求郡立图书馆负责人的意见与一般读者的阅读需求后,逐渐调整文库的结构。

●将巡回文库的使用范围局限于郡立图书馆并不是建立的初衷,参照巡回文库的发展效果逐步扩大至学校、讲习会、研究会,以及短时或者常设机构,甚至扩展到郡立图书馆所在地之外的各个聚居地,广泛普及阅读的乐趣与收获,这才是建立巡回文库的初衷。①

从佐野的基本构想来看,巡回文库首先需要满足的是一般读者的短时阅读需求,即"以符合普通读者兴趣的、可以在短时间内阅读完的图书为主",这样的设定才能够保证巡回文库在出借期间的效果,其中要控制艰涩的专业性书籍与大部头书籍的占比。其次,对于巡回文库的效果应该通过数据进行有效的统计,针对个性化的需求,要参照巡回文库的借阅效果的对比,并与读者探讨需求,从而不断进行调整,这属于自由法的组合方式。此外,虽然巡回文库立足于对普通阅读需求的满足,但对于有研究和学习需求的读者也通过个性化服务的方式予以鼓励和满足。并且,佐野认为,以郡为基本单位建立起来的巡回文库制度不应该局限在"郡"的范围之内,而应该以需求为导向,对"郡"之外的需求也应该予以满足。

除了基本设想之外,佐野对巡回文库的诸多方面的细节也进行了说明。上文中曾经提到佐野提出,从美国的经验来看,在州的监督之下,以郡作为巡回文库的经营主体的组织方式是最优的,但是这样的模式无法照搬至日本,为此,佐野提出了以小学为基础的日本本土化巡回文库的建立方式:

> 在我国,以郡为单位的地区只有三个县,我认为首先以小学为据点,建立巡回文库,以小学附近为辐射范围,这样不会产生太大的工作量,管理的范围也可以限定在小学周围。这可以作为今后开展巡回文库工作的参考方法。②

在巡回文库的构成方面,佐野借鉴了美国不同地区的经验,权衡固定法与自由法,提出日本应该采取两相结合的方法构建文库:

> 采用自由法也好、固定法也罢,以使用者的需求为中心,配送其所需要的图书都是一件非常困难的事情。如果采用固定法,不需要每一次记

① 佐野友三郎.巡回文库実施に関スル意見[M]//佐野友三郎.佐野友三郎.石井敦,编.東京:日本図書館協会,1981:123-125.
② 佐野友三郎.通俗図書館(殊に巡回文庫につきて)・Ⅱ[M]//佐野友三郎.佐野友三郎.石井敦,编.東京:日本図書館協会,1981:143.

录书籍目录,相比之下,采取自由法的话,不但需要记录每一次送书的目录,还需要在送书的时候比较一下与以前的书目有没有重复,因此,自由法与固定法相比手续相对复杂。同时,从使用的效果来看,无论从哪个角度考虑都是采取自由法的效果显著一些,因此,我们虽然一开始采用了固定法,但是中途又改为自由编成法。也正是这个原因,由于固定法会配送固定的书籍,因此适用于没有图书的地区,对于没有建立图书馆的地区提供服务的时候比较适宜采取固定编成法;但是在对图书馆的馆藏进行补充的需求之下,如果采取固定法则有可能无法满足当地的需求,这种情况下就需要采取自由编成的方法。这样就可以兼顾两种不同的需求。①

可见,佐野没有局限于美国各州的巡回文库经验的表象,而是从两种巡回文库的编制方法的利弊出发,考虑到服务对象的实际需求,从而提出了将两种方法搭配使用的方案。

佐野还提出了书目管理的必要性,佐野发现,在实际操作中存在印制目录和不印制目录两种做法,但是从他的经验来看,将固定法改更为适用的自由法,就是需要通过印制复本目录供读者选择的方式来组合成文库的方法②。他认为,考虑到以后的发展,印制目录是极为必要的,并以目录作为后期进行自由编成法的依据。

(3)佐野的实践经验

佐野将美国巡回文库的经验借鉴于日本,从时间顺序来看,佐野的巡回文库的尝试首先发生在秋田县,此后随着其工作的变动继而在山口县也建立起来。这段时间中,巡回文库的成效在日本公共图书馆界获得了肯定并得到推广。

从具体操作方法来看,佐野的巡回文库的实践经验可以大致从三个方面进行概括。首先是巡回文库的建立问题。这一点在佐野担任县立图书馆馆长的秋田县与山

---

① 佐野友三郎.通俗图书館(殊に巡回文庫につきて)・Ⅱ[M]//佐野友三郎.佐野友三郎.石井敦,编.東京:日本図書館協会,1981:144 - 145.

② 佐野友三郎.通俗图书館(殊に巡回文庫につきて)・Ⅱ[M]//佐野友三郎.佐野友三郎.石井敦,编.東京:日本図書館協会,1981:145.

口县采取了不同的方案。佐野曾经提到纽约州对通俗图书馆提供补助金的案例①，借此经验，秋田县采取了由县立图书馆提供巡回文库的支持，县负责提供与郡所提供的费用等额的补助金的方案②。山口县采取的是利用现有的机构作为巡回文库据点的方法，主要与小学附属图书馆合作。巡回文库的流转地包括郡市办事处、县立和郡立学校、没有建立图书馆的町村小学、青年会等③。佐野后来认为，山口县的模式需要汇集更为广泛的社会力量，从图书馆事业之外获得更多的关注与支持，但这种脱离了公共图书馆事业体系的方式比较容易受到外力的影响，巡回文库的作用很容易仅仅局限于郡市政厅的内部。因此，从明治三十九年(1906)以后，巡回文库交付于公私立图书馆④。佐野认为巡回文库最理想的模式是秋田县模式，即以公私立图书馆作为巡回文库的集散地，以此来弥补其馆藏的不足并推动地方公共图书馆的建立。这也是符合杜威的建议的。

其次，在巡回文库的书籍组合方式上，佐野认为理想的方式是建立目录、满足读者的个性化需求的自由法。但是在山口县的实践中，佐野将图书馆服务的普及作为第一要务，最初采取固定法，将 50 册到 100 册不等的通俗图书置于定制的书箱中，规定使用期限，将其配送到各处，以供当地的公众借阅⑤。后来逐渐准备了目录，转而进行自由法⑥。从理论上来说，自由编成法是最优的文库组织方法，但是这项方法的实施需要一定的客观条件的准备—— 一方面，复本量必须达到一定的程度；另一方面，需要在普查藏书的基础上形成馆藏目录以备自由选择图书。佐野对"自由"配书方法的推崇与对地方政府强加干涉巡回文库的配书与服务做法的不满，体现了他对于图书馆服务于人的精神执着。即读者的需求是图书馆服务的目的，图书馆需要千方百计地力求满足读者的需求，并且，读者的需求与图书馆的服务不应该受到干涉与限制，读者与图书馆之间的联系不应该被政权干涉。虽

---

①②佐野友三郎. 通俗图书館(殊に巡回文庫につきて)・Ⅱ[M]//佐野友三郎. 佐野友三郎. 石井敦，编. 東京：日本図書館協会，1981：140.

　③　佐野友三郎. 巡回文庫[M]//佐野友三郎. 佐野友三郎. 石井敦，编. 東京：日本図書館協会，1981：159 - 160.

　④　佐野友三郎. 巡回書庫[M]//佐野友三郎. 佐野友三郎. 石井敦，编. 東京：日本図書館協会，1981：135 - 136.

　⑤　佐野友三郎. 巡回書庫[M]//佐野友三郎. 佐野友三郎. 石井敦，编. 東京：日本図書館協会，1981：133.

　⑥　佐野友三郎. 巡回書庫[M]//佐野友三郎. 佐野友三郎. 石井敦，编. 東京：日本図書館協会，1981：134.

然在佐野的时代还没有"图书馆自由"的提法,但佐野的公共图书馆思想中已经体现了读者与图书馆两方面的权利。

佐野建立山口县立图书馆时期,随着对外侵略的政策造成的国内压力的积累,为了控制国内局势,社会教育被视为维持政权稳定的重要一环,正值此时,逐渐兴起的公共图书馆成为政府推行思想善导的社会教育政策的核心机构。在这种客观条件下,佐野友三郎对于巡回文库的期望正如杜威所说,在推动公共图书馆发展的基本需求之外,也从教育的角度考虑巡回文库所应该发挥的作用,包括与郡市理事讨论开设图书阅览所的事宜,提出在郡市政厅和学校中开设一室作为山口图书馆的巡回书库的阅览所,并以校友会或者青年会作为计划的重心,在小学内开设一室或者选择方便的场所作为阅览所,并提出在恢复和平后开设纪念文库,培养町村内的青年的修养等建议①。

佐野依据杜威的建议,从促进公共图书馆的建立与发挥图书馆的教育作用为出发点,借鉴美国经验并逐渐形成以普惠所有人的日本巡回文库的构想。从其基本的观点来看,不论是建立巡回文库的初衷还是组织方法,无不可见美国经验的影子或者杜威的影响。与上一阶段最大的不同在于,佐野更多地考虑到了日本的实际情况与需要,因此采取不同的方式在秋田县与山口县建立巡回文库。

4.4.5 图书馆专业教育

佐野友三郎的公共图书馆思想主张图书馆的服务精神,对人的博爱是最核心的要素。他提出"在学校教育中,与校舍、教具相比最为重要的是教师其人,同样的,应该知道,图书馆事业的成就如何,主要因素是馆员"②。在图书馆事业中,馆员是最为核心的构成要素,也是唯一的能动要素,是实现佐野的"感同身受地面对人,为了人舍弃自己,以图书服务于人,为人提供帮助"的服务精神的决定因素③。

---

① 佐野友三郎.图書閲覧所ノ設立ヲ促ス[M]//佐野友三郎.佐野友三郎.石井敦,编.東京:日本図書館協会,1981:128 – 129.

② 佐野友三郎.素養ある図書館員[M]//佐野友三郎.佐野友三郎.石井敦,编.東京:日本図書館協会,1981:104.

③ 佐野友三郎.図書館の精神[M]//佐野友三郎.佐野友三郎.石井敦,编.東京:日本図書館協会,1981:103.

因此,培养具备专业素养与服务精神的馆员,是图书馆事业的关键。

佐野身处日本近代中后期,图书馆事业方兴未艾,佐野认为"图书馆事业是建立在理论与经验之上的",在这一阶段,日本图书馆事业中能够用来教授的经验与理论都是非常有限的,但是"虽然体量有限。这一点有必要通过学校教育来实现"①。

对图书馆事业而言,对馆员的需求是非常普遍的,佐野对整个行业的专业化都给予了较高的期待。他认为,"在大规模的图书馆中,读者不借助于馆员的帮助,独自检索某些信息很可能遇到困难,因此,在大图书馆中非常需要训练有素的馆员";对小图书馆而言,"虽然与小图书馆不尽相同,但是小图书馆也需要满足读者的需求、实现图书馆的功能,利用有限的藏书科学有效地为读者提供服务,因此在某种意义上,小图书馆更加需要训练有素的馆员";"对大小图书馆而言,为了保证图书馆的功能得以完全发挥,训练有素的馆员是同等重要的"②。专业教育的任务与内容也因此被确定下来。

在专业教育的具体形式方面,佐野没有做太多的论述。从他学习美国行业经验的视角来看,佐野出访美国之时,考察了独立图书馆学校与设立于图书馆之中的图书馆学校两种类型。比如纽约州立图书馆学校:

> 纽约州图书馆学校建立于 1887 年,是以培养图书馆员为目的而建立的学校,也是这一类学校的开拓者。该学校接收从大学各专业毕业生中适合从事图书馆事业的人,经三年的学习后授予学位。自创立以来共毕业学生约 800 人。针对现从事实务的人另开设有夏季 6 周培训班,以教授专业与实习为目的。③

开设在公共图书馆中的图书馆学校有纽约图书馆学校,该馆"1911 年开设图

---

① 佐野友三郎.素養ある図書館員[M]//佐野友三郎.佐野友三郎.石井敦,编.東京:日本図書館協会,1981:105.

② 佐野友三郎.素養ある図書館員[M]//佐野友三郎.佐野友三郎.石井敦,编.東京:日本図書館協会,1981:104−105.

③ 佐野友三郎.米国図書館事業の梗概[M]//佐野友三郎.佐野友三郎.石井敦,编.東京:日本図書館協会,1981:249.

书馆学校,以适合成为图书馆员的候补者进行专门教育为目的。该校在本馆之内,设有事务室、自习室、教室以及以备临时之用的讲堂。除了获得学校承认的正规大学毕业生之外,入学均需要考试。一学年结束发修业证书,二学年结束发毕业证书"①。

除了业务培训之外,佐野认为,开展专业教育的终极目标在于对图书馆事业的宣传、推广与普及,"结束被冷落的状态,从而使图书馆得到世人的重视"②,这样的重视需要图书馆员以专业的素养、博爱的精神孜孜以求,也是图书馆服务精神所追求的目标。

4.5 通俗图书馆为核心的本土化思想谱系

与前一阶段相比,从明治中期到第二次世界大战结束的这段时间,日本的公共图书馆事业的发展已经初具规模,其思想的发展也有了新的内容和特点。本书分别选取了这一时期的公共图书馆思想的两条发展轨迹的代表人物——田中稻城和佐野友三郎作为研究对象,对其公共图书馆思想中的要点进行研究。这两位代表人物的思想来源同样是美国,这是与上一阶段非常相似的一点。不同之处在于,不论是田中还是佐野,都选择了对美国图书馆事业中的某一个人物主动学习和借鉴,因而在其思想中也各自呈现出了侧重点——在公共图书馆的功能体系中,田中偏重于对参考图书馆的研究,佐野偏重于对通俗图书馆的研究。这两股思想脉络基本描绘了这一时期的日本公共图书馆思想的轮廓。在这两股理论与实践的脉络之外,"小松原训令"作为日本近代公共图书馆发展的导向性政府文件,也在这一时期颁布和修订。在图书馆事业的外围,片山潜在劳动运动中也倡导了公共图书馆的建立,并提出了许多具体的建议。石井敦在研究中提出,这一时期日

---

① 佐野友三郎.米国図書館事業の梗概[M]//佐野友三郎.佐野友三郎.石井敦,编.東京:日本図書館協会,1981:260.

② 佐野友三郎.素養ある図書館員[M]//佐野友三郎.佐野友三郎.石井敦,编.東京:日本図書館協会,1981:105.

本公共图书馆思想的发展呈现了从片山潜到佐野友三郎再到小松原英太郎的思想脉络。

4.5.1　片山潜主导的思想源起

从思想脉络而言,石井敦认为,佐野友三郎的公共图书馆思想对小松原英太郎产生过影响,这一影响直接关系到对日本近代公共图书馆的建设起到指导作用的"小松原训令"的颁布。而佐野友三郎的思想除了受到杜威的影响之外,也受到了日本社会主义运动的领袖人物片山潜的社会主义思想的影响。因此,石井敦认为日本近代本土化公共图书馆思想形成的原力在于片山潜:

> 我认为,关于佐野的思想建立的契机,应该在从日本劳动运动之父片山潜的关系中探究。当然,在尚未确认佐野在赴任山口县立图书馆之前,在秋田县立图书馆的主要活动的情况下做这样的判断难免有牵强附会的嫌疑,但是片山潜在明治二十九年(1896)在《太阳》杂志上发表了《关于图书馆》一文,我认为,从佐野之后的行为来看,他应该是在从东大离开后6年时接触到了这篇文章。[①]

石井敦引用的片山潜的文章中提到图书馆在教育普及方面的作用、英国的图书馆为市民提供服务以及美国的公立图书馆的免费服务原则等内容[②],并评价片山的图书馆思想的价值如下:

> 这篇片山的文章所论及的内容在我的认知范围中,是日本最为古老且最为先进的。他所主张的未来日本公共图书馆即今日我们正逐渐实现的目标,而在当时已经被片山很敏锐且正确地洞见了。[③]

在片山潜发表于1896年的文章中,将其有关图书馆的主张进行了比较全面的阐述。在这篇文章中,片山以自己在欧美所见为依据,对照了日本的上野图书馆,主要从索引方法、外借服务、免费开放、儿童服务等方面说明了自己的主张。他认

①②③石井敦.日本近代公共図書館史の研究[M].東京:財団法人日本図書館協会,1971:55.

为"在日本筹建中央图书馆之际,日本人最需要的,其实是适当增设书籍馆以达到各区皆有的程度、免收阅览费、允许外借、改良图书整理方法与昼夜开馆等事项"①。

片山主张公共图书馆的免费开放,他在文中提到,"依照欧美惯例,须先成立教会、学校与村公所,在成立教会的同时建立附属图书馆。虽然这些图书馆最初只是为儿童开设,但是很多最终都发展成服务于一般民众的图书馆"②。这些图书馆都有专门的经费予以支持,"开设的费用由公费与慈善经费提供,日常运营的阅览费由公费提供"③。他强调了免费开放的重要性,认为,"从发展到今天的图书馆的一般情况来看,都是通过免除阅览费来达到普及教育的目的,因此从美国的情况来看,收取阅览费的图书馆已经非常少见了"④。

片山潜大力主张图书馆开展图书外借服务,他以英国伦敦南部常住人口15万的一地⑤为例,该地区主要是工匠聚居地,甚至可以算做贫民区,但是在这一地区建有图书馆3所,藏书3.3万卷,通过登记姓名长期借书的人达15000人。而在日本,即使是人口高达160万的大都市,也只有1所图书馆,并且不提供外借服务⑥。片山认为"将书籍带至馆外阅读,在最大范围中利用图书馆的唯一有效的方法",对上野图书馆因为"担心图书丢失而拒绝外借"的做法表达了不满⑦。片山还介绍了一种特殊的外借方式,"在美国,向各学校教师借出50—70册图书,由教师监督学生阅读"⑧,这与佐野友三郎倡导的巡回文库极为相似。

片山潜介绍了英国图书馆的图书索引方法,"借书的时候,先通过索引书检索

① 片山潜.片山潜と図書館市川清流[M]//小川徹,山口源治郎.図書館史.補訂版.東京:教育史料出版会,2003:75.
②③④ 片山潜.片山潜と図書館市川清流[M]//小川徹,山口源治郎.図書館史.補訂版.東京:教育史料出版会,2003:71.
⑤ 在原文中,该地区为"バタセース",但是目前无法确定对应的英文地名。
⑥ 片山潜.片山潜と図書館市川清流[M]//小川徹,山口源治郎.図書館史.補訂版.東京:教育史料出版会,2003:71-72.
⑦ 片山潜.片山潜と図書館市川清流[M]//小川徹,山口源治郎.図書館史.補訂版.東京:教育史料出版会,2003:73.
⑧ 片山潜.片山潜と図書館市川清流[M]//小川徹,山口源治郎.図書館史.補訂版.東京:教育史料出版会,2003:74.

书名编号,将编号交给工作人员,工作人员直接将书取出"①。他认为,索引对图书馆而言至关重要,"在图书馆中,书籍索引是开启图书馆智慧生命的开关,如果索引不完备,进入这个宝藏就只能空手而归"②。他认为上野图书馆的索引存在不足,上野图书馆的索引包括著者姓名与学科分类两种途径,因此,如果仅仅知道书名就很难进行检索③。英美的做法很值得借鉴,"英美通常以 ABC 的字母顺序编制索引,遇特殊问题进行检索的时候,也可以参考分类目录","将描述一部书的信息记录在多个地方",他认为这样的检索体系才能够满足读者的需求,"比如我们检索劳动问题的时候,在相应的部类进行检索的同时,也可以寻找到其他书籍中对这一问题的记载"④。

片山潜对图书馆的图书管理、索引的编制、建筑的设计等问题都有所关注,他介绍了英国的一家位于贫民区的图书馆⑤,该馆内部一层是借书处与报刊阅览区,二层是索引室,供读者进行检索和研究,这里使片山感到安静且空气清新。该馆采取简便的借阅制度,如上文所述——先通过索引书检索书名编号,将编号交给工作人员,工作人员直接将书取出——如果图书不在架,则直接反馈给读者编号卡片,读者见到卡片就知道图书已经外借,这种默契的建立使图书馆与读者都很方便等。因此,片山认为"但凡书籍馆的建造与整理方法等,被作为一项技术,可以肯定地说,这是一门学问"⑥。

在《太阳》杂志之外,片山潜在其他文字中也对图书馆进行过论述。本书依据石井敦参考文献寻找到竹林熊彦所著《片山潜与图书馆》三篇以及片山潜自传,再依据竹林熊彦的研究按图索骥⑦,从《片山潜自传》中找到了几段与图书馆相关的内容。对照石井敦的研究,可知片山潜对图书馆认识的形成有两次契机,第一次是在 1884 年赴美留学期间,将其利用图书馆学习知识的体会记录如下:

---

①⑥片山潜. 片山潜と図書館市川清流［M］//小川徹,山口源治郎. 図書館史. 補訂版. 東京:教育史料出版会,2003:72.

② 片山潜. 片山潜と図書館市川清流［M］//小川徹,山口源治郎. 図書館史. 補訂版. 東京:教育史料出版会,2003:72－73.

③④片山潜. 片山潜と図書館市川清流［M］//小川徹,山口源治郎. 図書館史. 補訂版. 東京:教育史料出版会,2003:73.

⑤ 原文为:カンニングタウンの図書館,因音译方式不同,无法确定英文地名.

⑦ 竹林熊彦. 片山潜と図書館(1)［J］. 金光図書館報,1959(9):7－8.

利用图书馆研究某些特殊的问题成为一种习惯。在大学中,我算得上是利用图书馆最多且阅读广泛的一个。别的学生问我问题,或者给我很多指点,在几乎什么都不懂的状态下带着一个问题进入图书馆,用几个小时或者几天的时间换得收获,这是大学的恩赐。对我而言之,图书馆,就仿佛蜜蜂之花园。蜜蜂在不同的花蕊上汲取不同的花蜜,就如同我为了研究问题而一头扎进图书馆里,一定要在如同朋友的书中找到解答问题的花蜜,将答案采回来。①

第二次是他在 1894 年利用春假到英国旅行期间的见闻:

……我深刻地感受到,图书馆、博物馆以及美术馆并不仅仅是为了学者和艺术家展示其天才与能力而建立的场所,而是以提高参观者的知识与人格为主旨。②

据石井敦的论述,当时对于片山潜发表于《太阳》的文章,田中稻城采取了批判的态度,而佐野友三郎则以自己的实绩认同了片山的主张,成为片山公共图书馆思想的践行者③。在片山潜的文章中,清晰地体现了他对外借服务、免费开放、儿童服务、图书馆专业教育的明确主张,甚至初现了佐野友三郎倡导并大力推广的巡回文库的身影。正如石井敦所说,在片山潜与佐野友三郎之间呈现了思想的传承关系。

4.5.2　小松原英太郎代表的源流末端

小松原英太郎作为当时的日本文相,在 1910 年 2 月 3 日发布了文部大臣训令,其中附件部分就是著名的《关于建立图书馆的注意事项》。石井敦在研究中指出,小松原训令之前的日本公共图书馆理念的来源有两个,即参考图书馆——田中稻城,普通图书馆——佐野友三郎④。据石井敦记载,"'训令'发布的前一年,文相

---

① 片山潜.片山潜自伝[M].日本共産党史資料委員会,監修.東京:真理社,1949:143.
② 片山潜.片山潜自伝[M].日本共産党史資料委員会,監修.東京:真理社,1949:168.
③ 石井敦.日本近代公共図書館史の研究[M].東京:財団法人日本図書館協会,1971:55.
④ 石井敦.日本近代公共図書館史の研究[M].東京:財団法人日本図書館協会,1971:53.

小松原英太郎曾经亲自走访过山口县图书馆"①。在小松原训令中也体现出了对通俗图书馆大力推广的立意,提出了"选择健康有益的图书是最为重要的一点"的基本立场②,这是对佐野友三郎的通俗图书馆思想的沿袭。

在《关于建立图书馆的注意事项》的正文部分,小松原文相概括了当时日本的公共图书馆的发展情况和主要问题,并提出了建立公共图书馆的基本指导思想:

> 自《图书馆令》发布以来,新建公立私立图书馆数量逐渐增加,这是可喜的现象。不过在对这些图书馆的情况进行考察后发现,其设施并未达到适宜的程度。因此,在此列举有关图书馆设施需要注意的几点内容,以说明图书馆的大体标准。
>
> 图书馆的设施应该根据其规模进行调整和斟酌,近期各地建立的通俗图书馆和小学附属图书馆一类的图书馆,在其设施得当的情况下对于小学和家庭教育能够达到一定的补益作用。对这些图书馆而言,选择健康有益的书籍是最为重要的,因此应尽可能地简化其硬件设施,而将有限的经费用于收集有益的书籍是第一要务。如果是拥有相当经费、能够建立起完整的图书馆的情况,则应从当地的实际情况考量、以如下的标准为参照,通过建立起适当的设施而达到满意的效果。③

小松原文相认可通俗图书馆与小学附属图书馆的事业发展思路,在事业初建的阶段,他主张以馆藏为重、硬件为辅。为了明确"健全的图书馆"的标准,小松原罗列了7条建立健全的图书馆的参照标准。原文中标号皆用"一"表示,为了表述方便,本文将标号改为序列号:

> 一、图书馆在提供学术研究之用的同时还要供一般公众培养阅读兴趣、提高修养、增进智德之用,最为重要的是要根据图书馆的种类和目的的不同,选择收集有益的书籍。对于通俗图书馆而言尤其如此。将其收

① 石井敦.日本近代公共図書館史の研究[M].東京:財団法人日本図書館協会,1971:35.
② 石井敦.日本近代公共図書館史の研究[M].東京:財団法人日本図書館協会,1971:39.
③ 小松原英太郎.図書館施設二関スル訓令[M]//小川徹,山口源治郎.図書館史.補訂版.東京:教育史料出版会,2003:62.

集和接受捐赠而来的书籍提供给一般民众,尤其是青年、儿童阅读。对于杂志尤其要注意选择其中最为健全而有益的部分。还需要制作阅览用的书目。

二、在建立有多个图书馆的地方,应尽可能每一年召开一次各图书馆负责人的会议,议定关于适宜提供阅览的图书种类与标准。

三、图书馆不仅提供阅览该地区自古以来的古籍,或者接受捐赠的图书,还需要时常增加新刊行的书籍。除了提供馆内阅读之外还要提供广泛的外借服务。稍具规模的大图书馆还要通过开设分馆或者建立巡回文库的方式尽可能地向各地区提供一般类型的书籍。

四、图书馆必然要增进一般公众的智识、提高其修养,此外要通过与学校和家庭的合作来提高教育的收效。通过与学校联系,提供教师在学科教学方面的参考书的方式,或者针对家庭,通过告诉其子弟选读健全优质书籍的标准,使其从小养成不接触恶劣图书的习惯。

五、图书馆应根据当地情况与读者类型选择适用的图书。比如,工业地区选择工业书籍、商业地区选择商业书籍、农业地区选择农业书籍,依此方式提供各自所需的图书。又如记载该地区的图书以及地方人士的著述,收集这一类书籍也是非常重要的。

六、图书馆的建设应该选址于府县政厅所在地的其他稍微宽广的街区,要从交通、风化、卫生等方面选择最为适宜的地点。其建筑要力求阅览、管理和卫生方面的便利,外观要避免奢华、以朴素坚实为准。根据地区的实际情况,在无法找到交通便利的地点建馆的情况下,可以通过建立分馆或者巡回文库的方式弥补不足。

七、图书馆的设施大致如上文各项所述,但是关于简易图书馆及小学附设图书馆则依照以下几点参考:

(一)图书馆分为阅览室、书库和事务室即可,其他布局则根据实际需要和经费的多少,相应划分为儿童室、妇人室、特别阅览室、休息室、装订室、总务室。

(二)阅览室的建筑主要注意通风和采光,书库要尽量采取砖结构或者木骨土壁的建筑方式,通过走廊将书库与阅览室相连。除了照明的需要之外,不允许将火种带入其中。书库的房顶与地板之间的距离在八、九尺到十尺,书架与墙壁之间的间隔以及书架与书架之间保持大约二尺五的间隔作为通道。

(三)器物方面,在阅览室中需要桌子、椅子、图书出纳台、目录牌、工具书台,外借目录之类的则可以根据实际需要尽可能配备。

(四)账簿目录一类的物品,业务中需要用的图书原簿、书架目录、业务用牌子目录、外借牌子目录等,以及阅览用的主题目录、洋书作者目录、同分类目录、和汉书书名目录等,根据实际需要尽可能配备即可。目录中除了原簿、书架目录之外,一般尽量采取以卡片式和账簿记入式的方式。①

小松原训令将这一时期日本公共图书馆思想的各方主张进行汇总,并以政府文书的形式对细节加以确定,一方面体现了公共图书馆思想发展的阶段性全貌,另一方面,也体现了公共图书馆事业的主张、自发的发展趋势妥协于政权需求的结果。从训令覆盖的范围来看,小松原将图书馆区分为"图书馆"与"简易图书馆",他在开篇即提到了"通俗图书馆和小学附属图书馆一类的图书馆",即该训令的指导对象并不包括国立图书馆,这也是绵延至今日的日本公共图书馆所覆盖的范畴。

小松原训令中有两个主要内容值得关注,其一就是对图书馆建立问题的规定,其二是对建立馆藏的规定。

首先,在建立图书馆的规定方面,一般的图书馆大体相似,小松原对于"简易图书馆"的规定体现了对图书馆必备要素的选择与考量。从内容上看,训令基本上照搬了佐野在《通俗图书馆的经营》第七章《小图书馆建筑法》中的主要观点,包括书库与阅览室相连,将儿童室作为重点等建议②,但是佐野所强调的通俗图书馆的出纳台的作用和重要性,这一点显然被小松原忽略了,在"注意事项"中"出纳台"被作为阅览室中的器物而罗列其中。同时佐野认为小图书馆可能出现一人管理的情况,

① 小松原英太郎.図書館施設二関スル訓令[M]//小川徹,山口源治郎.図書館史.補訂版.東京:教育史料出版会,2003:62 - 64.

② 佐野友三郎.通俗図書館の経営[M]//佐野友三郎.佐野友三郎.石井敦,編.東京:日本図書館協会,1981:37 - 39.

因此出纳台应该位于能够查看四周的位置上,且应该置于大门的进门处的宽敞空间中①,在小松原看来,阅览室、书库与事务所才是图书馆必不可少的管理组成部分[详见本书141页七(一)规定],可见佐野着重强调服务,而小松原更注重管理。

其次,是对馆藏的规定。训令重视馆藏的质量,小松原在"注意事项"中强调"通俗图书馆"的重要性是不容忽视的,作为"通俗图书馆"要以"供一般公众培养阅读兴趣、提高修养、增进智德"为目的,因此要通过建立分馆和巡回文库的方式达到这一目标。为了这一目标的实现,"注意事项"中强调了选书的重要性,对期刊的选择尤其需要慎重。"注意事项"中还指出,通俗图书馆须关注儿童阅读,提出"通过告诉其子弟选读健全的优质书籍的标准,使其从小养成不接触恶劣图书的习惯",体现了对于读物来源的控制。因此,"注意事项"提出了要根据当地产业发展的实际情况建立馆藏,这一点与田中稻城提出的"在城市中建立普通图书馆供民众阅览之用,在地方的学校中配备产业、理科、历史、地理一类的书籍,其中还要配备一定数量的娱乐书籍"②,以及佐野提出的"选择时需要考虑到图书馆的资金、土地情况、读者的种类和受教育程度等因素,以此为标准选择日常生活中所必需的参考书、有利于道德的书籍、促进一般民众的阅读兴趣的养成的书籍、适合作为家庭读物的书籍、有利于促进地方产业的发展的书籍等等"③的主张皆有相似之处。因此也可以说,小松原对通俗图书馆建立标准的考虑并非仅基于佐野友三郎与山口县立图书馆的一家之言,田中稻城虽然置身于日本国立图书馆的领域之中,其公共图书馆的思想在当时也是具有代表性和影响力,因此对一个时期的公共图书馆思想的研究不应该因为当事人所处的领域在学术上属于不同的分野而对其思想的认识过于片面,片山潜的思想亦然。另外,虽然"注意事项"中对于书刊的选择有诸多限制,但是并未规定书刊的来源,仅规定"收集和接受捐赠"都可作为馆藏的来源。

---

① 佐野友三郎.通俗図書館の経営[M]//佐野友三郎.佐野友三郎.石井敦,編.東京:日本図書館協会,1981:38.

② 田中稻城.書籍館ニ就キテノ卑見[G/OL].[2016 – 06 – 28].http://library.doshisha.ac.jp/ir/pdf/takebayashi/honbun/265_007_015.pdf.

③ 佐野友三郎.通俗図書館の経営[M]//佐野友三郎.佐野友三郎.石井敦,編.東京:日本図書館協会,1981:16.

可以说,小松原训令虽然参考了佐野友三郎的通俗图书馆思想与山口县图书馆的实践经验,但是与佐野、片山的主张相比,小松原更加侧重"管理",强调从图书馆管理、馆藏建设等方面对图书馆的建立与运营进行管理。因此,诸如在佐野的思想与实绩中非常具有代表性的公开书架并没有在小松原的训令中出现,代之以从"看好书"而不接触所谓"坏书"的角度重新诠释了通俗图书馆在与学校合作以及家庭文库方面的作用。正如石井敦点评的:

> 如果尝试从教育、社会政策的关系方面把握"在到目前为止的发展中,在理念层面上全面概括了近代图书馆的全貌"(西崎惠《图书馆法》P132)的"训令"的历史意义的话,这是大逆事件后所引发的一系列天皇制强制政策刺激之下的必然结果。①

> 需要注意的是,在权力的驱动下图书馆发展方向被歪曲化,作为以后发展为"日本的"图书馆的出发点,形成了其独有的判断标准。②

日本近代中后期的时代背景约束了"公共图书馆"的发展,不论它舶来的原型如何,不论它应该具有怎样的内涵外延,也不论在时代的洪流中还会有怎样的发展路径,在这个时代的日本,公共图书馆必然受制于此而呈现出被赋予时代烙印的形态。河井弘志在研究中曾经援引德国图书馆史的代表人物乔治·莱依③的观点,认为近代图书馆产生的最大能量为启蒙主义思想,进一步说,即启蒙主义思想创造了图书馆④。如上文曾经提到的,欧美之近代出现的公共图书馆必然需要经历思想启蒙,市民阶层的发展壮大并登上历史舞台后,通过一种理性和共识的方式表达受教育的需求,公共图书馆才得以建立。日本近代无法复制欧美的近代化路径,因此采取了天皇驱动的自上而下的路径,其中缺乏民智的启蒙与市民社会的建立。

---

① 石井敦.日本近代公共図書館史の研究[M].東京:財団法人日本図書館協会,1971:49–50.
② 石井敦.日本近代公共図書館史の研究[M].東京:財団法人日本図書館協会,1971:35.
③ Georg Leyh(1877—1968),德国图书馆史的代表人物。
④ 河井弘志.特別講演:図書館史と図書館思想史と図書館学史.日本図書館文化研究会2004年度研究集会·総会[J].図書館文化史研究,2005:16.

　　这一阶段,日本公共图书馆思想通过小松原训令的方式在国家政策层面得以确定,如追根溯源,便是佐野友三郎与片山潜。在这一思想流变的轨迹中,我们看到了对思想内容的偏重与取舍,更重要的是将思想的来源呈现出来。片山潜作为日本工人运动与共产主义的先驱,主张工人的社会地位与生存发展的权利,号召工人阶级的自我完善与不断壮大,恰好弥补了日本近代市民社会的不足,为公共图书馆的发展提供了不断发展壮大、组织不断完善的社会新阶层,从而再次印证了近代公共图书馆与市民社会的发展之间的必然联系。正因为如此,探究思想的来源就显得极为重要——积极主动且有针对性地学习而来的西方经验,在日本本土进行小规模尝试,最终被政令的强制力加以约束,形成了本土化的、日本近代中后期的公共图书馆思想内涵。

　　总体来说,通俗图书馆成为近代中后期日本公共图书馆思想的主流,片山潜承担了这一源流的源头,佐野友三郎的以通俗图书馆为核心的公共图书馆思想是对片山的承袭;田中稻城居于通俗图书馆与参考图书馆的融合面,强调了公共图书馆的功能体系的整体性;最后,小松原训令作为政府的代言人,很大程度上接受了佐野的通俗图书馆思想,通过建馆规范与馆藏标准的方式,将通俗图书馆作为公共图书馆本土化的基本途径,公共图书馆思想本土化的源流也由小松原训令而终结。

　　虽然日本近代有山口县立图书馆的发展与成就,但石井敦认为山口县的特例有其偶然因素的影响,其异常的发展并非来自于如同英美等国的近代市民社会提供的动力,而是出于日本近代半封建的军事资本主义政策中对于民众“教化”的需要,因而,固然有佐野友三郎作为先行者,在产业革命的发展趋势中辟得一股发展的东风,但在政府推行通俗教育的洪流中最终也只能成为教化机构而已①。与佐野实践的短暂成就相比,其思想中的基本要素的保存反而是长效的,形成了从片山潜到小松原的一脉相承的发展图式。

---

① 石井敦. 日本近代公共図書館史の研究[M]. 東京:財団法人日本図書館協会,1971:39.

4.6 本土化时期公共图书馆思想的特点

4.6.1 思想的来源与特征

本土化思想形成时期,日本公共图书馆思想在流变中呈现出鲜明的共性,不同的流派中也体现出各自的特色。其共性是从思想史中划分这一阶段的依据,其个性是对本土思想完整性的保证。

从共性来说,首先,不论是作为思想源头的片山潜的公共图书馆思想,抑或是田中稻城和佐野友三郎的公共图书馆思想,其来源和形成的依据依然是欧美的公共图书馆思想,这一来源与前一阶段基本是一致的。与前一阶段以出访和记录见闻的信息来源相比,在本土化思想形成阶段,对舶来思想的接受更具有针对性与主动性,比如佐野友三郎对杜威的公共图书馆思想关注较多,不但通过文献进行系统了解,还以书信的方式沟通。片山潜作为图书馆行业外的社会人士,虽然依然通过见闻的方式传递欧美见闻,但借助见闻为上野图书馆服务的改进提出了很多具体的建议,与上一阶段的盲目模仿截然不同。

其次,与上一阶段极为不同的是,在印象形成期,日本的公共图书馆界往往效仿与照搬欧美思想的外化形式,即认为所见即为全部。因此,对于大英博物馆中建立图书馆的现象也尽可能模仿,岩仓使节团无意中忽视了对于图书馆、档案馆与博物馆的区别,却被视为一项事业要点加以效仿。在本土化思想形成期,不论是田中稻城还是佐野友三郎,其公共图书馆思想中最为基础的一层就是对于公共图书馆功能的区分。虽然两者对公共图书馆的事业和功能的关注各有侧重,但是都是以公共图书馆的"参考图书"与"通俗图书馆"的两项功能作为展开的基础。在社会教育与思想善导的时代主题下,通俗图书馆成为公共图书馆事业发展的重心。

最后,是对公共图书馆的本质的涉及。在片山潜的自传中曾经提到了"在几乎什么都不懂的状态下带着一个问题进入图书馆,用几个小时或者几天的时间换得收获,这是大学的恩赐"的经历和体会①,虽然讨论的是大学图书馆,实则描绘了一个通过图书馆而自主学习的实景。田中稻城在访美过程中,对马萨诸塞州与罗得岛州的公共图书馆与当地学校的教学合作印象深刻,他将公共图书馆置于学校外教育的体系之中,并主导了教育会图书馆的转型。佐野友三郎同样认可公共图书馆的社会教育的本质,认为"学校是奠定教育的基础的机构,此后,能够提供给民众自己、自发地使自己的教育完备化的机会的是图书馆,也只能是图书馆。这就是所谓的'通俗教育'"②。对公共图书馆社会教育功能的认识形成了一阶段的共识。

从个性来说,在本土化思想形成期,佐野友三郎与田中稻城代表了日本公共图书馆思想发展的两个方向。田中稻城主张公共图书馆功能体系的整体性,在实绩上主要体现在将国立图书馆建立为参考图书馆的努力方面,而佐野则注重公共图书馆作为通俗图书馆满足一般民众阅读需求的功能。石井敦认为田中稻城的图书馆理念受到了爱德华·埃弗里特1879年之前的思想的影响③,而佐野友三郎的思想来源则是上文多次提到的杜威④。从思想内容来看,佐野和田中的思想中有很多暗合之处,比如对通俗图书馆的重视、对儿童阅读关注以及对公共图书馆的社会教育功能的倡导等。因此,他们之间的不同主要体现在实践层面上,并不是思想内核的分歧。

4.6.2 公共图书馆维护的利益群体

除了以田中稻城为代表的国立图书馆的基本思想之外,在本土化思想形成期,关于"公共图书馆"的定义逐渐专指于国立图书馆之外的公立与私立图书馆,且这一部分思想成为日本公共图书馆思想的主流。从官方发布的文件来看,这一阶段比较具有代表性的公文和法规包括1899年的《图书馆令》及1906年的《图书馆令的一部分改正》以及1910年作为文相的小松原英太郎发布的《关于设立图书馆的注意事项》,即"小松原训令"。其中,颁布于1899年的《图书馆令》虽然被视为日

① 片山潜.片山潜自伝[M].日本共産党史資料委員会,監修.東京:真理社,1949:143.
② 佐野友三郎.通俗図書館(殊に巡回文庫につきて)·Ⅰ[M]//佐野友三郎.佐野友三郎.石井敦,編.東京:日本図書館協会,1981:80.
③ Edward Everett.
④ 石井敦.日本近代公共図書館史の研究[M].東京:財団法人日本図書館協会,1971:54.

本历史上最早的关于公共图书馆的法规,但是其内容非常简单,对公共图书馆事业只进行了原则方面的规定。相关主要内容如下:

第一条 在北海道府县郡市町村(包括北海道及冲绳县的区域)建立图书馆,收集图书以供公众阅览。

……

第三条 私人可根据本令之规定建立图书馆。

第四条 公立学校和私立学校可根据本规定附设图书馆。

……

第七条 公立图书馆可征收图书阅览费。①

除上述内容之外,第五条和第六条主要规定了公私立图书馆的建立与停业需要经文部大臣确认、公立图书馆的岗位设置与人事任免等问题。1906 年的《图书馆令的一部分改正》中主要补充了原《图书馆令》的第六条的规定,对公立图书馆的人事制度进一步细化②。总体来说,《图书馆令》强调了公共图书馆作为通俗图书馆的功能,并允许公立与私立图书馆的建立与发展,且认可了收费的原则。这些内容与 1910 年的小松原训令相比比较笼统,能够比较系统地体现日本近代中后期官方主张的依然是小松原训令。而小松原训令的颁布即是对这一时期日本本土化公共图书馆思想形成的奠基,也是对公共图书馆的社会功能本质的剥夺。可以说,在公与私相交的“共”之中,双方共生与交汇,但在不成熟的市民社会与自上而下的公共性的约束中,“公”的一方占据了绝对优势,因此,虽然以“私”的名义坚持的主张对“公”的行为产生了影响,但最终起到决定性作用的依然还是“公”一方的利益。正如山胁直司提到的,在日本的“公共性”的概念到 1980 年前都是停留在“政府的公共性”③层面上,这一时期的日本公共图书馆在“政府之公共”的约束下,必然妥协于政权一方的权利与要求,从而成为思想善导的工具。

① 図書館令[M]//小川徹,山口源治郎.図書館史.補訂版.東京:教育史料出版会,2003:77.
② 図書館令一部改正[M]//小川徹,山口源治郎.図書館史.補訂版.東京:教育史料出版会,2003:78 - 79.
③ 山脇直司.公共概念の再検討[EB/OL].[2016 - 04 - 09].www.cao.go.jp/zeicho/siryou/pdf/kiso_b13e.pdf.

5 外力对日本本土公共图书馆观念的改造 (1945—1950)

第二次世界大战后,美国派遣麦克阿瑟担任联合国军最高司令官司令部(General Headquarters)最高司令官,对日本进行战后改造。美方建立民间情报教育局(Civil Information and Educational Section),对日本的教育、公共图书馆等相关事业进行改造。在这一过程中,美方主张的西方公共图书馆范式与日本自幕府末期发展而来的公共图书馆事业的现状发生了激烈的冲突。美方坚持以立法的方式将公共图书馆事业的各项规范确定下来,双方的矛盾因此体现在《图书馆法》的不同草案之中。

1950年日本《图书馆法》颁布,标志着这一阶段美日思想交锋的终结,美方的主张在很大程度上被融入日本公共图书馆事业的发展规范之中。自幕府末期日本学习引入欧美的经验至近代中后期有针对性地借助欧美经验解决日本公共图书馆发展的实际问题,在这一阶段,美方主动将自己的经验在日本推行,展现了舶来经验影响日本公共图书馆思想发展的新方式、新途径。

5.1 战后初期的日本社会

历史上一般将1945年到1952年的这段时间作为日本战后初期。在这一阶段,日本的现代历史刚刚开启,美方通过战后占领政策对日本的政治、经济与社会诸方面进行改造、管理与控制。美日双方的思想交锋与立场对峙充斥着日本公共图书馆依附的社会母体。

在美日双方的主张不断交汇的过程中,美国坚持的一些观点被日本社会所接受或者拒绝,日方的主张也逐渐被美方所了解。在这一过程中,除了美方强烈要求的变革与规范,美方对日方的影响也在潜移默化间逐渐发生着。这其中对日本影响最为深远的就是美方非军事化与民主化的改造目标。二战结束之前在日本形成的以通俗图书馆功能为核心的本土化公共图书馆思想裹挟在日本社会的母体之中,受到美方民主化改造的影响,逐渐呈现出新的内容和特点。

5.1.1　二战后的日本

日本战败后,压抑、消极的情绪笼罩着日本社会。对社会成员来说,战败是一个结果和必须接受的事实,大部分的平民及士兵对于战败的态度,或是实事求是,或是消极,并无极端行为出现,但是仍有少数人无法接受一个战败的前景,当广播发表后,约有 350 名军官自杀①。从整体来说,整个日本社会呈现了一种压抑与阴郁的普遍心理状态,长泽规矩也在记录自己战后的书志整理工作的时候,曾经描述自己在战后初期的状态:

> 将贵重的书抽出来,尽快撰写了解题,其他的书则以四部分类排序,从易类开始撰写。正是在这个过程中日本战败了。一方面,在街上看到占领军的身影让人心灰意冷;另一方面,物价飞涨,以每月 100 日元的津贴去上班已经非常困难了,终于我还是怠惰了下来。②

当时日本的民众大多以这种压抑与绝望的心态面对战后的生活,安德鲁·戈登以医学词汇"虚脱"来形容战后初期日本民众的心理状态,以"粕取"文化描述对于未来无望而只活在当下的一种心理上的自怜的状态③。日本天皇发布终战诏书后两星期,美国在太平洋战争中的英雄麦克阿瑟飞抵日本,出任联合国军最高司令官司令部(General Headquarters,以下简称 GHQ)最高司令官。1949 年 9 月初,日本投降仪式在东京湾停泊的美国军舰密苏里号(USS Missouri)上举行。日本派外相重光葵代表政府、参谋总长梅津美治郎代表军方,签署了投降文书,麦克阿瑟正式

---

① 戈登. 200 年日本史:德川以来的近代化进程[M]. 增订版. 香港:中文大学出版社,2014:294.
② 長沢規矩也. 古書のはなし——書誌学入門[M]. 東京:冨山房,1994:171 – 172.
③ 戈登. 200 年日本史:德川以来的近代化进程[M]. 增订版. 香港:中文大学出版社,2014:296 – 297.

接管日本①。日本自此进入被美国占领与改造的战后时代。

5.1.2 市民社会与近代化的发展

驻日美军对日本的改造体现在社会的方方面面,可以说从其本意来看,他们希冀获得彻底的、颠覆式的改造结果,并且这个结果应该与美国尽可能的相似。从整体来看,美国对日本的改造策略可以概括为非军事化与民主化两个方面②。为了达到第一个目标,他们通过各种途径解散日本的军备力量,为了实现民主化,则通过各种对于自由权利的保障政策对日本进行改造。

麦克阿瑟到任后不久,GHQ 发出命令逮捕主要战犯,共三十九人。前首相东条英机也在名单之内,接获通知后开枪自杀未遂,被送往医院急救。有人在报纸上公开批评东条英机如果真的想死,就应该在天皇下诏当天从容自杀,而不是临到被逮捕才惊慌失措地自杀。自杀又不成,越发可耻。GHQ 接着又发出"自由指令",颁布有关言论和新闻自由的备忘录,要求立刻禁止军国主义的教育,释放政治犯,废除思想警察;又要求将过去从事镇压的内务省官员和警察全部革职。东久弥宫首相收到这一连串的指令,不知如何是好,于是知难而退,率领内阁辞职,由币原喜重郎继任。币原在战前曾经担任外相,采取"协调外交",被军部斥指是"软弱外交",但与英、美等国交好。麦克阿瑟接着又颁布"五大"改革,其中包括:给予妇女选举参政权;制定劳动组合法,准许劳工组织工会及罢工的权力;废除治安维持法,禁止司法秘密审问;推动教育民主化,经济民主化。GHQ 在后来又陆续颁布其他命令,如释放政治犯,开放言论、集会、结社自由;公布新选举法;下令解散财阀;进行农地改革等③。

美方对日本的改造首先以民主作为制度基础,其他制度、规范皆须建立在民主的基础之上,公共图书馆也不例外。民间情报教育局(Civil Information and Educational Section,以下简称 CIE)第二任图书馆担当官保罗·J. 伯内特(Paul J. Burnette)亦主张将公共图书馆重建于日本的民主制度之上,这一点将在后续章节中探

---

① 吕正理. 从困境中奋起——另眼看 1945 年后的东亚史[M]. 新竹:"清华大学"出版社,2016:23.
② 戈登. 200 年日本史:德川以来的近代化进程[M]. 增订版. 香港:中文大学出版社,2014:298.
③ 吕正理. 从困境中奋起——另眼看 1945 年后的东亚史[M]. 新竹:"清华大学"出版社,2016:23 - 24.

讨。在这里也可以看出,GHQ 对于改造日本的政策具有高度的一致性,辐射到公共图书馆事业的重建政策也是如此。另一方面,公共图书馆作为社会机构,依存于社会母体之中,必然受到日本社会发展大趋势的影响,呈现出趋同的发展路径。

在 GHQ 的民主化改造中,日本的社会受到了深刻的影响,最为直接的效应就是促进了处于中间阶层的小资产阶级,主要是市民社会的兴起①。这一动因的出现激发了战后日本的社会形态的改变,这就意味着在现代历史中,日本的近代化终于得以实现。在战后日本的知识分子中,"补课"论形成了强大的批判力量。"补课"论认为,"近代主义这一称呼来源于一群学者,他们认为日本之所以在法西斯的统治下走上了侵略战争的道路,是因为日本并不存在真正西方意义上的近代;所以封建势力残存的、落后的日本首先必须确立存在于 18、19 世纪西欧的近代社会",在日本战后的"近代主义"的观念之下,国家与社会及社会主体的关系得到了重新的探讨②。

在美方兴起的近代补课思潮之下,以丸山真男为代表的群体在这样的时代契机中逐渐加深了对市民社会的认识,并开始积极使用"市民社会"这一概念。在日本,"市民社会"已经不是黑格尔原先所构想的概念作为经济社会的市民社会,它经由福泽谕吉的市民社会构想加工后,在丸山时代已经被理解为一种动态的社会,通过自立于国家的各种中间团体对国家进行制衡。在日本战败后不久,丸山即强调了日本所肩负的双重课题。丸山指出:"现代日本的历史处境是,一方面作为必需的课题是克服残存于社会各个方面的封建制度,另一方面已经不能再继续追求单纯的或纯粹的近代化。相反,对于近代的扬弃,对于市民社会的扬弃已经登上了日程。作为扬弃市民社会的历史主体的力量已经光明正大地走上了前台。"也就是说,在彻底完成近代日本所遗留的近代化这一未竟事业的同时,作为一种现代化的课题,日本必须进行"市民社会的扬弃"③。

与幕府末期到二战期间所不同的是,战后日本已经具备了建立市民社会的阶

---

① 李完稷.试析战后日本社会的阶级结构——兼评社会"中产阶级化"论[J].现代日本经济,1986(6):30.

② 李永晶.战后日本市民社会论的展开——以其对中国社会的参考意义为中心[J].太平洋学报,2009(7):25.

③ 李永晶.战后日本市民社会论的展开——以其对中国社会的参考意义为中心[J].太平洋学报,2009(7):25 - 26.

级基础。时至二战结束的现代历史阶段,日本终于具备了实现近代化的机会。日本学者渡边雅男认为,"所谓近代化的时代,不论在任何一个国家和地域,都是孕育社会自立的独立社会意识的时代,这一点在日本也是一样的",而近代化改变的是国家与国民之间的连接关系,因为"市民社会是一个历史性的存在,它是处于私人家族与国民国家之间的独立中间项",而近代化的共性就是孕育了独立社会意识,正因为如此,"虽然战前率先接受了市民社会的概念、但是只有日本社会通过对市民社会概念的接纳,充分理解了其内在含义后,方才得以在战后蓬勃发展"①。

虽然 GHQ 的政策对日本市民社会的发展起到了强大的推动作用,但是社会演进的决定因素并不在社会之外。首先,GHQ 的政策的驱动力是有限的,其所主张的民主与自由得以实现的决定因素并不是强势的。其次,一般老百姓也同样拥有相当程度自由,视需要才配合美国的政策,在这种情况下,占领当局虽然不遗余力地推动改革,其成功与否,也只能成为众多因素之一而已,更重要的因素是历史②。

应该说,在战后初期,在 GHQ 的民主化政策的辅助之下,日本终于在近代化的进程中建立起市民社会,这一要素对于公共图书馆事业的发展、公共图书馆思想的演进都是至关重要的。市民社会所构建的私人与国家间的"中间项"的发展终于为公共图书馆事业填充了肥沃的土壤,打破了日本近代根深蒂固的、自上而下的"公共","市民之公共"终于得以立足。

5.1.3 GHQ 的外力影响

GHQ 的民主政策除了为日本社会的近代化与市民社会的建立提供了契机,也推动了日本社会思潮的变迁。在资本主义并不发达、资产阶级的力量尚不成熟的战后日本,人们并不会如 GHQ 所希望的那样,顺利接受美国的价值观,进而接受美国的民主与自由。战后日本在"民主化"热潮下,其支持者用极端广义解释以说明各种政策的民主及平等含义,民主已不只是选举及土地改革,它等同人类灵魂的再造,这种诠释有其积极的意义,但也形成一种威胁力③。美国人带来的思潮刺激,

① 渡辺雅男.日本における市民社会論の系譜[J].一橋社会科学,2009(3):49-50.
② 戈登.200 年日本史:德川以来的近代化进程[M].增订版.香港:中文大学出版社,2014:304.
③ 戈登.200 年日本史:德川以来的近代化进程[M].增订版.香港:中文大学出版社,2014:302.

使日本民众一度陷入迷茫之中,他们希望从各种可能的来源中获得对"民主"的理解。

> 思想界热切参与,他们在摸索,在深入讨论,究竟在一个真正民主人身上,自主主体性是如何孕育出来的? 很多人转向马克思主义寻找答案,亦希望日本共产党站出来领导,因此左翼政治团体及政治思想获得史无前例的支持度,成群成群的人在旧书店里流窜翻找,他们如饥似渴地寻求思想源泉,另一些人则在大书店外彻夜守候,目的是购买最新出版的政治哲学巨著,改造、重建、转化等讨论课题回响震荡于整个日本上下。①

在日本国内思潮的震荡中,日本社会党在 1947 年到 1948 年曾经与民主党联合组阁,获得短暂执政的机会②。这一左翼政党执政的现象并不能解读为政治实力的变化。在 GHQ 宣扬的美国式民主与自由的冲击之下,日本社会的波动更多地说明了其社会发展的不成熟,换言之,战后的日本虽然获得了近代化与建立市民社会的机会,在历史发展的阶段上取得了实质性的进展,但是历史的发展是一个过程,日本无法在一夜之间发展到类比美国的成熟程度。GHQ 带来的民主助推力对日本社会形成了外在的压力,但是日本社会内部依然需要寻找自己所认可并能够适应的近代化之路。马克思主义就被视为一种可能性,李永晶提出,丸山真男提出的"市民社会的扬弃"一词源自马克思主义,因此可以认为在某种程度上,丸山在 1948 年依然期待着马克思主义在日本的可能性③。日本之所以面对民主思潮的冲击呈现出整个社会的混乱局面,正是因为战后日本社会尚未做好充分准备。第二任 CIE 图书馆担当官保罗·J. 伯内特提出的公共图书馆的主要作用在于在民主社会中培养和发挥"市民性",这一点对日本社会的发展至关重要④。公共图书馆发挥其最为本质的社会功能的历史契机已经成熟。

---

① 戈登.200 年日本史:德川以来的近代化进程[M].增订版.香港:中文大学出版社,2014:302.
② 戈登.200 年日本史:德川以来的近代化进程[M].增订版.香港:中文大学出版社,2014:308.
③ 李永晶.战后日本市民社会论的展开——以其对中国社会的参考意义为中心[J].太平洋学报,2009(7):26.
④ JPバーネット.民主的図書館へ発展の指標[M]//裏田武夫,小川剛.図書館法成立史資料.東京:日本図書館協会,1968:302.

5.2 图书馆事业的新开端

第二次世界大战对日本国内造成了巨大的破坏,社会制度与各项设施都需要尽快进行战后修复与重建。来自美国的盟军司令部全方位介入到日本的重建事业中,使重建工作在各方面都充满了美国的色彩,公共图书馆事业也不能例外。日本的公共图书馆事业重建工作在盟军司令部的图书馆首任担当官菲利普·O. 基尼(Philip O. Keeney)的主持下开展起来,因此依据美国模式改造日本的公共图书馆事业的方方面面也成为顺理成章的事情。

在第二次世界大战结束前,日本已经建立起以通俗图书馆功能为核心的本土化公共图书馆思想体系,虽然战争摧毁了馆舍和藏书,但思想的存续并不会被彻底毁灭,遗留自上一阶段的思想痕迹必然对新思想的产生与发展形成制约。同时,战后日本的政治、经济和文化教育的发展情况也会制约战后公共图书馆思想的发展。

在本土化思想形成阶段,日本的公共图书馆思想中出现了系统化、分工化的公共图书馆功能体系,将公共图书馆依功能分为参考图书馆与通俗图书馆。以片山潜的公共图书馆观为源头,田中稻城认为参考图书馆的功能应由国立图书馆承担,并在其履职于日本帝国图书馆期间为日本参考图书馆的发展做出了重要的贡献;佐野友三郎看重通俗图书馆服务于一般民众的基本功能,在小松原训令中也专门强调了将通俗图书馆作为公共图书馆事业核心的建设方案。

战后,日本的国立国会图书馆伴随着日本国会的建立过程而诞生。昭和二十二年(1947),国会图书馆面向一般民众开放。在国会法的议定过程中,羽仁五郎作为参议院图书馆运营委员长,提出了效仿美国国会图书馆建立日本的国会图书馆的建议,同年7月,日本两院议长向 GHQ 正是提出申请,希望得到美国图书馆专家的指导。昭和二十二年(1947)12 月 14 日,美国国会图书馆(Library of Congress,以下简称 LC)副馆长克拉普(Verner W. Clapp)与美国图书馆协会(American Library Association,以下简称 ALA)主席布朗(Charles H. Brown)作为美国图书馆使节赴日,与众议院图书馆运营委员会委员长中村嘉寿、参议院的羽仁五郎进行了多次会谈后,依据美国国会图书馆的范本,对日本国会图书馆的功能、组织、资料、预算到与文部省所管辖的国立图书馆的关系等方面进行了细致的分析。根据使节团意见修订后的新国立国会图书馆法于昭和二十三年(1948)2月6日在日本两院通过。随即,参众两院任命金森德次郎为馆长,中井正一为副馆长,这标志着日本国立国会图书馆时代的开启。国立图书馆馆长冈田温因不满美国图书馆使节的建议,在国立国会图书馆建立后,不理会金森馆长的挽留,申请调任整理局,于是文部省图书馆担当官加藤宗厚成为最后一任国立图书馆馆长,该馆于昭和二十四年(1949)迁至国立国会图书馆的分部上野图书馆①。

除了国立图书馆之外,还有日本语境下一般所称的"公共图书馆"的发展情况。在日本战后混乱的局面中,盟军司令部任命的首任图书馆担当官基尼对日本公共图书馆在战争中的受损情况进行了调查。基尼以美国人的视角考察日本公共图书馆的实际情况,除了考察日本公共图书馆事业的战后情况之外,其本质目的是衡量日本公共图书馆与美国的差距与差异,进而以美国的方式方法对日本的公共图书馆进行战后重建,并以美国公共图书馆为依据,对日本的公共图书馆事业进行修正。

基尼在一系列文书中,对第二次世界大战后的日本公共图书馆的情况进行了详细的描述。这些内容大致可以分为三个方面:现状、问题和策略,其中,策略就是《基尼计划》,后文对此将详细研讨。虽然基尼的视角必然带有美国的色彩,但其中不乏客观的描述,基尼的考察结果详细描述了日本公共图书馆的战后实景,这是公共图书馆事业战后重建的基础和依据。而基尼提出的重建思路,基本确定了盟军司令部重建日本公共图书馆事业的方向。

5.2.1　战后图书馆事业的实景

基尼的信息来源有两个,一个是从其到任至1946年9月前通过会议和面谈的方式获取的信息,另一个是从1946年9月起到1947年4月离任前对日本各地公

---

① 石山洋.源流から辿る近代図書館[M].東京:日外アソシエーツ,2015:123-126.

共图书馆的调查。基尼提出的日本公共图书馆重建计划——《基尼计划》完成于 1946 年 4 月,早于任何一个获取信息的机会,由此可以肯定两点:第一,《基尼计划》并不是在对日本公共图书馆事业进行深入考察后提出的,因此其中一定存在一些不符合实际情况的观点,且一旦推行会遇到障碍;第二,基尼 1946 年 9 月起的公共图书调查晚于《基尼计划》的完成,因此,基尼进行公共图书馆调查的目的并不在于通过了解实际情况而制订计划,而是在计划完成后,走访各地进行推广。

里田武夫和小川刚汇编的《图书馆法成立史资料》中收录了战后初期基尼撰写的多份文件,其中体现了基尼调查日本公共图书馆的形成信息:

1946 年 9 月 18 日—9 月 30 日	北海道西部和北部
1946 年 10 月 15 日	四国
1946 年 10 月 21 日	岛根县
1946 年 11 月 20 日	爱媛县
1946 年 12 月 13 日	奈良县
1947 年 1 月 17 日	神户市兵库县
1947 年 1 月 27 日	大分县[①]

基尼还在一份备忘录中记录了此后的行程:

于 1947 年 3 月 26—27 日,福冈;1947 年 3 月 28 日,长崎;1947 年 3 月 29 日,佐贺;1947 年 3 月 30 日,熊本;1947 年 3 月 31 日,鹿儿岛;1947 年 4 月 1 日,宫崎;1947 年 4 月 2 日,大分;图书馆管理员和县级教育官员共同在以上这些地方举行了会议。[②]

后一部分行程的目的主要是为"九州图书馆会议"做准备,因此备忘录中并没有记录与当地图书馆有关的内容。在调查行程的前一阶段,从 1946 年 9 月到 1947 年 1 月,基尼对日本诸多地区的公共图书馆进行了考察。主要对战争

① 裏田武夫,小川剛.図書館法成立史資料[M].東京:日本図書館協会,1968:441 – 457.
② 裏田武夫,小川剛.図書館法成立史資料[M].東京:日本図書館協会,1968:455.

的破坏与战后修复、图书馆基本业务的展开、经费来源等基本问题进行了考察。

首先,基尼记录了第二次世界大战对日本各地公共图书馆的破坏与战后重建情况:

> 宫城县图书馆大部分资源被破坏。(中略)现在正在起草一个新的建筑计划,预期新图书馆将于 1947 年建成。青森县立图书馆一半以上的藏书被毁。图书馆员已收到县里给予的 65000 日元补助金,并用这笔钱建立了一个临时建筑,预计在未来几年都要使用此图书馆。该州另外给予图书馆长 75000 日元,用来购买新图书馆的书籍和家具。①

> 香川县、德岛县和高知县图书馆近百分之八十的资源都被烧毁。爱媛县的情况不同于其他地方,图书馆是十一年前由一个富有的铁路工人建设的,然后直接送给了当地。此图书馆是本人在日本见到过最好的图书馆中的一个。②

> 冈山县立图书馆的一片废墟,并且得知仅有几千本书保留了下来③。

> 在松江市将建一个新的市图书馆。该建筑大体构造已完工,但内部还没有完工。这栋楼相当大,里面有 8 个房间。④

> 在 1935 年,爱媛县图书馆建筑由一个当地富有的铁道员赠予当地辖县。这是一栋三层防火建筑,它是经历了 1945 年初的火灾爆炸后没有被毁坏或烧毁罕见的几栋建筑之一。在 1945 年 10 月 13 日,这栋建筑由第 24 师军队到达四国岛后所接管,并将其作为师部。⑤

---

① 裏田武夫,小川剛.図书馆法成立史资料[M].东京:日本図书馆協会,1968:442.

② KEENEY P O. Memorandum to:Mr. Orr Subject:Shikoku Library Conference[M]//裏田武夫,小川剛.図书馆法成立史资料.东京:日本図书馆協会,1968:445.

③ KEENEY P O. Memorandum to:Mr. Orr Subject:Shikoku Library Conference[M]//裏田武夫,小川剛.図书馆法成立史资料.东京:日本図书馆協会,1968:448.

④ HEWLETT. Field Report Liaison and Investigation Branch Shimane Prefecture[M]//裏田武夫,小川剛.図书馆法成立史资料.东京:日本図书馆協会,1968:449.

⑤ KEENEY. Extract from Field Liaison Report Ehime Prefecture[M]//裏田武夫,小川剛.図书馆法成立史资料.东京:日本図书馆協会,1968:449－450.

　　奈良市的公共图书馆已经荒废了很长一段时间。大楼的墙需要粉刷,许多窗户都被打破了而且地板又脏又乱。整栋大楼至少需要花费20000日元来进行整理和修复。①

　　大分县图书馆位于大分市,这个图书馆在战争期间被摧毁了。这个图书馆现在位于距离市中心很远的一所小学的一个小房间里。馆长是H.山室先生,他现在正努力为他的图书馆找到一个更好的场所。这个图书馆现在包含9200本书。有17000本书在战争期间被烧毁。②

除各地的调查统计数字之外,基尼在《日本公共图书馆体系的重建》一文中对战后日本公共图书馆的损坏情况进行了最终的汇总,这份报告完成于其卸任后的1948年。在其中他提到:

　　据日本图书馆管理员以及日本教育大臣所称,图书的现状是令人沮丧的。自从1890年公共图书馆运动开始,县图书馆起到了支柱作用。虽然他们没有充裕的图书,但是通过直接借阅或者将图书运输到乡下等方式满足了地方民众的阅读需求。在41个县图书馆中,9个已经被燃烧弹完全或绝大部分破坏,另外有7个破坏程度超过了50%。③

　　虽然不能准确获得馆藏图书减少的数目,但是日本教育大臣表示大约一半的日本图书资源被破坏,主要原因是火烧以及搬运保存过程中的丢失。据日本外交大臣称,在1933年,战前可获得的公共图书馆图书数目是7000000本,大约是每十个人一本书,而当时美国人均图书占有量

---

　　①　KEENEY. Extract from Field Liaison Report Nara Prefecture[M]//裏田武夫,小川剛.图书馆法成立史资料.东京:日本图书館協会,1968:451-452.

　　②　KEENEY. Extract from Field Liaison Report of Oita Prefecture[M]//裏田武夫,小川剛.图书馆法成立史资料.东京:日本图书館協会,1968:453.

　　③　KEENEY. Reorganization of the Japanese Public Library System[M]//裏田武夫,小川剛.图书馆法成立史资料.东京:日本図書館協会,1968:420.

是 1.3 本。①

面对满目疮痍的日本公共图书馆事业,所到之处馆舍与馆藏均遭到破坏,图书的破坏甚至高达 50% 。基尼随之发现,对公共图书馆的破坏不仅来自战争,也来自美国的对日占领。他发现,"县政府迫于战后用房的重建压力,将图书馆建筑的一部分作为办公室,这导致馆藏书籍的封存和图书馆提供服务的减少",数量有限的可用建筑要么被征用为办公室,要么被作为兵营使用②。

基尼还了解了日本公共图书馆的经费来源问题,据他所见,"日本用于支持公共图书馆的税费的来源和美国是相同的",具体来说,就是"国家政府为帝国图书馆拨款、县政府为县图书馆拨款、乡镇政府为乡镇图书馆拨款,教育部会偶尔为县图书馆拨款"③。

总体来说,在基尼看来,战前日本的公共图书馆事业的发展与美国相比存在着很大的差距,而战争使原本并不发达的事业遭受了战争的沉重打击,使差距进一步拉大。这一被战争破坏的损失惨重的事业实景,便是日本公共图书馆事业的战后开端。

5.2.2　事业重建的主要任务

在基尼看来,第二次世界大战后日本的公共图书馆事业存在的问题大致包括几个方面。他在 1946 年的《日本统一的图书馆服务》与 1948 年的《日本公共图书馆体系的重建》中对这一问题进行了比较系统的总结。两份文件完成于不同的时间点,《日本统一的图书馆服务》完成于 1946 年 4 月 8 日,这是在基尼调查日本各地的公共图书馆之前成文的,其中还附带有系统阐述重建日本公共图书馆事业的计划《基尼计划》;而《日本公共图书馆体系的重建》则成文于基尼卸任后。

---

① KEENEY. Reorganization of the Japanese Public Library System[M]//裏田武夫,小川剛. 図書館法成立史資料. 東京:日本図書館協会,1968:421.

② KEENEY. Reorganization of the Japanese Public Library System[M]//裏田武夫,小川剛. 図書館法成立史資料. 東京:日本図書館協会,1968:420.

③ KEENEY. Reorganization of the Japanese Public Library System[M]//裏田武夫,小川剛. 図書館法成立史資料. 東京:日本図書館協会,1968:425.

从具体内容来看,在《日本统一的图书馆服务》中,基尼对日本公共图书馆事业的主要问题的理解比较笼统,主要集中在该文的前言"给法尔中校的备忘录"部分。在这里,他提到"由于日本图书的大量损失,把很多图书馆立即修好是不可能的。但是,如果进行这一探索,我们可以更好地开始修建工作"①。基尼认为,对日本公共图书馆的重建工作中,最重要、最有意义的一项就是建立免费图书馆,"支持免费图书馆的项目在日本从未有过,即使有过也没有依照美国的标准。这一运动起着至关重要的作用",因为"免费公共图书馆运动有利于民主的推进"②。基尼认为,日本公共图书馆事业的主要问题在于战争造成的图书大量损失与缺少免费图书馆而造成的对民主推进作用的不足③。针对一系列问题的解决,基尼提出了《基尼计划》。基尼在行文中提到《基尼计划》的信息来源,"卡诺夫斯基先生在东京行使教育使命时期,与几名日本图书馆管理员进行了一些非正式谈话,这些谈话催生了关于日本统一图书馆服务的研究"④,这是基尼在 1946 年制定重建日本公共图书馆事业的《基尼计划》的依据。

基尼总结了日本公共图书馆事业的重建任务,主要包括馆藏建设、免费开放、经费来源、儿童服务、专业教育与行业协会的建立等几个方面。他在《日本公共图书馆体系的重建》中提到,馆藏在战争中被破坏问题,在走访日本各地的图书馆后,他发现日本的公共图书馆事业中还存在着行业的专业化程度不够、缺少经费和统一的业务标准等问题⑤。1948 年,基尼总结日本公共图书馆事业在战后面临的问题包括以下几个方面,除了战争对馆藏的破坏之外,理念的谬误与专业性的缺失也是非常严重的问题:

> 首先,正如日本的教育体系,日本图书馆服务的宗旨不是引导读者思考和提问,而是使他们顺从政府。其次,由于缺少专业的训练,日本的图书管理员不知道一个全面的馆藏必须对工具书、小说、非小说类作品、儿童书、期刊以及学习资料进行适当的平衡。几乎没有图书馆设置儿童书

①②③④KEENEY. Unified library service for Japan[M]//裏田武夫,小川剛. 図書館法成立史資料. 東京:日本図書館協会,1968:434.

⑤ KEENEY. Reorganization of the Japanese Public Library System[M]//裏田武夫,小川剛. 図書館法成立史資料. 東京:日本図書館協会,1968:427.

籍房间,也没有图书馆注重对儿童书籍的收藏。①

在馆藏建设方面,基尼认为,政府的馆藏审查制度是造成日本公共图书馆馆藏质量不高的原因。他指出,"在战争动员期间,书籍的审查变得异常严格,而且这种审查随着战争的进行不断加剧",馆藏审查必然造成馆藏覆盖面不足的情况,比如在日本,一方面,"日本民众多年来一直刻意回避批评现状的书籍",另一方面,可以回避国外出版物,"从1940年起,日本图书馆不再接收欧洲国家的书籍和期刊,然而这些书籍一般都是科技领域的"②。

基尼认为,日本公共图书馆正常发挥其功能的障碍主要在两个方面,其一是收费制度,其二是成年人的阅读能力。他指出,日本公共图书馆的收费包括两部分:进门费与外借费;另一个问题是日本的成年人受教育程度不足,"很多日本成年人没有充分的理解能力,从而使他们不能通过阅读成为一个优雅的人,他们也不能从阅读中获得提升自己的方法"③。从前面几章的论述中可以看到,日本学者、行业先驱对欧美图书馆的外借服务、管理办法历来非常重视,甚至不惜笔墨详尽记录读者管理、图书借阅的各项细节;在《小松原训令》中,也将外借服务作为图书馆的重要业务的一项。但是在基尼看来,收费制度的存在使馆内的服务成效大打折扣。同时,日本近代教育的发展也存在问题,公共图书馆需要在学校教育的后端发挥社会教育的作用,但是日本的学校教育不足以培养出具有阅读能力的成年人,这也是日本公共图书馆发展的障碍。

基尼认为另一个比较严重的问题就是公共图书馆的经费来源,日本民众用于图书和期刊的费用占到总收入的31%,这个数字远远高于美国的18%④。然而,这并不是一个合理的状态,基尼指出,日本"在1946年,所有公共图书馆的总开支为3700000日元,约等于人均5日元。相比较,在1938—1939年,美国的人均图书馆

① KEENEY. Reorganization of the Japanese Public Library System[M]//裏田武夫,小川剛.図書館法成立史資料.東京:日本図書館協会,1968:421.
②③KEENEY. Reorganization of the Japanese Public Library System[M]//裏田武夫,小川剛.図書館法成立史資料.東京:日本図書館協会,1968:422.
④ KEENEY. Reorganization of the Japanese Public Library System[M]//裏田武夫,小川剛.図書館法成立史資料.東京:日本図書館協会,1968:425.

预算是 62 美金,而且美国以前制定的目标是用于图书馆的支出每年每人增长 1 美元,这一目标现在增长到了 1.5 美元"①,可见日本政府以税收支持公共图书馆事业的投入力度是远弱于美国的。基尼认为,问题的根源依然在日本的政治、社会发展上,"在日本这样一个缺少民主、崇尚武力的国家中,通常不在乎民众的文化需求",另外,战争对日本国内造成的压力也长期存在,"在战争期间,60%—65% 的全国开支用于战争。现在战败后,相同的数字用于战败赔偿"②。日本公共图书馆事业因此深陷经费不足的困境。

另外,日本的公共图书馆事业中缺少专业的从业者、行业凝聚力不足也是不容忽视的问题。基尼指出,近代日本的图书馆专业教育虽然建立起来,但收效甚微,并且从业人员往往没有接受过专业教育③,因此造成工作人员缺乏专业素养与敬业精神。不仅一般工作人员缺少专业教育,馆长的缺失会造成更大的影响,也是更加严重的问题。基尼发现,"在地方,图书馆长一般由当地退休官员和高中退休校长来担任。受委任者不需要专业的资格,同时,教育部文化部门也没有恰当的方式判断他们是否符合职业要求"④。但是没有履职能力的人在馆长一职中却仍然需要承担起基本的工作,在权力高度集中的近代日本,"对公共图书馆的监管权力集中于教育部的文化部门,权力进而分配给了地方图书馆的掌权者(受内政部管辖)、城市乡镇所在地市政府社会教育部门或其长官。这样的权力分配使大家都缺少责任感,图书馆长因此成为一个肥缺"⑤,加之日本在近代中后期将公共图书馆作为思想善导的核心,对选书和管理制度强行干涉,造成了"馆长"一职的履职失能。在图书馆行业的自我组织与管理方面,虽然日本建立起自己的图书馆协会,但是这个协会"被一个小型的、由负责人自行选举出主席的团体控制着,并且主席为终身制。由于这个团体只有 2000 人,且缺少赞助,所以只能靠教育部的补贴来维持"⑥,行业协会被教育部管辖,行业本身自然失去了自我管理的空间与权力。第

①② KEENEY. Reorganization of the Japanese Public Library System[M]//裏田武夫,小川剛. 図書館法成立史資料. 東京:日本図書館協会,1968:425.

③④⑤ KEENEY. Reorganization of the Japanese Public Library System[M]//裏田武夫,小川剛. 図書館法成立史資料. 東京:日本図書館協会,1968:423.

⑥　KEENEY. Reorganization of the Japanese Public Library System[M]//裏田武夫,小川剛. 図書館法成立史資料. 東京:日本図書館協会,1968:424.

二次世界大战期间,"教育部接手了这个协会,直接指派自己的官员来管理。这些官员的主要任务是防止日本图书馆发行任何关于抵制战事的流言",这就造成了图书馆行业真正的从业者在行业协会中的缺失,一方面"在人数上占绝对多数的排架人员很少有机会参加行业协会的年会"①,另一方面,因为行业协会的组织不畅,"从而导致了不同类型机构的图书馆馆长之间没有交流的机会,没有提高专业水平的动力,也没有能使图书馆长因不满足现状而改变和进步的契机"②。日本的图书馆协会因此无法进行行业管理与协调。

这一系列的因素造成日本公共图书馆行业的专业水平一蹶不振。由于上述方方面面的因素,以及因为缺乏全面调查而无法触及的其他方面的原因,在第二次世界大战后,日本的公共图书馆事业面临着严峻的重建问题。

总体来说,在1948年,基尼总结了在日本工作的经验,提出了日本公共图书馆事业存在的问题主要体现在馆藏的不足与不适应于读者的需求、图书馆的收费制度限制了读者的借阅、缺少财政支持以及行业普遍的专业素养低下并缺乏有力的行业组织机构等方面。这一总结与基尼前期通过与日本的图书馆员的访谈而总结的结论相比更为深入。在馆藏方面,他不再将原因简单归结为战争造成的破坏,而是从读者的阅读需求出发,展望未来的发展方向和需要实现的目标,以建设性的方式解决面前面临的问题。在经费方面,基尼提出了以财政扶持作为来源的基本主张,并且从民众的阅读成本来考虑图书馆的经费问题。图书馆行业的人员素质问题则需要行业协会、专业角度等多方面的协作。可以说,基尼通过调查,对日本公共图书馆事业在战后的基本状态和需要解决的问题已经有了比较深刻的认识。虽然他的信息来源不够全面,调查时间不够充分,又存在着语言方面的障碍,但是,基尼进行了充分的对照,即以美国的公共图书馆事业为范本,清晰而全面地比较出日本公共图书馆事业的现状与美国范本之间的差异。这一对照的可贵之处在于,日本在近代的各个阶段大都通过学习欧美经验逐步建立与发展自己的公共图书馆事业,经过数十年的发展,与本源之间产生了鲜明的差

---

①② KEENEY. Reorganization of the Japanese Public Library System[M]//裏田武夫,小川剛.図書館法成立史資料.東京:日本図書館協会,1968:424.

异,这个差异便是欧美之公共图书馆在日本近代的"旅行",完美体现出观念史发展的结果。

5.3　GHQ 对日本公共图书馆事业的重建主张

　　第二次世界大战后,日本战败,美国派驻日本的盟军司令部建立民间情报教育局,日本公共图书馆事业的重建就是 CIE 的主要任务之一。美国占领时期先后委任三任图书馆担当官赴日本主持公共图书馆事业重建工作,分别是菲利普·O. 基尼、保罗·J. 伯内特以及简·费尔韦瑟(Jane Fairweather)。三个人在自己的任期中工作重点各有侧重,其中最著名、影响最大的就是基尼。在这一阶段,美国的公共图书馆思想以三人图书馆担当官为媒介,在他们的保驾护航之下,美国范式的公共图书馆事业要素源源不断地汇入日本,美国范式在这一阶段终于成为日本公共图书馆事业发展最为直接的范式与目标。日本的公共图书馆思想在经历了传入期的照搬与效仿、本土化思想的形成后,在日本战败后的这段时期,又一次经历了美国思想的强行洗礼。

　　日本的公共图书馆事业经历了近代的发展,已经形成了本土化思想体系。因此,美国派出的担当官虽然能直接干涉日本公共图书馆事业,但是他们干预力量是有限的。日本图书馆界不会毫无保留地全盘接受美国担当官提出的建议,因此美方坚持的重建工作必须在与日方的不断沟通与斡旋之中推进,这是一个美日双方思想交汇与碰撞的过程。因美方坚持推进日本公共图书馆立法,这一阶段各项草案层出不穷,美日双方的思想交战集中体现在了各项草案的争执中。1950 年日本《图书馆法》的颁布便是这一阶段美日相争的结果。

5.3.1　民间情报教育局(CIE)的重建方案

　　美国派驻日本的盟军司令部建立的民间情报教育局(CIE)的主要任务是履行波茨坦公告的基本方针,以普及民主主义思想与抵制军国主义为基础,与日本的诸教育机构携手制定实施最高司令官麦克阿瑟的教育方针的计划,并收集信息①。为实现这一目标,CIE 与日本文部省合作,成立专门的教育使节团,对日本的科研、社会教育机构进行调查。根据《纽约时报》的报道,使节团的使命为:"调查日本的图书馆、科学研究所、博物馆的使用情况、研究人员的自主性,并调查高等教育的情况"②。

使节团在 1946 年 4 月 7 日发表报告书,在第五章"成人教育"与第六章"高等教育"中都提到了图书馆的相关问题。

在第五章中,专门针对公共图书馆提出了重建建议。首先,从公共图书馆的属性与功能来看,报告书中从思想普及与平等自由的层面上说明了公共图书馆应具备的基本要件:

> 依靠税收支持的公共图书馆也是助力于思想普及的社会机构。公共图书馆不论读者阶级、财产,或者政治信仰,一概平等对待。也就是说,只要是想利用图书馆的人都可以自由地使用。并且,图书馆阅览室中的书籍应该涵盖所有的主题。对于希望充分有效地利用自己的闲暇时间的人而言,图书馆应该是随时开放的提供文化给养的源泉。③

这是报告书的开篇所表达的基本观点,也是欧美的公共图书馆思想的基本内容,即公费、公开,同时强调了读者自由与图书馆建立馆藏的自由。

其次,报告书中对日本战后的公共图书馆的基本情况进行了总结。使节团认为,日本的公共图书馆事业的基础已经具备,图书馆制度是公共性的④。换言之,虽然国内外诸多学者的研究中都以收费作为否定公共图书馆存在于日本近代的论据,但是美国专家认为,日本公共图书馆虽然未能免费开放,但是其"公共性"是不容否定的。在这里,"公共性"的含义应该是公费与公开的意味,并没有加

---

① 三浦太郎.図書館法制定過程におけるCIE図書館担当官の関与について[J].図書館文化史研究,2000(9):2.

② 三浦太郎.図書館法制定過程におけるCIE図書館担当官の関与について[J].図書館文化史研究,2000(9):2−3.

③④ 米国教育使節団報告書(抄)[M]//裏田武夫,小川剛.図書館法成立史資料.東京:日本図書館協会,1968:107.

入免费的内涵。在制度层面上对日本的公共图书馆事业提出了意见,即"日本并没有建立免费制度,图书馆普遍征收入馆费和图书外借费"①。应该说,报告书的立场是比较中肯的,日本经历了第二次世界大战,公共图书馆事业在战争中受到破坏是在所难免的,但是日本的公共图书馆事业中原本存在的问题也是不容忽视的。

最后,使节团提出了日本的公共图书馆复兴计划,包括中央图书馆制度、全国性的图书馆组织、成人教育以及儿童阅读4个方面。使节团认为,"中央图书馆应收藏能够展现东西方文化全景的书籍和定期出版物,必须鼓励市民可以不受任何限制地自由使用图书馆。图书的借阅和外借都不能收取任何费用,应由公费来支付费用"②。日本公共图书馆的发展迫切需要建立行业组织,使节团提出了由文部省设专人统筹全国公共图书馆工作的建议,"文部省设立一名公共图书馆事业的管理者,他的职务是通过图书目录和书籍解题的刊行,以及对图书馆经营方面的咨询来促进全国图书馆活动的展开。他负责对政府提供的资金进行分配,并负责确定图书馆的标准",各地方的管理权归各地方政府,"各城市以及都道府县由都道府县或者地方政府任命馆长"③。

报告书强调公共图书馆在成人教育与儿童阅读方面的功能。报告书认为,在成人教育方面,"从现状来看,成人中的大多数教育程度未超过初级水平",因此,公共图书馆需要调整服务方式,一方面"应该通过新的图书馆组织普及教育",另一方面"通过国语改革使更多的成年人成为阅读阶级,以便提高成年人的阅读欲望"④。在儿童阅读方面,报告书认为日本文学的一大缺陷就是缺少儿童文学,因此新的图书馆应该增加这方面的馆藏⑤。

在第六章中,报告书对"大学附属图书馆"提出了改进意见,建议大学图书馆通过联合目录的方式建立起全国性的互借制度,并尽早恢复战前就已经开展的国

---

①②④ 米国教育使節団報告書(抄)[M]//裏田武夫,小川剛.図書館法成立史資料. 東京:日本図書館協会,1968:107.

③ 米国教育使節団報告書(抄)[M]//裏田武夫,小川剛.図書館法成立史資料. 東京:日本図書館協会,1968:107-108.

⑤ 米国教育使節団報告書(抄)[M]//裏田武夫,小川剛.図書館法成立史資料. 東京:日本図書館協会,1968:108.

际书刊交换制度①。

总体来说,报告书中对于日本公共图书馆事业的发展情况进行了调查,基本肯定了其公共图书馆制度的基础,并认可了日本公共图书馆的"公共性"。针对日本公共图书馆事业存在的问题,报告书提出了一系列重建意见,包括以文部省牵头建立起全国性的图书馆组织,以各大都市建立中央图书馆与各地的分馆相配合的方式普及公共图书馆服务,并通过联合目录的方式加强国内合作、恢复国际书刊交换等。使节团报告强调公共图书馆的公费、公开与免费服务的原则与社会教育的功能。

5.3.2 基尼观点与《基尼计划》(1946年9月—1947年4月)

基尼是 CIE 首任图书馆担当官,他根据 GHQ 的重建方案制订了日本公共图书馆事业重建方案——《基尼计划》。《基尼计划》主要以 GHQ 的日本战后重建方针为依据,基尼遵循了麦克阿瑟的要求,坚持以"公共图书馆能够重新教育日本公民,使其在民主进程中正确行使自身权利和义务的功能"为重建目标②。基尼还引用了任务书中的内容作为《基尼计划》的说明:

> 麦克阿瑟将军在 1946 年 3 月要求一名美国本土的知名图书管理员来对日本实行援助。任务报告中写道:"在整个新项目中,图书馆和其他自学机构起到了很重要的作用。事实上,提供给公民代表不同观点和看法的书籍,是克服对教科书以及口述材料过分依赖的最好的方法之一。"③

GHQ 的基本观点是发挥公共图书馆的教育功能,为民众提供不受政府限制的图书,以便于其通过自我学习,在民主进程中正确行使自己的权利和义务。基尼的重建方案主要以麦克阿瑟委派的任务为依据,《基尼计划》的制订也早于基尼对日

---

① 米国教育使節団報告書(抄)[M]//裏田武夫,小川剛.図書館法成立史資料.東京:日本図書館協会,1968:108.

②③ KEENEY. Reorganization of the Japanese Public Library System[M]//裏田武夫,小川剛.図書館法成立史資料.東京:日本図書館協会,1968:420.

本公共图书馆进行调查之前。因此可以说,基尼的重建方案是对美方的日本战后重建思路的集中体现。

(1)基本思路

《基尼计划》的核心是效仿美国加利福尼亚州公共图书馆的模式重建日本的公共图书馆。他选择这一模式的原因在于该模式"以最少的代价为最多数的人提供最全面的服务"[①]。基尼认为,只有这样,才能以最符合美国范式的方式解决日本公共图书馆事业中的问题。

正如上文提到的《基尼计划》的制订先于基尼对日本公共图书馆事业的调查,虽然这份计划并未以日本公共图书馆事业的实际情况为依据。尽管如此,基尼并不认为将美国模式照搬入日本会存在不适用的可能性。

但直到1948年,基尼对该计划依然抱有乐观的信心,他认为,"由于美国对于整个日本只派出了一个图书管理顾问,并且最初的时候他对语言和现状都不熟悉,他只能依靠日本的图书管理员获取信息,并且以紧急会议的形式执行他所提出的改进"[②]。基尼承认在前期工作中缺少必要的沟通与对日本现况的了解,但是他并没有将这一点作为问题,他觉得"这不是一个缺点,因为任何一个改变,都是从需求中萌生想法,并得到民众的积极响应"[③]。基尼的想法与GHQ如出一辙,将推进日本的民主化作为第一要务,希望通过民主化的不断推进,促成日本公共图书馆事业的重建工作,使之更加接近于美国的范式:

> 最有效的民主进程(日本图书馆相关的),是用民主的方法实行所有需要进行的改变:首先,全面解释需要进行的改变,并且让图书馆长以及政府官员确信其缺点。其次,在全面的讨论之后,以自愿的方式执行议定的内容。这项工作需要盟军图书馆官员用大量会议来完成,无论是小团体会议还是区域或国家会议。同时,该官员需要通过实地考察检查图书

---

① 　KEENEY. Reorganization of the Japanese Public Library System[M]//裏田武夫,小川剛.図書館法成立史資料.東京:日本図書館協会,1968:428.

②③KEENEY. Reorganization of the Japanese Public Library System[M]//裏田武夫,小川剛.図書館法成立史資料.東京:日本図書館協会,1968:426.

馆设施情况,并与图书馆长、县市官员进行充分交流。①

基尼寄希望于通过布道的方式唤起日本公共图书馆界对于美国范式的认可,在提出《基尼计划》后,他开始对日本各地的公共图书馆进行调查,并多次召集馆长会议,目的都是希望通过游说和启迪的方式推广他的计划。

(2)《基尼计划》

《基尼计划》全称为《基尼计划:统一的日本图书馆服务》,该计划集中体现了基尼重建日本公共图书馆事业的观点。《基尼计划》分别从目的、统一服务、组织与政府、联合目录、计划的实施步骤5个方面提出了日本公共图书馆重建方案。在这个方案中,他认为日本的公共图书馆应具备成人教育与知识群体再学习的双重功能:

> 由于生计所迫,战后日本的发展需要充分利用公民生活和现有的资源,这就需要为民众提供成人教育。政府要为人民提供信息和指导,使他们获取相关知识去完成不同种类的工作。以前没有接受过教育的人会有机会弥补他们这一缺陷;以前接受过良好教育的人需要调配到其领域科学技术相关的岗位。②

基尼认为,以战后日本公共图书馆的现状而言,如要实现这样的功能,就需要建立起统一、合作的图书馆体系,因为"统一的图书馆体系能够为获得这些知识提供渠道,并将拥有相关技术的人融入一个小团体之中"③。这是基尼对日本公共图书馆事业的基本构思。

首先,在公共图书馆体系的组织方式上,基尼认为,为了实现公共图书馆的成人教育与知识群体再学习的功能,需要选择恰当的管理单元,"这种管理单元能够提供普通服务,并设有一个图书管理员"④。他考察了日本的行政区划,"在日本,

---

① KEENEY. Reorganization of the Japanese Public Library System[M]//裏田武夫,小川剛.図書館法成立史資料.東京:日本図書館協会,1968:426.

②③ KEENEY. Unified library service for Japan[M]//裏田武夫,小川剛.図書館法成立史資料.東京:日本図書館協会,1968:434.

④ KEENEY. Unified library service for Japan[M]//裏田武夫,小川剛.図書館法成立史資料.東京:日本図書館協会,1968:435.

县是一个管理单元,或者可以说几个县一起组成了一个行政区",因此,他认为"县是能够为县以下的社区大众提供服务的基本单元",以县为基本的管理单元进行统一管理是基尼的统一体系的基本构成单位①。在管理方式上,基尼提出,"这样一个统一图书馆服务体系的行政总部设立在县或者行政区的主要城市,由一名培训过的图书馆长负责"②,他将这样的馆长称为"总图书馆长",总图书馆长需要对全区域社区业务进行统筹管理,主要职责包括以下内容:

> 县或行政区的总图书馆长的职责是:拜访本地区的社区;雇佣本地托管人;根据社区需要为其提供相应的书籍或材料;订阅有用的杂志。如果书籍或其他阅读材料在社区内不再流通,将会部分或全部返还给县或行政区的图书馆服务行政总部,另有一部分书籍将会被送来。返还的书籍提供给其他社区。如果社区中民众所需要的书籍在社区中没有,那么当地托管人会从该地区行政总部内获取并配送。③

其次,基尼认为,在统一体系中,馆藏共享是实现系统协作的重要方式,他希望通过日本全境的书刊交换和互借的方式整体调配资源。基尼的目的是"通过集中管理实现不同地区书籍的交换,从而使在这一管辖范围内的公民共享这一地区的所有书籍"④,其宗旨是建立一个图书管理系统,这个系统需要具备以下5个特征:

> ①统一的;
> ②经济的,对所有地区实行相同标准;
> ③完善的;
> ④作为教育系统的一部分,起到协助教学的作用;
> ⑤可以被自学的成年人所获取。⑤

为了实现统一体的馆藏资源共享,基尼认为有必要建立联合目录。这个目

①②③ KEENEY. Unified library service for Japan[M]//裏田武夫,小川剛.图書館法成立史資料.東京:日本図書館協会,1968:435.

④⑤ KEENEY. Unified library service for Japan[M]//裏田武夫,小川剛.图書館法成立史資料.東京:日本図書館協会,1968:434.

录需要达到"满足特定的需求以及避免不必要的重复"的目的①。他借鉴美国的常规做法,对联合目录的制作方式进行了规定:

> 为了制定联合目录,在每个县或行政区购买书籍或阅读材料时,需要在入库的同时制作著者卡片;同时对于图书馆所拥有的其他类型的馆藏也要制作卡片,包括地图、地球仪、图片、标本、记录和电影。这些图书卡片以及相应的财产卡片组成了每个特定行政地区的联合目录。这一联合目录供图书管理员在接到特殊请求后进行查阅。
>
> 每种卡片都要有至少两份,一份给县或行政区,一份给国家图书馆。县或行政区图书馆对登记入册的所有物品制作卡片,因此日本的国家图书馆中有日本所有图书馆的馆藏目录。日本国家图书馆会与其他国家交换图书卡片,国家图书馆会将各个卡片汇集到一个主卡片上,主卡片上标明书及其所藏图书馆的名称。②

基尼一向看重馆长在图书馆中的重要作用③,在统一体系的推进中,馆长的认同也同样重要。因此,基尼制订了一个以馆长为主要对象的推广方案,希望以GHQ 的民主化为基调,以民主、公正的方式进行推介:

> 为了保证对计划细节的广泛理解以及更好地实行这一计划,教育部长需要首先举行一个所有图书馆长参加的会议;而后,组织一个由教师、农民和劳工代表、工会、职业组织、女性俱乐部和教育部选出其他组织代表参加的更大的会议。
>
> 一个合适的议程如下所示:
>
> ①将计划的复印件发到代表手中,并毫无争议地将其读完。
>
> ②由教育部长解释这个计划的来由,他除了提到该计划在其他国家的成功运行以及在日本战后初期的可行性,还将指出如果按照计划进行,

---

① ② KEENEY. Unified library service for Japan[M]//裏田武夫,小川剛.図書館法成立史資料.東京:日本図書館協会,1968:436.

③ KEENEY. Reorganization of the Japanese Public Library System[M]//裏田武夫,小川剛.図書館法成立史資料.東京:日本図書館協会,1968:423.

所有形式的图书馆服务会很快恢复,而且图书馆会对提高教育等级与战后重建起到很大的作用。也许有人会说,图书馆中不流通的材料就是没有用的。书籍材料的用处和它的流通性是成正比的。统一图书服务的口号是:"所有人都能看一本书,一本书能够供所有人阅读。"

③出席者在会议中进行综合讨论。

④通过计划或者进行可信的投票。

⑤教育部长指派组委会对相应立法和其他必要任务进行安排。

⑥把会议代表分成几个以县为单位的团体,讨论在各自县的具体执行方案。①

可以说,基尼对其计划的推行采取了相当"民主"的方式,在他看来,日本的馆员与各个公共图书馆的馆长对于《基尼计划》的态度理应是赞同的,而他只需要通过游说的方式使其了解这一计划,日方自然能够根据各自的实际情况讨论细节,并逐步推行他的"基尼计划"。他曾经乐观地认为,虽然"这个计划没有实际执行,但是在美国、加拿大、墨西哥和几个欧洲国家,这一计划实行得很成功。这一计划对于任何时期的任何国家都适用,尤其适用于图书馆和教育机构遭到破坏的国家"②。在制订统一体系方案时,基尼关注于统一体系的优势,并未有机会考察日本的现状、考虑统一体系对日本的适用性,这是基尼计划最大的缺陷。另外,基尼认为日本公共图书馆事业战后重建的主要任务是修复战争的破坏,没有考虑到日本公共图书馆发展到第二次世界大战结束之时也并未呈现出与美国相似的特征,远未到达美国所处的阶段。《基尼计划》所代表的是以 GHQ 的战后重建原则为基准的典型美国范式的公共图书馆事业体系,这样的信息为当时的日本公共图书馆领域提供了思考的余地。

(3)基尼重建思想的特点与影响力

基尼坚持了 GHQ 主张的民主化原则,以美国之公共图书馆的范式作为日本公共图书馆重建的依据和目标,其内容与以上几个阶段从欧美传入日本的观点具有

①② KEENEY. Unified library service for Japan[M]//裏田武夫,小川剛. 図書館法成立史資料. 東京:日本図書館協会,1968 :436.

很高的相似度。

与上一阶段日本公共图书馆事业自身的发展相较,会发现基尼的主张与佐野友三郎以通俗图书馆功能为核心的公共图书馆思想非常相似。两者都强调了公共图书馆对成年人的自我教育功能,并且,《基尼计划》在整体上与佐野的巡回文库方案具有很大的相似度。不同在于佐野的方案中充分考虑了美国与日本的不同之处,提出了以县图书馆为核心,从而建立起辐射到全县范围的巡回文库制度,并利用市町村图书馆或者建立小图书馆、家庭文库的方式来实现文库的配送与归还。基尼的计划中需要额外设置一个总图书馆长,负责调配一个县或者多个县的资源,这种附加式的管理制度本身就增加了施行的难度,并且忽视了对已有资源的有效利用。在日本近代中后期的公共图书馆事业实践中,佐野设计的通俗图书馆体系在小松原训令中被限制,其中的一些主张民主与自由的观点被政令所遏制。时至战后初期,在美方看来,日本尚且需要大幅度地推行民主化改革,日本社会依然未彻底做好接纳美国民主制度的准备,公共图书馆恰在其中,因此基尼的计划从根本上来说是难以实现的。

需要补充的一点是,《基尼计划》将国家图书馆视为公共图书馆的组成部分,提出以国家图书馆为中心,组织编制日本图书馆系统的联合目录,以达到"一个县或行政区的行政总部可以从国家图书馆获取本地区没有的书籍"的目的①,这是与日本以往的观点极为不同的一点。这一争议涉及日本对"公共图书馆"的概念的理解,并影响到日本公共图书馆体系的构建依据。虽然基尼和继任图书馆担当官可以在美方民主化的大势之下主张美国公共图书馆范式,但是美日之间的差异并不会因此而被掩盖,这种差异会在这些基本的问题上得以凸显,进而成为双方争执的焦点。在日本公共图书馆法的立法过程中,诸多法案争执的一点就是国家图书馆的归属问题。

概括来说,《基尼报告》基本上是对报告书的合理化与细化。虽然《基尼计划》本身未能实现,但是基尼在日本的工作并非完全没有成效。在历任 CIE 的图书馆

---

① KEENEY. Unified library service for Japan[M]//裏田武夫,小川剛. 図書館法成立史資料. 東京:日本図書館協会,1968:435.

担当官中,基尼可以算是对日本公共图书馆事业的重建影响力最大的一个。基尼计划强调了几个关键点,包括成人教育、免费开放、全国统一的图书馆组织等。为了实现这几个关键点,基尼在1946年6月和8月召集了两次会议,对该计划和立法问题进行了商议。但是就效果而言,三浦太郎曾经很直接地提出,"《基尼计划》对日本完全没有影响"①。他以一段史实说明了这一点:

> 1946年6月25、26日,文部省召开全国都道府县的中央图书馆长会议。在此前的一周,召开了会前会议,由基尼与"文部省选出的起草新图书馆法规的相关人"讨论制订法案的议题,并形成了《图书馆法规中应该规定的事项》(以下简称《事项》)。以东京都立图书馆长中田邦造为主完成了《事项》的修订,文部省社会教育局文化课长小林行雄提到"其中有很多遵循基尼的意见的内容",中田说"是我们完成的这个预案,并不是基尼的构想"。在《事项》的序言中提到了《事项》是接受了基尼的建议后完成的,基尼的参与是明确说明的,但是两人的说法有不同之处。②

三浦认为,基尼所提出的将图书馆作为成人教育机构、免去图书馆的阅览费与使用费的建议都曾经被中田邦造提到过,因此并非基尼个人的主张。三浦太郎还指出,在《事项》的"关于图书馆组织的事项"中提到,以国立中央图书馆作为图书馆组织的"基干",将全国分为多个区域,在作为地方中心的都道府县立中央图书馆设立联络局,以便国立中央图书馆设立的中央联络局与这些地方联络局联系,建立起"辖属图书馆的联络指导"体制,这是从图书馆的管理体制方面建构的制度,与基尼所提出的以资料互借为出发点的构建理念完全不同③。另外,在《事项》中第三章提到的中央联络局负责编制联合目录和作为馆际互借的中枢、组织图书馆用品的集团采购,以及第三章第九项、第四章第七项提出的关于建立起培养不同类

---

① 三浦太郎.図書館法制定過程におけるCIE図書館担当官の関与について[J].図書館文化史研究,2000(9):7.

② 三浦太郎.図書館法制定過程におけるCIE図書館担当官の関与について[J].図書館文化史研究,2000(9):5.

③ 三浦太郎.図書館法制定過程におけるCIE図書館担当官の関与について[J].図書館文化史研究,2000(9):6.

型图书馆员机构的事项,均在 1937 年的《图书馆的不足》报告书中出现过,因此不能算作基尼的主张,只能说"基尼所言与《事项》的规定比较接近而已"①。

基尼非常看重 1946 年 6—8 月的两次会议,他将这两次会议视为直接向图书馆馆长推广《基尼计划》的最佳契机,并高度评价了会议的成果:

> 由东京图书管理委员会召集的县图书馆长会议的首次会议于 1946 年 6 月于东京召开。本次会议的目的是修订图书馆法律以及为日本图书管理体系的实施制定计划。尽管本次出行的费用高昂,出行、食宿等条件都很艰苦,仍有 45 位县图书馆长出席。全体会议于当年 7 月进行,会议中对提出的改革方案和议程进行了讨论。其中,议题包括区域中图书馆情况的报告、图书馆协会的重组、新图书馆学校的建立以及经费的紧迫等。在所有这些会议中,显而易见的是过去日本图书馆管理员在准备和使用预算时几乎没有什么经验。事实上,图书馆在县政府的地位很低,通常都是在其他机构收到拨款以后它们才能收到拨款。

> 1946 年 8 月在东京举行了日本第一次真正意义上的图书馆会议,19 个来自县、市、镇、大学以及私立图书馆的代表出席了此次会议。最令人欣喜的是,这些本来对于"民主"这一抽象名词心存疑惑的日本图书馆长,在会后对这个词汇有了具体的理解。他们一致认为仅靠他们自己无法完成立法工作。他们会寻求自己地区的国会议员帮忙;他们需要拜访县政府官员要求提高财政预算;他们需要用广播等形式鼓励公众积极参与图书馆运动,而且鼓励他们团体中的教师与他们追求共同的目标。②

上文中曾经提到,基尼的初衷是"最有效的民主进程(日本图书馆相关的),是用民主的方法实行所有需要进行的改变"③。基尼对成果的乐观判断也是建立在

① 三浦太郎.图书馆法制定过程におけるCIE 图书馆担当官の关与について[J].图书馆文化史研究, 2000(9):6.

② KEENEY. Reorganization of the Japanese Public Library System[M]//裏田武夫,小川剛.图书馆法成立史资料.东京:日本图书馆协会,1968:432 -433.

③ KEENEY. Reorganization of the Japanese Public Library System[M]//裏田武夫,小川剛.图书馆法成立史资料.东京:日本图书馆协会,1968:426.

这一初衷的基础之上的。他认为自己已经如愿将"民主"作为一个概念植入了日本图书馆界,使他们开始主动寻找解决问题的途径。但是在日方看来,事情却恰恰不是如此。三浦太郎认为,这两次会议的结论几乎否定了基尼对日本公共图书馆事业的全部影响:

> 1946 年 6 月的中央图书馆馆长会议以没有充足的讨论时间为理由,在与会者之间未能达成任何结论的情况下闭幕。就在会议即将结束的时候,基尼再一次强调了图书馆法的立法问题。8 月 15 日到 18 日,全国各地的代表共计 19 名在帝国图书馆召开"图书馆制度改革委员会"会议。会议就《事项》与其后出现的不同意见进行讨论,17 日完成了《图书馆制度改革委员会报告书》。这份《委员会报告书》中有两点内容与《事项》不同:第 9 条,阅览费采取原则性免费,但是要征收"使用费";全文没有提到关于资料互借的问题而仅仅在第 12 条提到了要建立监督机构以加强图书馆行政管理。①

三浦分析了《基尼计划》在日本失败的原因,他认为,在战后初期,日本图书馆界尚未做好充分的准备,因此无法真正理解基尼的构想。《基尼计划》的本意在于立法,"《基尼计划》的核心内容是以资料互借为出发点建立图书馆制度和免费公开制度",这两点也是立法的关键点。基尼的本意是采取两步走,"在《基尼计划》被采纳后,再着手图书馆法的制定工作",但是事实上,基尼并没有采取两步走的策略,"也许是尊重日本图书馆界的自发性,他将图书馆法的制定与计划的推行同步进行"。三浦认为,基尼的行事原则主要依据 GHQ 的占领政策,"最高司令官麦克阿瑟非常重视通过日本人的手进行改革的自主性,因此 GHQ 的占领政策中也始终坚持尊重日本一方的意愿"。但是在战后的日本图书馆界,这样的政策并未找到植根的土壤,"日本图书馆界力求建立中央集权性质的图书馆制度,在法律的制定过

---

① 三浦太郎.図書館法制定過程におけるCIE 図書館担当官の関与について[J].図書館文化史研究,2000(9):7.

程中未能理解基尼的构想"①。

换言之,基尼的想法对于战后初期的日本而言过于"先进",刚从二战中走出来的日本图书馆界依然停留在日本近代中后期的高度集权的政治制度中未能自拔,这个时候他们无法接受基尼的重建方案——以资源共享、免费开放的原则重建公共图书馆事业,并从民主与自由的层面上重构公共图书馆的社会功能。但是必须承认,基尼对日本公共图书馆事业并非全无影响,在他自己看来,能够使对方接触"民主"的概念,并开始思考可行性就是很大的成功。在此之前,不论是印象形成期的使节团和近代运动的倡导者们带回的欧美见闻,抑或是本土化思想形成期田中稻城、佐野友三郎在图书馆事业中的努力,都无法将欧美之公共图书馆制度本身复制到日本的法律层面上,往往在实施过程中受到日本社会、政治方面的约束。在基尼的尝试中,这种冲击力虽然被强行抵制,但是冲击产生效应却是日本公共图书馆历史中最大的一次。因此并不能说基尼的思想没有对日本的公共图书馆事业产生影响。在基尼卸任后,公共图书馆立法成为日本公共图书馆事业重建的主要任务,基尼时代引发日本图书馆界热议的中央图书馆制度、免费开放等内容,在诸法案中不断争鸣,成为日本公共图书馆思想快速发展的见证。

5.3.3 纳尔逊的观点(1947 年 5 月—1947 年 10 月)

1947 年 4 月,基尼突然卸任,在他之后的继任者为保罗 · J. 伯内特和简 · 费尔韦瑟。在伯内特到任之前,这项工作曾经一度由当时的成人教育教育官(Adult Education Educationist)纳尔逊(John M. Nelson)代理。在纳尔逊代理期间,先后出现了"长岛案"与"加藤 · 雨宫案",并引发了针对公共图书馆立法必要性的争议。

纳尔逊虽然是成人教育担当官,但是对公共图书馆事业有着自己的理解和坚持。他最重要的一个主张就是公共图书馆法的单独立法。在这一阶段,CIE 将新图书馆法的立法工作纳入成人教育计划的一部分②。1946 年 5 月,基尼在任之时,纳尔逊就意识到了联合立法造成的集权风险:

---

①② 三浦太郎.図書館法制定過程におけるCIE 図書館担当官の関与について[J].図書館文化史研究,2000(9):9.

　　在与基尼会谈前的 1946 年 5 月,纳尔逊从文部省社会教育局的寺中作雄处了解到社会教育基本法正在起草,这是一部将图书馆包括在内的综合法性质的社会教育法。寺中作为公民馆计划的主导者,提出"将(图书馆)的功能合并到公民馆中,与公民馆合为整体经营"的观点。纳尔逊虽然积极支持通过公民馆的发展促进教育权力的地方化,但是他认为将公民馆与图书馆合二为一交由文部省管理会产生集权的风险。①

　　因此,1946 年 6 月,纳尔逊在关于成人教育分权化的报告书中提出:除帝国图书馆之外的图书馆管理要从文部省完全分离,交由日本图书馆协会进行管理②。1946 年 10 月纳尔逊与基尼会谈之际,基尼指出"现在的图书馆法无法发挥效力",深感以图书馆法取代图书馆令的必要性,纳尔逊在接手基尼的工作时,将这一点作为工作的关键③。三浦太郎认为,纳尔逊其实接受了基尼单独立法的观点④,其实纳尔逊与基尼的观点不谋而合。

　　纳尔逊坚持单独立法的观点,本意在于避免集权的风险,他将日本图书馆协会推入历史的舞台,委以行业自理的重任,本质上造成了图书馆行业与文部省之间的公共图书馆管辖权之争。日本图书馆协会与文部省争相立法,展开了关乎公共图书馆管理权的斗争。在纳尔逊代理图书馆担当官的这段时间,文部省是主要的起草法案机构,其中比较有代表性和影响力的法案是 1947 年 3 月的《公共图书馆法案 文部省案》,即常说的"长岛案"⑤与 1947 年 9 月的《公共图书馆法案(修正预案)》,即"加藤·雨宫案"⑥。

　　在具体的重建方案中,纳尔逊首先从经费来源与公共图书馆的社会功能两方

---

①② 三浦太郎. 図書館法制定過程における CIE 図書館担当官の関与について[J]. 図書館文化史研究,2000(9):9－10.

③④ 三浦太郎. 図書館法制定過程における CIE 図書館担当官の関与について[J]. 図書館文化史研究,2000(9):9.

⑤　1947 年 3 月的《公共图书馆法案 文部省案》由文部省的长岛氏汇总中央图书馆长会议的意见而成,一般称为"长岛案"。

⑥　1947 年 9 月的《公共图书馆法案(修正预案)》由文部省社会教育局文化课的加藤宗厚和雨宫祐政拟写,因此一般称为"加藤·雨宫案"。

面提出自己的观点。他认为,"图书馆是依靠国民的赋税建立起来的",因此图书馆的服务对象也必须是国民,"要为社会大众做出贡献"①。如欧美的一贯原则一般,纳尔逊也将免费开放作为公共图书馆的基本原则,提出"我们的图书馆的书籍应该供社会或者国民自由地使用"②。他认为日本公共图书馆事业中存在的主要问题有两个,其一是阅览制度,其二是收费③。他认为问题的核心在于日本公共图书馆在管理中对书籍丢失问题的关注。他认为,问题的关键在于"因此就把书完全保护起来也无法发挥其应有的价值",虽然丢书在所难免,但是图书馆应该坚持免费借阅的基本原则,同时"应该是在信任的基础上将书借给民众阅读"④。为了解决上述问题,纳尔逊专门提到了巡回文库,他认为,加强和扩大日本现有的巡回文库制度、完善图书馆的管理与立法是解决问题的有效途径,也是实现美方基本主张的途径:

> 在美国使节团的意见中提到,书应该借给所有人阅读。因此有必要建立巡回文库。但是现在的巡回文库是什么情况呢? 据我所知,需要扩大巡回书量以供更多的人使用。此外,还有必要提高全国图书馆馆长的素质。当然,图书馆法的制定也是不容置疑的。最后不要忽视一点,图书馆是依靠国民的赋税建立的机构⑤。

纳尔逊不主张强行推进重建工作,他认为战后重建是一个逐步进行的过程,逐步推进重建事业不失为一个基本的方法⑥。

概括来说,纳尔逊主张以税收作为公共图书馆的经费来源,支持民众的阅读权利,主张通过扩大巡回文库载书量保障这一权利,并将图书馆法的制定、图书馆馆长的素质的提高作为重建工作的重点,主张以循序渐进的方式实施重建任务。

---

①② ミスター・ジェ・エム・ネルソン.司令部ミスター・ジェ・エム・ネルソン氏挨拶要旨[M]//裏田武夫,小川剛.図書館法成立史資料.東京:日本図書館協会,1968:301.

③ ミスター・ジェ・エム・ネルソン.司令部ミスター・ジェ・エム・ネルソン氏挨拶要旨[M]//裏田武夫,小川剛.図書館法成立史資料.東京:日本図書館協会,1968:301-302.

④⑤⑥ ミスター・ジェ・エム・ネルソン.司令部ミスター・ジェ・エム・ネルソン氏挨拶要旨[M]//裏田武夫,小川剛.図書館法成立史資料.東京:日本図書館協会,1968:302.

5.3.4　伯内特的观点(1947 年 10 月—1949 年 3 月)

CIE 的第二任图书馆担当官伯内特 1947 年 10 月到任,其在任时间直到 1949 年 3 月。其在任期间出现的主要法案包括文部省社会教育局文化课事务官兵藤清的《公共图书馆法案》"兵藤第 1 案"至"兵藤第 6 案",即常说的"兵藤案",以及 1948 年伯内特支持的加藤·雨宫案和伯内特任期尾声出现的日本图书馆学会的提案《公共图书馆法案——日本图书馆协会有志案》(即"有志案")和《公共图书馆法案——日本图书馆协会案》(即"协会案")。

伯内特 1908 年出生于美国爱荷华州,1929 年获得辛普森学院(Simpson College)教育学学士学位。毕业后进入西北大学(Northwestern University)继续学习教育学,1934 年起在西北大学图书馆工作。1937 年获得伊利诺伊大学的图书馆学学士学位。1941 年伯内特担任伊利诺伊州莫尔顿高级中学图书馆馆长(Morton High School),同时被编入空军预备役。伯内特在战后赴日最初是为了担任 CIE 图书馆的馆长,在从 1945 年 11 月 15 日到 1946 年 9 月的这段任期中,他与日本图书馆界人士进行了较多的沟通,并参加了以大佐三四五为核心的东京地区的图书馆人士召集的恳谈会(周五会的前身)。伯内特卸任 CIE 图书馆馆长后回到美国,在基尼离任后,ALA 推荐伯内特出任图书馆担当官,于是伯内特于 1947 年 10 月 24 日再度赴日[①]。

(1)在任期间的主要成果

伯内特在日本的主要活动包括四个方面:协助美国图书馆使节的对日调查工作,促进日报图书馆学教育的发展,收集无法通过交换获得的图书和杂志,促进人的交流[②]。其主持的工作包括以下几项。

①促成日本国立国会图书馆的建立

日本筹建国立图书馆的时候,曾经提出过两套方案,其一是建立国会图书馆,

---

① 三浦太郎. 占領下日本におけるCIE 第 2 代図書館担当官バーネットの活動[J]. 東京大学大学院教育学研究科紀要,2006(3):268.

② 三浦太郎. 占領下日本におけるCIE 第 2 代図書館担当官バーネットの活動[J]. 東京大学大学院教育学研究科紀要,2006(3):269.

其二是建立国立图书馆。昭和二十二年(1947)7月,参议员图书馆运营委员长羽仁五郎等人向联合国军最高司令官麦克阿瑟提出了派遣顾问协助图书馆建立的要求。此时虽然国会法已经制定,并在4月30日颁布了国会图书馆法,但内容只有7条,内容空泛,无法直接参照执行。因此日方向驻日美军提出要求,希望美国派遣顾问来为国立(国会)图书馆的建立问题提供咨询①。

诸位美国专家为日本国立(国会)图书馆的建立提供了各种各样的解决方案:

> 贾斯汀·威廉姆森(Justin Williams)②等人认为国会图书馆应该是如同美国国会图书馆的议会调查局一类的机构;而弗纳·克拉普(Verner Clapp)③与查尔斯·H.布朗(Charles H. Brown)④则认为应该是具备国立中央图书馆的功能的图书馆。8月陆军省向使节提出了建立"国立国会图书馆"的要求,弗纳·克拉普与查尔斯·H.布朗决定将其建成兼具与LC相同的国会图书馆和国立图书馆功能的形式。⑤

在众说纷纭、各执己见的局面中,伯内特提出了将国会图书馆与国立图书馆合并为一馆的方案,促成了日本国立国会图书馆的建立。昭和二十二年(1947)10月31日,伯内特得以与日本图书馆协会的诸人会面。借此机会,伯内特告知了图书馆使节来日的事宜,并转述了将国会图书馆与国立中央图书馆一体化的思路,征询日本图书馆界的意见。席间2个图书馆员以两馆功能不同为由,对伯内特的一体化方案提出了质疑。伯内特当场对与会代表表示,会将大家提出的建议作为日本图书馆协会的意见进行汇总。昭和二十三年(1948)2月4日,弗纳·克拉普与查尔斯·H.布朗提出的最终方案为众参两院通过,最终颁布《国立国会图书馆法》⑥。

三浦太郎在论文中提到,伯内特在日本国立国会图书馆建立过程中发挥的实际作用事实上存在争议,虽然在CIE的面向1949年《计划报告书》中将伯内特建立

---

①⑤⑥ 三浦太郎. 占領下日本におけるCIE第2代図書館担当官バーネットの活動[J]. 東京大学大学院教育学研究科紀要,2006(3):269.

② Justin Williams:任职于民政局。

③ Verner Clapp:时任LC主席副馆长。

④ Charles H. Brown:时任ALA东洋、南太平洋图书馆协力委员会委员长。

国立国会图书馆作为一项重大事件,但是在 CIE *Weekly Report* 中却提到伯内特在其中并未发挥作用①。参考几方面的信息,可以肯定的是,伯内特参与和推动了日本国立国会图书馆的建立。

②推动日本公共图书馆法的立法进程

在日本的图书馆立法方面,伯内特接受了雨宫祐政的提议,同意将私立图书馆列入公共图书馆的范畴之内,使私立图书馆也能够获得政府的补助金;他同时要求,应该限定一些标准,要求能够获得补助金的图书馆必须满足一定的条件。1948年 6 月,伯内特明确表示,同意以加藤·雨宫案中所规定的公共图书馆设置基准为依据,向达到该规定要求条件的图书馆提供政府补贴②。伯内特的支持推动了加藤宗厚制定的《公共图书馆设置基准案》在 7 月 6 日出台③。

通观加藤·雨宫案,其内容除了包含有对收费制度的默许之外,还提倡自由阅读、图书馆委员会的管理权限以及图书馆的建立与职业标准化。加藤·雨宫案的主旨与伯内特的重建主张有着某种暗合,并且有助于解决当时日本公共图书馆事业中存在的问题。因此,在当时问世的诸多法案中,为由加藤·雨宫案独得伯内特的青睐。

伯内特在任期间,曾经多次就日本公共图书馆立法问题与日本图书馆界、文部省沟通。其中比较重要的几次交涉包括:昭和二十二年(1947)11 月 11 日在别府市参加图书馆讲习会,并进行了题为"面向民主的图书馆的发展目标"的演讲;昭和二十三年(1948)1 月下旬,伯内特与文部省的社会教育局长柴沼直、加藤宗厚、兵藤清、小林行雄的会晤;昭和二十三年(1948)6 月 22 日与文部省探讨 3 月完成的文部省兵藤第 6 案以及文部省社会教育局文化课案,12 月 3 日与日本图书馆协会探讨有志案和图书馆协会案等④。具体来说,依据三浦太郎的研究,伯内特在与日方的多次沟通中重点强调了以下几个方面的内容:

---

① 三浦太郎.占領下日本におけるCIE第2代図書館担当官バーネットの活動[J].東京大学大学院教育学研究科紀要,2006(3):269.

②③三浦太郎.占領下日本におけるCIE第2代図書館担当官バーネットの活動[J].東京大学大学院教育学研究科紀要,2006(3):273.

④ 三浦太郎.占領下日本におけるCIE第2代図書館担当官バーネットの活動[J].東京大学大学院教育学研究科紀要,2006(3):272 – 273.

第一,公共图书馆作为社会教育的核心应开展教育服务,且离不开强有力的法律支撑;

第二,不主张建立中央图书馆制度;

第三,主张在教育委员会下设图书馆协议会,拥有独立的权限;

第四,主张法律明文规定公共图书馆的免费开放制度;

第五,对图书馆要设置建立基准①。

(2)伯内特的基本观点

伯内特的演讲稿和文献体现了他重建日本公共图书馆事业的基本主张。在上文的研究中大多有所提及,汇总来说,包括以下几个方面的内容。

①公共图书馆的社会功能和实现方式

伯内特认为,公共图书馆的主要作用在于在民主社会中培养和发挥"市民性","在民主社会中,教育对于具有知识广度和教养的市民性的发展有着重要的作用。这是历史已经证明过的"。他认为,"在一般意义上,图书馆中最为重要的是新教育哲学的发展以及将其成果运用于实践之中"。这样的作用在不同的情境下也会有不同的表现方式,比如"对家庭而言、对社会而言都需要培养人的优秀品格、个性与社会责任感"。因此,在民主社会中需要存在这样的一类专门为成年人而设的机构,"能够在其一生中提供给他作为市民的知识、理想和美德"。伯内特期待公共图书馆对日本社会的作用,他希望能够建立这样的公共图书馆事业体系,"如果这一目的能够实现,日本就能够获得有理解能力的市民、有教养的个人、具有经济实力的人士"②。

伯内特认为,公共图书馆与市民之间形成了一组密切的关系——公共图书馆使成年人具备作为"市民"的美德、知识等个人修养,而市民又在自我教育的自觉之下主动捍卫公共图书馆的生存与发展所需要具备的基本条件。因此,公共图书馆首先要作为市民自我学习的有效工具,伯内特将这种功能描述为"图书

---

① 三浦太郎.占領下日本におけるCIE第2代図書館担当官バーネットの活動[J].東京大学大学院教育学研究科紀要,2006(3):272-273.

② JPバーネット.民主的図書館へ発展の指標[M]//裏田武夫,小川剛.図書館法成立史資料.東京:日本図書館協会,1968:302.

馆的功能是作为中介,探寻与保存不断增加的知识记录。我认为,应该将公共图书馆理解为社会民主主义的机构与自我教育的手段"①。其次,市民在学习和自我提高后,会成为捍卫公共图书馆生存与发展的有生力量。伯内特依据美国的图书运动史指出,"在美国图书馆运动的历史是图书馆员斗争的历史,同时为了以充足的经费确保图书馆的各项业务,也构成了与之关系密切的市民的斗争历史"②。

②公共图书馆的构成要素与获得途径

正因为公共图书馆在教育方面的独特功能和不可替代的作用,伯内特认为公共图书馆的定位应该是独立的、核心的。他认为,从图书馆的服务方式来看,公共图书馆不应该是其他事业的附带事业,而应该作为成人教育中必不可少的、提供教育服务的中枢机构③。因此,公共图书馆应该具备作为一个独立社会机构所应具备的各项要素,包括适用的资料、训练有素的职员与国家主管机构④。

要具备适用的资料,就需要建立起有助于发挥公共图书馆社会功能的馆藏,伯内特认为,"就图书馆的馆藏而言,公共图书馆立足于印刷书页之上,印刷书籍的接触形式最适合于个人的学习,可以针对每一个读者的思维能力、时间和空间而独立进行"⑤。

要具备训练有素的职员,就需要有完备的职业培养方案与行业准入制度。伯内特希望通过立法的方式,在法案中加入对图书馆职员的任职资格的规定,计划在5年之内完成相关法规的制定,在5年之内推行职业培养制度,图书馆员必须通过正规的训练和培训方可任职⑥。

伯内特认为,图书馆必须拥有强有力的法律基础和充分的财政支持⑦。因此,他将日本公共图书馆法的制定工作置于事业重建的重要位置之上。两个月之后,伯内特在《GHQ 图书馆指导方针》中为日本公共图书馆的发展制定了一系列的计划。在这份指导意见中,伯内特提出日本公共图书馆的发展需要从图书馆法的制

---

①③⑤JPバーネット.民主的図書館へ発展の指標[M]//裏田武夫,小川剛.図書館法成立史資料.東京:日本図書館協会,1968:303.

②④⑥⑦JPバーネット.民主的図書館へ発展の指標[M]//裏田武夫,小川剛.図書館法成立史資料.東京:日本図書館協会,1968:304.

定、专业教育的发展与日本图书馆协会的主导作用的建立三个方面进行强化①。伯内特提到了市民在公共图书馆的建设方面的主动作用和图书馆员的重要性,强调作为图书馆协会组成部分的图书馆员本身应具备的基本素质:

> ALA 虽然有很多缺点,但是并不是依靠政府的命令而是通过市民的支持和援助在民间力量支持下建立起来并借助民间之手维持发展的,这是非常重要的一个特点。ALA 是由图书馆员组成的机构。……对于图书馆员而言,必须具备宗教性、宣教性的精神,应该有一种自豪,相信对于向自己寻求服务的人而言,没有其他的任何一个教育机构能够给予他教育的机会、能够给予市民强大的力量。这是图书馆人应该具备的自信。②

这种提法比较接近于我们今天所说的图书馆精神或者核心价值观。可以看出,伯内特在日本公共图书馆的重建问题上看重两方面的能动因素——市民与馆员,即公共图书馆的使用者与服务的提供者以及两者之间的关系。他强调图书馆的服务意识,认为图书馆必须提供符合读者需求的服务,才能在社会中有效地发挥作用:

> 图书馆要想充分满足社会的需求,就必须以目的为导向而自我鞭策。欣欣向荣的图书馆服务需要在具备目的意识、阅读方法意识和与市町村一致意识的人的指导下才能实现。如果没有这样的保证,图书馆就会脱离于社会的主流,从而成为被动的文化表征。③

在《GHQ 图书馆指导方针》一文中,关于图书馆法的内容极少,基本上只有"图书馆法の制定"几个字而已,其他的内容主要关于图书馆员的培养和图书馆员在公

---

① JPバーネット.GHQの図書館指導方針[M]//裏田武夫,小川剛.図書館法成立史資料.東京:日本図書館協会,1968:305.
② JPバーネット.GHQの図書館指導方針[M]//裏田武夫,小川剛.図書館法成立史資料.東京:日本図書館協会,1968:305-306.
③ JPバーネット.民主的図書館へ発展の指標[M]//裏田武夫,小川剛.図書館法成立史資料.東京:日本図書館協会,1968:304-305.

共图书馆事业中所应发挥的作用,体现了伯内特对于图书馆事业的能动因素的重视。这也是伯内特的公共图书馆思想的一大特点。结合这两点,伯内特迫切表达了通过立法完善公共图书馆的职业教育以培养优质馆员的意见,这也成为他关注法案的重点。从这个意义上考虑,伯内特认同建立委员会制度、民意代表制度与建立公共图书馆的职业培养、职业准入和聘任制度的加藤·雨宫案并不意外。

③日本公共图书馆的重建方案

伯内特将"人"作为公共图书馆事业重建的核心,提出了日本公共图书馆事业的重建方案,其立足点是两个能动因素的契合点——图书馆服务。他将图书定义为"对所有年龄层的所有市民提供帮助的、真正意义上的社会服务机构"[①]。伯内特认为,图书馆的服务不但对市民很重要,对图书馆而言也非常重要,因为"如果没有服务这一主旨,图书馆不过是单纯的、被动的文化表象而已,不会受到关注"[②]。

图书馆提供的服务应该满足这一时代的民众需求,伯内特认为,"在现代最为重要的事情之一是为更多人提供值得信赖的知识。在不远的将来,社会中可能会出现一种倾向,认为一般民众的举动应该通情达理",这就是图书馆在当下这个时代所需要满足的社会需求。他认为,图书馆随着时代的发展而不断地担负起这一时代的新责任,图书馆因这些新的责任而与时代形成了更加紧密的结合[③]。

图书馆的责任因其服务而来,因此日本公共图书馆在发展中遇到的问题亦是因服务而出现的。他坦言日本公共图书馆事业中存在着诸多问题,"不论是预算不足、未经过专业训练的从业人员太多,还是府县政府的工作人员缺乏重视,抑或是纸张的配给和优质书籍的配备不足、先进的图书馆或者文献学方面的工具的欠缺,更有甚者包括缺少一个能够担负起日本的图书馆的全面发展的责任的机构等等",在以服务为核心的图书馆事业中,这些问题皆是围绕着图书馆的服务而生,因此,"这些问题都是为日本国民提供更好的图书馆服务的障碍"[④]。

伯内特将图书馆服务作为日本公共图书馆事业的核心,因此,对图书馆服务的

---

①②③ JPバーネット.日本図書館の再建[M]//裏田武夫,小川剛.図書館法成立史資料.東京:日本図書館協会,1968:307.

④ JPバーネット.日本図書館の再建[M]//裏田武夫,小川剛.図書館法成立史資料.東京:日本図書館協会,1968:309.

调整与优化也成为战后日本公共图书馆事业重建的关键内容。他认为,"在日本图书馆人需要提供的服务中,最为重要的就是为阅览者阅读书籍提供方便"①,因此,公共图书馆服务的重心在于使读者能够方便地使用图书,即在上文中曾经多次提到的自由阅读。为了使读者能够更加容易地接近图书,伯内特提出要取消所有的阅读障碍,将书籍以自由取阅的方式列出;甚至可以在适宜的情况下,在书架之间开辟专门的区域,为层次较低的读者提供可以随意吃零食的空间②。伯内特将自有阅读作为日本公共图书馆馆舍建设的重要原则,要求日本图书馆界牢记并加以实施③。

自有阅读的首要问题就是图书馆需要提供可供自由阅读的馆藏资源,日本的公共图书馆长期受限于思想善导的社会责任,馆藏自由受到了极大的限制。伯内特认为,图书馆必须尽全力,使自己拥有全面的馆藏储备,这样才能以公允、全面的知识储备获得市民的信任④。从思想善导的基础出发,伯内特认为"图书馆必须改变传统的做法,不再规避容易产生争议的问题,进而涉足于各个方面、全方位、公平地提供知识"⑤。在图书馆做好这些准备后,还需要改变日本国民心目中的陈旧印象,他认为,"日本的数千个图书馆以及图书馆人应该改变国民的冷漠,唤起他们的兴趣,培养独立的判断能力,应该大力支持在全国各地的学校、大学中开展以参与思考为基础的活动"⑥。

伯内特认为公共图书馆应该是一个提供知识的机构,而并非担心自己提供的知识会左右民众判断的机构。而所谓"公平"也不应该建立在图书馆的馆藏会左右民众的判断的担忧之上。因此公共图书馆应该塑造出有独立思维能力、判断能力,并能够主动利用知识的人,即伯内特所提出的对于公共图书馆的发展能够起到主导作用的市民。因此公共图书馆不应该成为单纯的教育机构,针对具备一定文化素质的市民而言,它应该是一个文化机构。伯内特还认为,对公共图书馆的文化机构与教育机构的争议并不是关键,而是要从服务的能动性来考虑公共图书馆在

---

①②③ JPバーネット.日本図書館の再建[M]//裏田武夫,小川剛.図書館法成立史資料.東京:日本図書館協会,1968:310.

④⑤⑥ JPバーネット.日本図書館の再建[M]//裏田武夫,小川剛.図書館法成立史資料.東京:日本図書館協会,1968:308.

社会中的定位。他认为这一争议在本质上是因为到目前为止,图书馆在社会中仅仅发挥了被动的作用,但是从长远来看,今后要转变为能动的教育机构,并在大多数情况下成为社会的文化中心①。这种将文化机构与教育机构合并而论公共图书馆的社会定位的提法,在当时诸多法案的争议中独树一帜。伯内特不否认公共图书馆的教育功能,认为它是培养市民的重要工具,他也认为以往公共图书馆的定位过于被动,从主动的立场考虑,公共图书馆应该作为一个社会文化中心,能动地实现教育的功能。这一点与加藤・雨宫案所提出的公共图书馆同时属于教育机构和文化机构的观点也非常相近。

伯内特对公共图书馆的教育功能也有充分的认识,并从广义上将国际公认的图书馆教育责任概括为以下六点:

第一,我们生活在国际社会中,因此人心也必须是国际化的;

第二,为了达到这一目的,我们必须制定出具有积极能动性的政策;

第三,我们必须努力做到真诚并加深对基本问题的理解,这就需要一种国际语来发挥作用,使所有人能够交流;

第四,必须塑造出宽容的品格;

第五,必须以具体的、适宜的方式来进行教育,比如将其还原到不同的领域具体判断;

第六,在新事物不断涌现的新世界中,必须要利用新的手段和技术来实现我们的目的。②

依据国际共识,公共图书馆要培养成年人的国际化视角、交往与沟通能力、塑造宽容的人格,并将教育融入生活与工作的情境之中。通过这种国际普遍认可的方式实现公共图书馆的教育功能,其目的正如上文所提的,希望日本能够拥有市民。伯内特认为"公共图书馆的目的在于启蒙作为公民的责任感,同时又能够理解

---

① JPバーネット.日本図書館の再建[M]//裏田武夫,小川剛.図書館法成立史資料.東京:日本図書館協会,1968:307.

② JPバーネット.日本図書館の再建[M]//裏田武夫,小川剛.図書館法成立史資料.東京:日本図書館協会,1968:311.

个人生活需要是多方面的"①。公共图书馆培养了有知识、有能力、具有社会适应能力的市民,满足了社会个体的个人生活与发展需要,这样的市民会对公共图书馆的生存与发展起到促进的作用。这种民主的方式不但是公共图书馆在现代社会的生存之道,也是公共图书馆事业自我管理的基本方式。换言之,伯内特认为,市民阶层应该在公共图书馆事业中发挥更大的主动性。这是公共图书馆提供一切服务和付诸一切努力的根本目的。市民参与到公共图书馆事业中,不但作为被服务的对象,还应该捍卫自己的利益、决定公共图书馆未来的发展方向。伯内特说,"最终,决定未来的不是专家而是民众自己。因为只有民众才能够将照射在他们身上的光芒反射出来,他们拥有着光明、希望和温暖的胸怀、坚强的意志,以及坚定地投身于组织中决定未来的强烈愿望"②。

在公共图书馆发展的规划中,伯内特的思想体现出了公共图书馆生存时代的印记。其观点也体现了开放的思想特点,比如日本应立足于国际,图书馆应适应于时代发展,等等。在《日本图书馆的重建》一文中,伯内特提到了日本公共图书馆事业重建的工作重点:国会图书馆应负责书志学方面的任务,增加图书馆员教育机构,提高图书馆员的社会地位,在东京建立由教师、图书馆员、出版公司组成的30人的委员会,定期集会,并由文部省改组,在社会教育局内建立起指导府县厅图书馆工作的专门课③。这与三浦太郎提出的伯内特主张在教育委员会下设图书馆协议会并拥有独立权限④的提法略有出入,但思路基本一致。

④伯内特的公共图书馆思想要点

从整体来说,可以从两个方面简要概括伯内特的思想要点。首先是其已有的、超越国界的公共图书馆思想:

第一,公共图书馆的建立与发展与市民社会之间存在着必然的联系,应该将公共图书馆理解为社会民主机构与自我教育的手段。公共图书馆的主要作用是在民

---

①③JPバーネット.日本図書館の再建[M]//裏田武夫,小川剛.図書館法成立史資料.東京:日本図書館協会,1968:309.

② JPバーネット.日本図書館の再建[M]//裏田武夫,小川剛.図書館法成立史資料.東京:日本図書館協会,1968:311.

④ 三浦太郎.占領下日本におけるCIE第2代図書館担当官バーネットの活動[J].東京大学大学院教育学研究科紀要,2006(3):272 - 273.

主社会中培养和发挥市民的自觉性,而市民主动性与自我意识的形成对于公共图书馆的发展也有着维护的作用。

第二,公共图书馆不应该成为单纯的教育机构,针对具备一定文化素质的市民而言,它应该是一个文化机构。从主动的立场考虑,公共图书馆应该作为一个社会文化中心能动地实现教育的功能。教育责任的实现需要通过能动的、积极的方式进行并与其他社会机构合作,教育责任需要涉及基本道德的养成。

第三,从教育的不可替代性而言,公共图书馆的社会定位是独立的,不应作为附属机构。

第四,公共图书馆事业的自我管理方式应该是市民在公共图书馆的发展中寻求主动,以这种民主的方式实现公共图书馆的建立、发展与自我管理。

第五,公共图书馆的本质是为全体民众提供服务的社会服务机构,因此服务对公共图书馆而言至关重要。公共图书馆服务的构成要素包括:适用的资料、训练有素的职员与国家配备的机构,其中主观意识起到了重要的作用,因此要通过立法确保物理条件与意识条件的具备。

其次,对于日本公共图书馆事业重建,伯内特有针对性地提出了几项观点:

第一,日本的公共图书馆的发展所面临的问题需要通过立法的方式解决,包括人与物两个方面;

第二,日本图书馆的重建方案,其立足点就是两个能动因素的契合点——图书馆服务,图书馆服务的重心在于使读者能够方便地使用图书,即自由阅读;

第三,日本公共图书馆的教育责任应该还原到各行业领域探讨具体操作的问题,并积极使用新的手段和方法;

第四,对日本公共图书馆事业整体的规划:国会图书馆负责书志学方面的任务,增加图书馆员教育机构,提高图书馆员的社会地位,在官方主管部门下设公共图书馆管理与指导的部门,专门管理公共图书馆事务。

5.3.5 费尔韦瑟的观点(1949 年 4 月—1949 年 9 月)

伯内特卸任后,第三任图书馆担当官费尔韦瑟到任,其在任期间,《公共图书馆法案——文部省案》(以下简称为"文部省案")终于完成,成为费尔韦瑟处理的主要一部草案。由于费尔韦瑟在任时间只有 5 个月，因此她对日本公共图书馆事业的影响非常有限。但是她对文部省案提出的修改意见却无意中刺痛了急于立法的日本图书馆界，间接促成了 1950 年日本《图书馆法》的确立。

费尔韦瑟在任期间，一共主导了 3 次与日方的沟通会晤。根据三浦太郎的研究，1949 年 4 月 14 日 CIE *Weekly Report* 记载，以中井、廿日出和中田为代表的公共图书馆法实施促进委员会与文部省的雨宫、深见等人向费尔韦瑟提出了希望通过法案与尽快立法的请求，并向她提交了文部省案[①]。费尔韦瑟对文部省案提出了几个主要意见：

（1）关于第 1 条，有必要对"公共"图书馆进行定义；

（2）关于第 49 条，未必有必要由政府提供补助金；

（3）关于第 14 条，对于是否在教育委员会下设图书馆协议员会存疑；

（4）关于第 4 条和第 58 条，反对将建立市町村图书馆义务化；

（5）关于第 29 条，对于区分司书资格的高级和普通级的规定存疑；

（6）关于第 62 条，自伯内特在任时期就听说上野的图书馆学校实力有限，将这些人任命为高等司书是否妥当尚存疑问。[②]

除了这些存疑和有待商榷的问题，5 月 14 日，费尔韦瑟参加了由 CIE 代表参与的关于图书馆法应有之义的讨论。这次会议的参与者除了费尔韦瑟，还包括高级教育顾问沃尔特·C.伊尔斯（Walter C. Eells）、情报课图书系长罗兰·A.莫尔豪斯（Roland A. Mulhauser）、媒体担当官富兰克林·B.贾德森（Franklin B. Judson）。这次讨论形成了三条结论，基本代表了这一时期的 CIE 对日本公共图书馆立法的基本立场主要意见：

（1）该法应该以公共图书馆为对象；

（2）应明确规定免费公开，要求 1/2 的国库补助金是不可能实现的；

（3）图书馆协议员会从教育委员会中独立，负责图书馆长的任免。[③]

————————

①② 三浦太郎.図書館法制定過程におけるCIE 図書館担当官の関与について［J］.図書館文化史研究，2000（9）：20.

③ 三浦太郎.図書館法制定過程におけるCIE 図書館担当官の関与について［J］.図書館文化史研究，2000（9）：21.

大约两个月后的 7 月 15 日,费尔韦瑟在与日本公共图书馆法促进委员的会晤中提到了三点建议,再次重申了自己的主张:

(1)国库补助的规定是不现实的;

(2)不希望采取义务建馆的做法,要以民意为依据;

(3)对现任职员再教育的必要性。[①]

三浦根据 CIE *Weekly Report* 指出,费尔韦瑟在 8 月 4 日与日本图书馆协会与文部省代表进行了一次非正式的会晤,提到了她认为现有的法案还需要再讨论,并认为在最终法案形成之前还需要进行大量的修改。但是这些事情都因为她 9 月回国无疾而终了[②]。

概括来说,费尔韦瑟的观点可以概括如下:

第一,日本的公共图书馆立法的对象需要界定,并应明确"公共图书馆"的定义;

第二,公共图书馆应免费开放,且政府不提供补助金;

第三,公共图书馆的管理机构应独立于教育委员会;

第四,公共图书馆建立的基础是民意而非义务;

第五,现任图书馆职员需要进行再教育。

5.3.6　美方观点汇总

CIE 的历任图书馆担当官的主要观点:

CIE 教育使节团在报告书中强调了对公共图书馆的基本观点,认为应该发挥公共图书馆的教育功能,为民众提供不受政府限制的图书,以便其通过自我学习在民主进程中正确行使自己的权利和义务。因此,公共图书馆的经费应该来自于税收,以平等与自由作为基本理念;馆藏不应有所偏颇,且应该保持一定的开放时间;美方强调公费、公开、自由(读者与图书馆两方面)的主张。使节团认为日本公共

---

①②三浦太郎.図書館法制定過程におけるCIE図書館担当官の関与について[J].図書館文化史研究,2000(9):21.

图书馆事业中需要解决的主要问题是战争的破坏与收费制度的存在,并对其"公共性"给予肯定,即 CIE 对日本公共图书馆事业重建的重点为"公费"与"公开"。在使节团提出的重建计划中包括中央图书馆制度、全国性的图书馆组织、成人教育以及儿童阅读 4 个方面。具体来说,东京和其他大都市需要建立起中央图书馆,并在全市范围内开设分馆;其次是对图书馆组织的建立,并提出在文部省设立担当官负责的制度,保证全国的大规模图书馆组织的建立和规范。此外,报告书中强调了日本儿童文学的缺乏与成人教育水平普遍低下的情况。

以 CIE 使节团的报告为依据,基尼提出了以《基尼计划》为核心的日本公共图书馆事业的重建计划。《基尼计划》首先强调了公共图书馆的教育的基本功能,并以民主与自由作为公共图书馆事业的目标。基尼认为,日本公共图书馆事业存在的问题主要体现在馆藏不足与不适应读者需求,收费制度限制了读者的借阅,缺少财政支持,以及行业普遍存在专业素养不足 4 个方面,而政府的控制对于馆藏、服务的有效性都产生了不利的影响。基尼特别提出,成年人因为受教育程度较低不具备到馆阅读的能力,而学生只是因为没有更好的选择而在图书馆中学习,因此造成了公共图书馆有效利用率不高的问题。此外,在行业的专业化方面,日本的图书馆专业教育虽然建立起来,但收效甚微,并且从业人员往往没有接受过专业教育,馆长大多来自于政府或学校,对图书馆的工作缺乏专业见解,造成整个行业专业水准的低下。因此,《基尼计划》中提出了以加利福尼亚模式为核心的重建计划,其原则是以最小的代价为最多数量的人提供最全面的服务。《基尼计划》中提出建立统一的图书馆体系,以县为管理单元,由学校举荐训练有素的馆长来负责,通过日本全境的书刊交换和互借的方式整体调配资源;建立联合目录,在总图书馆和国家图书馆同时保管,形成国家书目,进而为国际书刊交换做准备。并且,基尼提出将国家图书馆纳入统一的图书馆体系之中,从而形成以国家图书馆为核心的全国范围内的互借系统。在基尼推行其重建计划的过程中,将立法作为计划的一个必要的步骤,并予以推行。

在基尼卸任后,纳尔逊代职期间,主要强调了将税收作为公共图书馆的经费来源,并提出支持民众的阅读权利与通过扩大巡回文库的规模的方式保障这一权利,同时将图书馆法的制定、图书馆馆长的素质的提高作为重建工作的重点。

伯内特作为第二任图书馆担当官,从掌握的文献来看,其公共图书馆思想体系比较完备。首先,伯内特强调了公共图书馆的建立和发展与市民社会之间存在着必然的联系,因此应该将公共图书馆理解为社会民主主义机构与自我教育的手段,而两者之间也具有能动的关系,即公共图书馆的主要作用在于在民主社会中培养和发挥市民的自觉性,而市民的主动性与自我意识的形成对于公共图书馆的发展也有着维护作用。因此,公共图书馆的定位不是单纯的教育机构,对于具有一定文化素质的市民而言,它应该是一个文化机构,或者说应该作为一个社会文化中心来能动地实现教育功能。而这种教育功能是不可替代的、独立的,因此公共图书馆不应作为任何社会机构的附属。公共图书馆事业的自我管理方式应该是市民在公共图书馆的发展中寻求主动,以民主的方式实现公共图书馆的建立、发展与自我管理。此外,伯内特提出公共图书馆的本质是对全体民众提供服务的社会服务机构,公共图书馆服务的构成要素包括适用的资料、训练有素的职员与国家配备的机构,其中主观意识起到了重要的作用,因此要通过立法确保其物质要素与意识要素的具备。

其次,伯内特认为,日本公共图书馆的发展所面临的问题要通过立法的途径解决,而重建方案立足点应该是两个能动因素的契合点——图书馆服务。服务的重心又在于自由阅读。伯内特对日本公共图书馆事业的规划为:国会图书馆负责书志学方面的任务,在官方主管部门下设专门的公共图书馆管理与指导部门专门负责公共图书馆事务,并增加图书馆员教育机构,提高图书馆员的社会地位。

具体到立法问题,伯内特强调了立法的必要性,不主张建立中央图书馆制度,虽然支持在教育委员会下设图书馆协议员会,但同时主张协议员会应该有独立的权力,认为公共图书馆的建立需要制定标准,公共图书馆应该作为社会教育的核心参与教育服务,并强调公共图书馆需要法律的支持,应依法确定公共图书馆的免费开放制度。

第三任担当官费尔韦瑟主要提出了几方面的观点,首先她认为日本的公共图书馆立法的对象需要界定,应明确"公共图书馆"的定义,而公共图书馆的建立基础应该是民意而非义务,公共图书馆应该免费开放,应通过税金进行支持而不是政府补助金;她同样认为公共图书馆的管理机构需要独立于教育委员会;最后,她认为有必要对现任图书馆职员进行再教育。

纵观 CIE 对日本公共图书馆的重建观念,在重建计划的制定阶段,使节团的报告与基尼计划起到了决定性作用,为日本公共图书馆事业的重建奠定立法为先的基调,此后几位担当官不断对日方提出的诸项法案提出自己的观点,并与日方进行沟通,逐步强化了美方的基本主张,可以概括为以下三个方面。

首先,从公共图书馆的定位来看,虽然后期出现了教育机构与文化机构的争议,但是从使节团报告开始就强调了公共图书馆的教育功能,以及在民主进程中所应承担的教育作用,并从公费、公开与自由(双方)方面强调了"公共"的含义。《基尼计划》同样强调了公共图书馆的教育功能,将民主与自由作为公共图书馆事业的基本目标。在基尼之后,伯内特强调了公共图书馆与市民社会的关系,主张以民主的方式建立与管理公共图书馆,坚持将公共图书馆作为文化机构实现其教育功能的立场。费尔韦瑟也强调了民意的重要性,认为民意是建立公共图书馆的依据。由此可见,美方希望在日本本土的公共图书馆事业中注入民主思想,并将民主作为公共图书馆生存与发展的根基。

其次,从图书馆权利来看,使节团报告提出了图书馆与读者两方的自由权利,认为政府不应干涉公共图书馆的馆藏自由,而图书馆也需要尊重读者的阅读自由,包括保持一定的开放时间。基尼认为,政府的限制造成了日本公共图书馆事业存在馆藏不足与不适应读者需求、行业专业水平低下、服务有效性缺乏等问题。纳尔逊支持民众的阅读权利,并提出以巡回文库保障阅读权利的建议。伯内特强调了公共图书馆的独立性、自由阅读的重要性,不主张政府对公共图书馆事务加以干涉,认为作为管理机构的图书馆协议员会应该有自己的独立权力。费尔韦瑟在伯内特的观点上前进一步,认为公共图书馆的管理机构需要独立于教育委员会。在美方的一再坚持下,图书馆与读者双方的自由与权力、图书馆行业的独立管理成为美日思想交锋的又一关键内容。

另外,在经费方面,使节团报告提出公共图书馆的经费应该来自于税收;基尼认为日本公共图书馆事业存在缺少财政支持的问题;纳尔逊也提出应以税收作为经费来源。费尔韦瑟明确提出应取消政府补助金制度代之以税费。对于收费问题,对免费开放原则的坚持可以说是美方一贯的主张。可以说,美方自始至终坚决表达了公共图书馆应该免费开放以及应以税收支持公共图书馆运营的观点。

最后,在日本公共图书馆事业的重建方面,使节团报告认为,事业重建的重点在于中央图书馆制度、建立全国性图书馆组织并在文部省设立担当官,并加强儿童文学的馆藏建设与解决成年人教育水平低下的问题。基尼提出通过加利福尼亚模式重建日本的公共图书馆事业,包括建立统一的图书馆体系、由学校举荐馆长从而打破政府的控制、建立国家目录实现全境书刊交换与国际书刊交换,并计划通过立法的方式推行重建计划。纳尔逊将立法与提高馆长素质作为工作重点,其中将立法作为重要一环。此后的伯内特与费尔韦瑟都在立法工作中投入了极大的精力。在具体规定中,伯内特坚持了基尼的观点,将国会图书馆作为公共图书馆体系的一员,但是反对使节团报告中提出的中央图书馆制度。对于使节团报告与基尼提出的专业水平问题、馆长任命问题、馆藏问题等,自伯内特开始转向为通过建立公共图书馆的标准寻求解决途径。可以说,美方最终认为可行的重建方案即立法一途,他们希望通过法律的制定,将美方坚持的原则、规范纳入法律条文,最终以立法的形式确定下来。

5.4 日本对本土公共图书馆观念的坚守

从日本战败到1950年日本《图书馆法》颁布的这一段时间中,依据基尼制定的重建计划①,日本的公共图书馆事业重建工作在文部省的主导下,围绕着立法工作而展开。基尼卸任后的纳尔逊代理时期,先后出现了"长岛案"与"加藤·雨宫案",并发生了公共图书馆立法的必要性之争。在伯内特在任期间,"文部省文化课案"和日本图书馆协会的"有志案"和"协会案"先后被起草出来。此后,费尔韦瑟继任之际,"文部省案"是她短暂的在任期间所接触到的主要法案。在这一法案迭出的过程中,历任 CIE 的担当官代表着 GHQ 的原则、立场与不同版本与起草机构的日本法案相交互,形成了止步于日本1950年《图书馆法》的思想发展脉络,这

---

① 三浦太郎.図書館法制定過程におけるCIE図書館担当官の関与について[J].図書館文化史研究,2000(9):4.

也是一个外力与本土化思想交汇与融合的过程。

从总体上来说,立法之争主要发生在日本图书馆界与文部省之间,其争论的立场从一开始的图书馆是否单独立法到管理制度的确立以及由此衍生出来的一系列细节规定上。为了获得 CIE 的认可,这些法案中会加入一些 CIE 官员的主张,但是这样的"加入"又具有很强的形式性,往往不能代表立法者的真正观点。

5.4.1　长岛案

严格来说,长岛案并不能视为严谨的法律规范,其中有太多原则性条款,并规定诸多事项的处理方式皆为"由文部大臣决定"。长岛案在日本图书馆史中的评价也不高,它的价值在于,是由长岛氏根据 1946 年召开的两次中央图书馆馆长会议中提出的意见汇总整理而成的,并没有包括太多长岛本人的意见①。因此,长岛案客观记载了 1946 年前后日本图书馆界对立法的初步观点与意向。长岛案共计 4 章,包括总则、国立中央图书馆、公立图书馆和私立图书馆的规定。主要规定了以下几方面内容。

(1)基本原则的规定

在《总则》中,长岛案规定了图书馆的设置原则与收费原则。

第一章第一条规定:

> 图书馆是收集并保持图书记录以供大众提高其个人修养和学术研究之用的各种文化机构。②

第十二条规定:

> 国立以及公立图书馆不收阅览费。③

---

① 岡田温.「公共図書館法案－(文部省)」にかんするメモ[M]//裏田武夫,小川剛.図書館法成立史資料.東京:日本図書館協会,1968:151.

② 公共図書館法案:文部省案[M]//裏田武夫,小川剛.図書館法成立史資料.東京:日本図書館協会,1968:148.

③ 公共図書館法案:文部省案[M]//裏田武夫,小川剛.図書館法成立史資料.東京:日本図書館協会,1968:149.

三浦太郎认为,在长岛案中完全没有基尼的思想踪迹①,他评价长岛案具备两大特色,其一是在第一条中就将图书馆定位为文化设施,其二是在第十二条中规定了不可征收阅览费②。从第一条即可看出,长岛案并不认可公共图书馆的社会教育的功能。关于收费问题,长岛案表达了日本图书馆界影响力很大的观点,即私立图书馆可以收费。从这两点中即可看出,长岛案记录了日本相当一部分图书馆行业人士的主张,也体现出对美方观点的兼顾与部分接受。

(2)关于国立图书馆的规定与中央图书馆制度

长岛案在《总则》第二条规定:

> 图书馆分为国立中央图书馆、公立图书馆和私立图书馆。③

将国立图书馆列入《公共图书馆法案》中,这是与日本图书馆界以往的观念不同的地方,其中体现出与《基尼计划》相同的观点。

长岛案试图建立起一个以国立中央图书馆为核心的中央图书馆体系,在第二章第十三条中规定:

> 国立中央图书馆负责收集和保存古今内外的书籍记录,并提供阅览
> 参考之用,并负责与都道府县中央图书馆的联络。④

在"第三章公立图书馆"中"第一节都道府县中央图书馆"的第二十六条规定了都道府县中央图书馆的建立:

> 都道府县必须建立都道府县中央图书馆。都道府县中央图书馆的经
> 费由都道府县负担,其中经费的一半由国库承担。⑤

同时第二十五条规定了地方的中央图书馆制度:

①②三浦太郎.图书馆法制定過程におけるCIE 图书馆担当官の関与について[J].图书馆文化史研究,2000(9):8.

③④公共图書館法案:文部省案[M]//裏田武夫,小川剛.图书馆法成立史资料.东京:日本图書館協会,1968:149.

⑤　公共图書館法案:文部省案[M]//裏田武夫,小川剛.图书馆法成立史资料.东京:日本图書館協会,1968:150.

都道府县中央图书馆在广泛收集和保存书籍记录以供阅览参考的同时,还负责与辖区内的图书馆建立联系。①

长岛案以中央图书馆制度为基础,以国立中央图书馆、都道府县中央图书馆为核心,组建起全国范围的中央图书馆体系,这是日本图书馆界在战后一直坚持的重建方案。在长岛案中除了提出中央图书馆体系的构建方案之外,还规定了经费来源,但是尚未涉及体系中各类型、层级的图书馆之间的分工与合作关系,因此只是一项原则性规定。

(3)文部大臣的职权

长岛案规定,文部大臣有诸多职权,几乎所有没有议定的事项最终的解决方案都是由文部大臣决定。通篇来看,文部大臣需要处理的问题大致如下:

①司书资格考试的有关规定由文部大臣决定(第一章第九条);

②国立中央图书馆的总长由一级文部事务官担任,接受文部大臣的监督,并且总长的工作中涉及一级或者二级馆员的任免问题,需要提交文部大臣决定(第二章第二十条);

③都道府县中央图书馆经费中都道府县负担的部分的标准需要由文部大臣决定(第三章第二十六条);

④都道府县中央图书馆职能和职员人数标准需要由文部大臣决定(第三章第二十八条);

⑤都道府县中央图书馆及其附属图书馆的馆员培养机构的相关规定需由文部大臣决定(第三章第二十九条);

⑥都道府县立的公立图书馆及其分馆的建立和关闭需要向文部大臣报告(第三章第三十一条);

⑦私立图书馆及其分馆的建立和关闭参照公立图书馆执行(第四章第三十四条)②。

---

① 公共図書館法案:文部省案[M]//裏田武夫,小川剛.図書館法成立史資料.東京:日本図書館協会,1968:150.

② 公共図書館法案:文部省案[M]//裏田武夫,小川剛.図書館法成立史資料.東京:日本図書館協会,1968:148－151.

可以说,公私立图书馆的建立与关闭、专业培养、专业资格的确定、国立图书馆的高级人事调动等一众问题都需要文部大臣决定。长岛案基本上将所有缺少具体参照依据的事项全部划归为文部大臣的职责范围,建立了一个高度集权的图书馆法规,这确实符合战后希望建立起中央集权的图书馆制度的日本图书馆界的普遍要求①。

(4)经费来源

长岛案规定了中央图书馆的经费来源,但对国立图书馆、公立地方图书馆、私立图书馆的经费问题未做明确规定:

①每年向公立及私立图书馆提供预算范围之内的奖励金(第一章第十二条);

②都道府县中央图书馆的经费由都道府县负担,其中经费的一半由国库承担(第三章第二十六条)②。

长岛案较为笼统地规定了公共图书馆的经费问题。虽然规定了公立图书馆与私立图书馆都可以获得奖励金,但是除了都道府县中央图书馆之外,并没有规定其他类型和级别的公共图书馆的经费来源问题。在都道府县中央图书馆的经费问题上,都道府县负担的部分还需要经过文部大臣的确定(第三章第二十六条)③,换言之只是规定了没有确定的事项而已。在经费问题上,长岛案仅提出了一个意向,毕竟公共图书馆的经费问题并非公共图书馆行业能够决定的。

(5)公立图书馆与私立图书馆

在长岛案中,依据日本图书馆界历来的传统,并接受了美国公共图书馆思想的影响,将私立图书馆、公立图书馆与国立图书馆皆视为公共图书馆的组成部分。

长岛案中规定了图书馆分为国立中央图书馆、公立图书馆和私立图书馆(第一

---

① 三浦太郎.図書館法制定過程におけるCIE図書館担当官の関与について[J].図書館文化史研究,2000(9):9.

②③公共図書館法案:文部省案[M]//裏田武夫,小川剛.図書館法成立史資料.東京:日本図書館協会,1968:148-151.

章第二条）①。在"第三章 公立图书馆"中分为"第一节 都道府县中央图书馆"和
"第二节 公立图书馆"②。这里的"公立图书馆"应该理解为在中央图书馆制度之
下的公立非中央图书馆，或者说是地方一级的、基层一级的公立图书馆。这与田中
稻城和佐野友三郎的提法非常相似。如上文所述，田中稻城在《学校外教育》的讲
稿中提到"所谓的公立图书馆是指英语中的"free public library"，是建立在市町村
的、公立的、提供书籍的免费阅览的机构"③，佐野友三郎也将"公共图书馆"分为若
干层级，这些层级是根据这些"公共图书馆"的主办机构的行政级别来确定，而在
这些级别之下还存在另一类小的"公共图书馆"，它们与那些国立、州立、郡立图书
馆同样属于更大的"公共图书馆"的范畴，但是主办者不同，且在行政隶属方面存
在上下级的差别。

在私立图书馆方面，长岛案规定如下：

> 第三十一条 私人能够建立图书馆。
> 第三十二条 工商经济会、农业会及其与之相当的公共团体能够建立
> 图书馆。根据前项规定建立的图书馆为私立图书馆。④

这是对建立私立图书馆的责任方的明确规定。如上文所述，长岛案还规定了
为私立图书馆提供奖励金的制度（第一章第十二条）⑤，并且没有对私立图书馆的
收费进行任何限制，仅规定国立与公立图书馆不收取阅览费（第一章第十二条）⑥。
由此，给私立图书馆创造了一个比较宽松的发展空间。

总体来说，长岛案的观点主要包括以下几方面：

---

① 公共図書館法案：文部省案［M］//裏田武夫，小川剛.図書館法成立史資料.東京：日本図書館協会，
1968：148.
② 公共図書館法案：文部省案［M］//裏田武夫，小川剛.図書館法成立史資料.東京：日本図書館協会，
1968：148-150.
③ 田中稻城.学校外教育［G/OL］.［2016-06-30］. http://library. doshisha. ac. jp/ir/pdf/takebayashi/
honbun/267_137_143. pdf.
④ 公共図書館法案：文部省案［M］//裏田武夫，小川剛.図書館法成立史資料.東京：日本図書館協会，
1968：150.
⑤⑥公共図書館法案：文部省案［M］//裏田武夫，小川剛.図書館法成立史資料.東京：日本図書館協会，
1968：149.

第一,将图书馆作为文化机构;

第二,将国立图书馆与私立图书馆纳入公共图书馆的范畴,并为私立图书馆提供经费支持;

第三,仅限制国立和公立图书馆的阅览费收取;

第四,建立中央图书馆制度;

第五,文部大臣对公共图书馆事业的管理拥有绝对的决定权。

5.4.2 加藤·雨宫案

加藤·雨宫案是 1947 年 8 月 22 日,由文部省社会教育局文化课的加藤宗厚和雨宫祐政拟写的一项修正款案,全称为《公共图书馆法案(修正预案)》,发布于 9 月 18 日。

三浦太郎根据史料指出,对 8 月份的修正案进行再次修正,是纳尔逊一力促成的结果。1947 年 9 月 2—3 日,第 2 次都道府县中央图书馆长会议召开,与会者之间就图书馆法的单独立法问题达成了共识。参加此次会议的纳尔逊也许是意识到了日本图书馆界对于单独立法的强烈意愿,9 月 10 日前后约见文部省的事务官雨宫祐政,命令他在一周之内制定图书馆法案。雨宫邀加藤宗厚协助,9 月 18 日向 CIE 提交了《公共图书馆法案(修正预案)》[①]。

在加藤·雨宫案前言中,雨宫祐政记录了该修正预案的编修背景:

> 纳尔逊氏要求早日将公共图书馆法完成,因此我拜托加藤宗厚氏负责图书馆的基本标准的确定,于是这份修正案在几天的时间内完成。虽然是在暴风雨中起步,并全身沾满泥水,但是希望经过专家的指正能够逐步完善起来。非常感谢以纳尔逊氏以及冈田馆长、加藤宗厚氏和其他诸多前辈的指导。[②]

---

① 三浦太郎.図書館法制定過程におけるCIE図書館担当官の関与について[J].図書館文化史研究,2000(9):11.

② 加藤宗厚,雨宫祐政.公共図書館法案(修正仮案)[M]//裏田武夫,小川剛.図書館法成立史資料.東京:日本図書館協会,1968:174.

可以说,加藤·雨宫案的出现是纳尔逊一力促成的,但是其中并没有完全体现出纳尔逊的建议,比如对收费制度的规定依然比较宽松。

从整体上看,加藤·雨宫案除了对公共图书馆提出了一般性的规定之外,还主张建立委员会管理制度,对公共图书馆进行管理,并详细规定了不同级别的公共图书馆的建立标准与从业人员的岗位要求。在公共图书馆的社会定位问题上,加藤·雨宫案中规定公共图书馆既承担着教育功能,又归属于文化机构。此外,加藤·雨宫案认可了收费制度、中央图书馆制度,并提出了以民主方式管理公共图书馆的新思路。

(1)关于公共图书馆的一般规定

加藤·雨宫案的"第一章 总则"与"第二章 组织及运营"中对于公共图书馆的一般性的问题进行了规定。

①公共图书馆的定义

加藤·雨宫案将公共图书馆定义为(第一章第一条):

> 公共图书馆是指除了学习图书馆和特殊图书馆之外的,不以营利为目的、供一般民众使用的公立和私立公开图书馆,依靠国家、地方公共团体或者其他团体的经费维持。①

加藤·雨宫案强调了公共图书馆所包含的"公开""不盈利"的内涵,并没有限定公费、公立的要素。

②公共图书馆的定位

关于公共图书馆的定位问题,加藤·雨宫案选择了折中的立场,公共图书馆分别作为文化机构和教育机构。在第一章第二条规定:

> 公共图书馆以免费阅读为原则,在供所在地的居民进行自我继续教育的同时,也必须助力于地方教育的发展。②

---

①②加藤宗厚,雨宫祐政.公共图书館法案(修正仮案)[M]//裏田武夫,小川剛.图書館法成立史资料.東京:日本图書館协会,1968:174.

在第二章第二节"都道府县中央图书馆"中第三十一条规定：

> 都道府县中央图书馆广泛收集和保存图书记录,提供给一般民众使用,必须建立为多种类型的文化机构。①

第二章第三节"市町村立图书馆"中第三十八条规定：

> 市町村立图书馆收集整理图书记录,以资提高市民的生活和个人修养,普及科学思想,增进兴趣爱好。市町村立图书馆应建立为文化机构。②

在第二章第四节"私立图书馆"中,第四十三条规定：

> 私立图书馆收集整理图书记录,在供一般民众使用的同时,还要提供给学术研究使用。私立图书馆应建立为多种类型的文化机构。③

加藤·雨宫案认定公共图书馆的社会教育功能与社会责任,又将都道府县中央图书馆、市町村立图书馆与私立图书馆都划定为文化机构。即除国立图书馆未及讨论之外,其他各级各类公共图书馆都是承担着教育功能的文化机构。

同时,加藤·雨宫案规定图书馆学校需要教授社会教育课程,培养图书馆员的社会教育能力,从专业教育的角度强化了公共图书馆的社会教育功能(第二章第二十八条)：

> 附属图书馆学校中除了向有志于担任公共图书馆员工作的学员传授图书馆专门知识与技术之外,还要培养其社会教育方面的知识。④

因此,加藤·雨宫案肯定了公共图书馆的社会教育的基本功能,但是并未将公共图书馆划归入社会教育领域,而是一再强调公共图书馆属于文化机构。反观加藤·雨宫案的表述,如市町村立图书馆"以资提高市民的生活和个人修养,普及科

---

①④加藤宗厚,雨宫祐政.公共图书馆法案(修正仮案)[M]//裏田武夫,小川剛.図書館法成立史資料.東京:日本図書館協会,1968:177.

②③加藤宗厚,雨宫祐政.公共图书馆法案(修正仮案)[M]//裏田武夫,小川剛.図書館法成立史資料.東京:日本図書館協会,1968:178.

学思想,增进兴趣爱好"的基本任务,从中可以理解到文化与教育两个方面的任务。因此,加藤·雨宫案并未否定公共图书馆的社会教育功能,而是在教育与文化中选择了文化领域作为公共图书馆的归属,这一点比较接近于佐野友三郎的通俗图书馆观点。

③公共图书馆的免费开放

加藤·雨宫案对公共图书馆的收费制度的规定也选择了折中的方式,且没有遵守 CIE 的一贯原则。在第一章第二条中规定"公共图书馆以免费阅读为原则"①,同时又规定公共图书馆可以征收阅览费(第一章第九条):

> 公共图书馆如要征收阅览费,则必须获得监督厅的认可。②

虽然加藤·雨宫案在纳尔逊的授意与督查下完成,但是加藤和雨宫还是坚持了日方的基本立场,没有因为美方的督促而贸然接受美方的观点。因此出现了这般原则上的规定与实际法律条款不符的情况。

④公共图书馆的建立主体与责任方

加藤·雨宫案提出了"法人"的概念,将"法人"作为公共图书馆的责任主体。并根据法人的不同类型区分公共图书馆的类型(第一章第四条):

> 公共图书馆必须由国家、地方公共团体或其他法律所规定的法人来建立。根据这些法律的规定,可以说,国立中央图书馆是由国家建立的图书馆,公立图书馆是由地方公共团体建立的图书馆,都道府县中央图书馆、市立图书馆以及町村图书馆、私立图书馆是由其他法律所规定的法人建立的图书馆。③

这段文字传达了两个信息,第一,公共图书馆的类型是根据其建立主体的类型而确定;第二,公共图书馆的建立主体必须是"法人"。

---

① 加藤宗厚,雨宫祐政.公共图書館法案(修正仮案)[M]//裏田武夫,小川剛.図書館法成立史資料.東京:日本図書館協会,1968:174.
②③加藤宗厚,雨宫祐政.公共図書館法案(修正仮案)[M]//裏田武夫,小川剛.図書館法成立史資料.東京:日本図書館協会,1968:175.

加藤·雨宫案所规定的"法人"仅指建立主体,并不等同于经费来源,该法案为公共图书馆规定了多种经费来源:

公共图书馆的建立者在负责管理该图书馆的同时还要承担其经费。(第一章第八条)

政府根据设置标准,向履行建立公共图书馆的义务而建立的公共图书馆提供补助金。(第一章第十条)

政府为了帮助私立图书馆的发展,在每年的预算范围之内提供奖励金。(第一章第十一条)①

由此,加藤·雨宫案提出了由建立者与政府共同出资的公共图书馆经费方案。政府需要对国立、公立与私立图书馆全面提供资助。针对不同类型公共图书馆的资助也存在差异,根据图书馆的主办方的不同,政府以不同的名目提供经费支持。

与长岛案不同的一点是,加藤·雨宫案没有强调文部大臣对公共图书馆事业的全权掌控,而是通过图书馆委员会、监督官厅或者相关法律对各种类型的公共图书馆进行监督和管理。比如,该法案在第一章第七条规定:

公共图书馆的关闭或者建立者的变动必须将理由呈报图书馆委员会,并获得监督厅的认可,分馆的变动亦然。②

除了第四章专门规定图书馆委员会的诸项责任和权力之外,第一章对监督厅的权力进行了原则性的规定,涉及第十四条、第十五条,指出公共图书馆在违反了法令规定或者监督厅的规定的情况下,监督厅可以下令关闭图书馆,或者命令其改正③。另外,在第二章的各种类型的公共图书馆的规定中,分别规定了国立中央图书馆职员的数量由监督厅决定(第二章第二十一条)以及馆长受到文部大臣的监督(第二章第二十二条);都道府县中央图书馆由都道府县监督厅根据第六条的规定,应尽可能应辖区内的民意要求建立图书馆(第二章第三十五条),而政府则根

①②③加藤宗厚,雨宫祐政.公共図書館法案(修正仮案)[M]//裏田武夫,小川剛.図書館法成立史資料.東京:日本図書館協会,1968:175.

据第十条和第一百条的规定提供中央图书馆补助金(第二章第三十六条);对市町村立图书馆没有管理方面的规定,但是规定了私立图书馆的馆长的任命需要上报监督厅(第二章第四十五条)①。

在经费方面,"第五章 财政"中规定了公立图书馆的经费由所在地的居民和公立图书馆国库补助金共同承担(第五章第九十八条),居民承担的部分参照该法的公共图书馆设置标准执行(第五章第九十九条),国库补助金除了参照设置标准中规定的最低标准(第五章第一百条)之外,还需要考察该图书馆是否到达了公共图书馆的设置标准,在未能达标的情况下需要返还补助金(第五章第一百〇四条)②。

加藤·雨宫案通过这样的管理与监督条款,建立起一个多方负责的管理制度,即建立方负责提供经费、政府提供经费资助、监督机构负责监督公共图书馆的工作和重大变动等。

⑤公共图书馆的服务

在总则中,加藤·雨宫案提出为了达到教育的目的,公共图书馆应该提供借阅与馆际互借的服务(第一章第三条),都道府县中央图书馆要建立起外借文库、巡回文库等服务内容(第二章第三十三条),具体内容如下:

> 第三条 为了达成前项的目的,公共图书馆应尽可能提供图书的自由借阅,并务必实现图书馆之间的图书互借。③
>
> 第三十三条 中央图书馆为了达成前项的目的,必须做到以下的几点内容:(中略)六、设置外借文库、巡回文库等机构……④

在第二章第十九条规定了国立中央图书馆要作为图书馆间的学术图书互借中

---

① 加藤宗厚,雨宫祐政.公共図書館法案(修正仮案)[M]//裏田武夫,小川剛.図書館法成立史資料.東京:日本図書館協会,1968:176-178.

② 加藤宗厚,雨宫祐政.公共図書館法案(修正仮案)[M]//裏田武夫,小川剛.図書館法成立史資料.東京:日本図書館協会,1968:184.

③ 加藤宗厚,雨宫祐政.公共図書館法案(修正仮案)[M]//裏田武夫,小川剛.図書館法成立史資料.東京:日本図書館協会,1968:175.

④ 加藤宗厚,雨宫祐政.公共図書館法案(修正仮案)[M]//裏田武夫,小川剛.図書館法成立史資料.東京:日本図書館協会,1968:177.

心,并负责国际图书交换等业务①。这一部分的内容融合了多方观,既包括了近代中后期佐野友三郎的巡回文库的特征,也包括了 CIE 的阅读自由和国际书刊交换的主张,是一个结合了日本公共图书馆事业的传统与美国引入的新观念的规定。

(2)图书馆委员会制度

加藤·雨宫案总则规定"公共图书馆的关闭或者建立者的变动的情况下,必须将理由呈报图书馆委员会,并获得监督厅的认可"(第一章第七条)②。在"第四章 图书馆委员会"中"第一节 图书馆委员会"对图书馆委员会的职责、成员构成以及各级委员会的职能都进行了明确的规定。

加藤·雨宫案规定了图书馆委员会的建立目的(第四章第七十条):

> 图书馆委员会代表民意规划公共图书馆经营的重要事务,以保证公共图书馆的良性发展为目的。③

在后续的条款中还规定了各级公共图书馆都需要建立图书馆委员会,包括国立中央图书馆委员会、都道府县图书馆委员会以及市町村图书馆委员会(第四章第七十一条)。其中国立中央图书馆委员会受文部大臣的监督,负责国立图书馆的相关事务的管理(第四章第七十二条),其成员包括地方图书馆委员选举的委员 12 名、国会文化委员选举的委员 2 名,日本学士院选举的委员 2 名、日本艺术院选举的委员 2 名,政府推荐的委员 3 名(第四章第七十三条)④。

国立中央图书馆委员会负责国立中央图书馆馆长的任命,并负责决定图书馆的职能、财政、运营等重要事件(第四章第七十五条);委员会所做出的决议需要呈报给相关的行政部门(第四章第七十六条),并有义务回答行政部门的问询(第四章第七十七条)⑤。

---

① 加藤宗厚,雨宫祐政.公共图書館法案(修正仮案)[M]//裏田武夫,小川剛.图書館法成立史資料.東京:日本图書館協会,1968:176.

② 加藤宗厚,雨宫祐政.公共图書館法案(修正仮案)[M]//裏田武夫,小川剛.图書館法成立史資料.東京:日本图書館協会,1968:175.

③④加藤宗厚,雨宫祐政.公共图書館法案(修正仮案)[M]//裏田武夫,小川剛.图書館法成立史資料.東京:日本图書館協会,1968:181.

⑤ 加藤宗厚,雨宫祐政.公共图書館法案(修正仮案)[M]//裏田武夫,小川剛.图書館法成立史資料.東京:日本图書館協会,1968:181 – 182.

都道府县图书馆委员会隶属于都道府县知事,市町村图书馆委员会隶属于市町村长,这些图书馆委员会的选举应参照地方自治法的规定进行(第四章第七十九条),统称为地方图书馆委员会(第四章第八十条)①。地方图书馆委员会需要配备有委员长、干事、书记和其他职员,其中委员长由委员互选产生,干事由该地区上级的公立图书馆馆长担任,书记由馆长任命(第四章第八十一条),由此产生的薪金由地方公共团体承担(第四章第八十二条)②。地方图书馆委员会需要负责图书馆馆长的任免、图书馆职员的任免、图书馆运营的重要事项、图书馆的建立和关闭、建立者的变更,以及经费、设置标准、职员的培养和图书馆相关条例的颁布和废除、图书馆储蓄金的建立和划拨的工作(第四章第八十三条),而市町村图书馆委员会在做出重大决议时必须获得都道府县图书馆委员会的认可(第四章第八十五条)③。监督厅控制地方图书馆委员会的数量,并以尊重地方图书馆行政的自治为原则,依据本法进行监督工作(第四章第八十七条)④。

加藤·雨宫案规定建立的图书馆委员会制度,其本意是"代表民意来规划公共图书馆经营的重要事务"(第四章第七十条)⑤,基本立场和原则首先是"民意",其规定的以选举的方式产生委员和委员长的方式本身也体现了民主的原则。虽然图书馆委员会制度并非加藤·雨宫案独创⑥,但是这是该制度第一次出现在具有影响力的法案之中,体现了通过立法的方式将委员会制度合法化的意图。因此,虽然加藤·雨宫案在收费制度和中央集权的图书馆制度方面确实存在某种守旧的观点,但是通过立法的方式建立图书馆委员会制度、确定其基本权力的做法体现了时代的进步。

(3)公共图书馆的职业化

加藤·雨宫案在"第三章 职员的资格和培养"中对公共图书馆的行业任职标

---

①②③④ 加藤宗厚,雨宫祐政.公共図書館法案(修正仮案)[M]//裏田武夫,小川剛.図書館法成立史資料.東京:日本図書館協会,1968:182.

⑤ 加藤宗厚,雨宫祐政.公共図書館法案(修正仮案)[M]//裏田武夫,小川剛.図書館法成立史資料.東京:日本図書館協会,1968:181.

⑥ 关于图书馆委员会制度在佐野友三郎、田中稲城等人的研究中都有所提及,在加藤·雨宫案之前的1946年12月的社会教育局的《公共图书馆制度更新提纲案》以及1947年8月的《公共图书馆法案(修正预案)》中都曾经提及,但是对于委员会的职责、建立委员会的目的都没有涉及,因此,加藤·雨宫案以专门的章节约定这一问题,显然体现了对这一制度的重视,因此本书认为加藤·雨宫案对建立公共图书馆委员会制度具有独创性的贡献。

准进行了规定。其中,分别规定了国立中央图书馆的馆长(第四十七条)、都道府县中央图书馆及市立图书馆馆长(第四十八条)、町村立图书馆馆长(第四十九条)以及私立图书馆馆长(第五十条)的任职资格①。加藤·雨宫案对国立中央图书馆馆长的要求最为严格,需要具备以下三项之一:

一、毕业于国立中央图书馆学校,并通过甲种司书鉴定考试合格者,且从事图书馆工作10年以上;

二、毕业于大学或专门学校,在图书馆工作10年以上或从事社会教育的相关工作者;

三、具备官吏任用叙级令规定的一级资格者,具备通俗或者社会教育相关学识经验的人。②

其次,要求都道府县中央图书馆馆长必须满足以下条件之一才可任职:

一、大学毕业并从事图书馆的专门性工作三年以上;

二、专门学校毕业,从事图书馆专门性工作五年以上;

三、毕业于大学或者专门学校后,又毕业于图书馆学校,从事图书馆专门性工作两年以上;

四、毕业于大学、专门学校并专修图书馆学者在经过图书馆委员会讨论后可以不考虑工作年限。③

加藤·雨宫案对町村立图书馆馆长和私立图书馆馆长的要求最低,规定町村立图书馆馆长需满足以下四条之一,私立图书馆馆长需满足前三条之一:

一、毕业于图书馆学校,在图书馆工作两年以上;

二、乙种司书鉴定考试合格者在图书馆工作两年以上;

---

①② 加藤宗厚,雨宫祐政. 公共図書館法案(修正仮案)[M]//裏田武夫,小川剛. 図書館法成立史資料. 東京:日本図書館協会,1968:178 - 179.

③ 加藤宗厚,雨宫祐政. 公共図書館法案(修正仮案)[M]//裏田武夫,小川剛. 図書館法成立史資料. 東京:日本図書館協会,1968:179.

三、在都道府县中央图书馆附属图书馆学校学习图书馆学一年以上，并在图书馆工作两年以上；

四、在图书馆工作 10 年以上。①

加藤·雨宫案对馆长的任职要求一般从学历和从业年限两方面考虑，随着公共图书馆的级别的提高而逐渐严格。各级各类公共图书馆馆长的任命皆需要由相应的图书馆委员会议定。馆长任职条件中提到了"甲种司书"和"乙种司书"，这是日本公共图书馆职业资格的级别。加藤·雨宫案规定，国立中央图书馆、都道府县中央图书馆和市立图书馆的职员以及从事图书专门性工作人员需要同时具备以下三个条件(第三章第五十一条)：

一、国立中央图书馆附属图书馆学校毕业；

二、通过甲种司书鉴定考试；

三、大学或专门学校毕业，专修图书馆学。

符合这几项规定的职员，就任于国立中央图书馆的称为文部技官，就任于其他图书馆的称为司书。②

加藤·雨宫案对町村立图书馆任职人员的要求相对低一些，要求须图书馆学校毕业、通过乙种司书考试、大学或者专门学校图书馆学毕业(第三章第五十二条)者方可任职。这一规定同样适用于从事图书借阅工作的人员(第三章第五十三条)及私立图书馆就任图书与借阅岗位的人员(第三章第五十四条)③。

上文曾提到，在《图书馆法规中应该规定的事项》中第三章第九项、第四章第七项提出了关于建立培养不同类型图书馆员机构的主张，这些内容曾经在 1937 年的《图书馆的不足》报告书中出现，也在《基尼计划》中出现过。在加藤·雨宫案中将这一意向通过法条的形式确定下来。在公共图书馆任职资格的认定方面，加藤·雨宫案规定，公共图书馆职员需要同时通过图书馆学校和司书鉴定考试(第三

---

①② 加藤宗厚,雨宫祐政. 公共図書館法案(修正仮案)［M］//裏田武夫,小川剛. 図書館法成立史資料. 東京:日本図書館協会,1968:179.

③ 加藤宗厚,雨宫祐政. 公共図書館法案(修正仮案)［M］//裏田武夫,小川剛. 図書館法成立史資料. 東京:日本図書館協会,1968:179 - 180.

章第五十八条),并且,公共图书馆职业资格的取得需要通过监督厅负责的司书资格认定(第三章第六十二条)。在日本的诸多级别的图书馆学校中,国立中央图书馆附属图书馆学校负责培养都道府县中央图书馆、市立图书馆的职员,都道府县中央图书馆附属图书馆学校负责培养町村图书馆和其他类型的图书馆以及学校图书馆的职员(第三章第六十条)。司书鉴定考试分为甲种司书鉴定考试和乙种司书鉴定考试(第三章第六十二条),大学毕业及以上学历者能够参加甲种考试(第三章第六十三条),需要考核的科目包括书志学、图书选择法、图书分类法、图书目录法、文学史、图书馆经营法、图书馆史、教育学和外语(第三章第六十四条);中学毕业程度的学历者可以参加乙种司书鉴定考试(第三章第六十五条),考试科目包括书志学、图书选择法、图书分类法、图书目录法、图书馆经营法(第三章第六十六条)。考试合格者由监督厅颁发合格证(第三章第六十七条)①。

加藤·雨宫案对公共图书馆的职业进行了系统规范,从馆长到工作人员的任职标准以及专业培养与职业资格的认定都进行了细致规定。

(4)公共图书馆的建立标准

加藤·雨宫案对公共图书馆的建立标准进行了规定。在其总则中,逐一规定了建立各种类型的公共图书馆必须参照的标准,并规定任何类型的公共图书馆都必须参照执行(第一章第五条):

> 在建立公共图书馆的时候,要依据其类型参照本法所规定的公共图书馆设置标准,并上报监督厅。②

在"第四章 图书馆委员会"中"第二节 公共图书馆设置标准"规定了建立公立图书馆的最低标准(第四章第八十八条),该标准规定的内容包括图书馆的藏书、经费、经费比例、职员的职能、职员的人数和设备(第四章第八十九条)。第九十条到第九十五条规定了不同类型的公立图书馆的最低藏书标准(第四章第九十条)、

---

① 加藤宗厚,雨宫祐政. 公共図書館法案(修正仮案)[M]//裹田武夫,小川剛. 図書館法成立史資料. 東京:日本図書館協会,1968:180-181.

② 加藤宗厚,雨宫祐政. 公共図書館法案(修正仮案)[M]//裹田武夫,小川剛. 図書館法成立史資料. 東京:日本図書館協会,1968:175.

最低经费标准(第四章第九十一条)、经费比例(第四章第九十二条)以及公立图书馆职员的职能和职员人数(第四章九十三到九十五条)①。

这一部分虽然题为"公共图书馆",但具体条文中都表述为"公立图书馆",在各项规定中也未见对设置国立图书馆或私立图书馆最低标准的规定,因此,这项设置标准是针对"公立图书馆"的,不包括国立图书馆与私立图书馆。

另外在第九十七条寻找到对国立图书馆的规定:

> 国立中央图书馆的设置标准除参照本法的规定之外,还需要符合国立中央图书馆委员会的规定。②

加藤·雨宫案针对公共图书馆的主体——公立图书馆中的各种类型制定了最低设置要求,并以此作为国库补助金发放的依据(第五章第一百○四条)③。

总体来说,加藤·雨宫案的要点体现在如下几个方面:

第一,公共图书馆包括国立图书馆和私立图书馆,"公共"的含义主要指"公开";

第二,公共图书馆同时属于教育机构和文化机构,其中都道府县和市町村立图书馆属于文化机构,而私立图书馆兼具两者性质;

第三,公共图书馆在原则上免收阅览费,但经主管部门许可后可以收费;

第四,建立多方负责的管理制度:建馆方提供经费,国库向具备条件的公共图书馆提供资助,监督厅负责监督,委员会负责管理;

第五,通过委员会制度的建立,建立起民意代表机制,参与公共图书馆的经营活动;

第六,建立公共图书馆的职业培养、职业准入和聘任制度;

第七,公共图书馆的服务包括巡回文库、倡导阅读自由,建立国际书刊交换等。

---

① 加藤宗厚,雨宫祐政.公共图書館法案(修正仮案)[M]//裏田武夫,小川剛.図書館法成立史資料.東京:日本図書館協会,1968:182 - 184.

②③加藤宗厚,雨宫祐政.公共図書館法案(修正仮案)[M]//裏田武夫,小川剛.図書館法成立史資料.東京:日本図書館協会,1968:184.

5.4.3　兵藤诸案与文化课案

在伯内特履职期间,日本文部省草拟的法案中比较有代表性的就是1948年3月兵藤清拟写的《公共图书馆法案 兵藤第六案》(简称"兵藤第六案")与1948年3月25日文部省社会教育局文化课拟写的《公共图书馆法案》(简称"文化课案")。

三浦太郎指出,文化课案的内容吸取了伯内特对于兵藤第六案提出的意见并进行了部分修改,他对文部省的修改与伯内特的要求进行了分析比对,提出两点不同之处。其一是公共图书馆的管理权问题:

> 根据CIE *Weekly Report* 记载,伯内特指出该草案中有他认为不妥当的内容,如"都道府县立图书馆设置在都道府县教育委员会之下,市町村立图书馆设置于市町村教育委员会下",他提出设置由首长部局任命的图书馆协议员会(Library Board)。并且早在1947年12月,伯内特就提出了"都道府县立图书馆与市町村立图书馆应该在图书馆协议员会的管辖之下,至于协议员会委员的任命之责是归属于首长部局亦或是教育委员会,则需要另外讨论",这一点与纳尔逊有所不同。①

其二是公共图书馆的免费开放问题:

> 文部省在1948年3月25日提出了《公共图书馆法案——文部省社会教育局文化课案》(以下简称为"文化课案")。文化课案考虑到社会教育的振兴与文化活动的发展,提出采取中央图书馆制度、促进图书馆之间的互借、建立图书馆员培养机构并建立图书馆委员会等规定。此外,在第十条中提出地方教育委员会必须听取图书馆协议员会的意见,从而加强了图书馆协议员会的发言权。并在第二十四条否定了允许公立图书馆收取阅览费的做法,但是在第十条又提出了公立图书馆得以征收阅览费的

---

① 三浦太郎.図書館法制定過程におけるCIE図書館担当官の関与について[J].図書館文化史研究, 2000(9):14.

情况,实质上并没有实行免费开放。①

从这段文字中可以获得这样的信息:从兵藤第六案到文化课案,文部省虽然接受了伯内特的建议,但是依然固守了日本公共图书馆事业中原有的元素——收费、中央图书馆制度以及行政机构对公共图书馆的管理。兵藤第六案与文化课案的问世相距1个月左右的时间,因此,文化课案更为集中、成熟地融合了美日双方的意见。

因此,本书以1948年3月25日完成的文部省案为依据,分析从兵藤诸案到文化课案的一系列密集法案中的日方观点。文部省社会教育局文化课在1948年3月25日提出的《公共图书馆法案》共八章,除总则外,分别对图书馆协议员会、图书馆委员、公立图书馆、私立图书馆以及图书馆员的培养和认定、图书馆员的资格任免、经费等内容进行了规定。该法案共计55条,另有附则11条。

(1)关于公共图书馆的一般规定

文部省案的"第一章总则"规定了公共图书馆的一般事项,包括定义、公共图书馆的类型、事业发展目标、管理制度等内容。

①公共图书馆的定义与各类公共图书馆

文化课案公共图书馆的定义进行了规范,该案强调了公共图书馆的以民众自我教育为主要方式的教育功能(第一章第一条):

> 公共图书馆是为一般民众提供调查、研究、信息、艺术鉴赏,以及有关健全的娱乐、自我教育相关的资料,以提高其素质和社会福利为目的的。②

在文化课案颁布前1个月,日本通过了《国立国会图书馆法》,因此正在起草的《图书馆法》不需要再讨论国立图书馆的归属问题,因此,文化课案仅针对公立图书馆与私立图书馆进行立法,不再讨论国立图书馆的问题。在公共图书馆的界定问题上,文化课案同样主张将私立图书馆划归在公共图书馆的范围之中,日本

---

① 三浦太郎.図書館法制定過程におけるCIE図書館担当官の関与について[J].図書館文化史研究,2000(9):14.

② 文部省社会教育局文化課.公共図書館法案[M]//裏田武夫,小川剛.図書館法成立史資料.東京:日本図書館協会,1968:211.

的本土观念与 GHQ 的主张在这一点终于达成了共识。具体规定如下(第一章第三条):

> 公共图书馆分为公立图书馆与私立图书馆。公立图书馆是由地方公共团体建立的图书馆,私立图书馆是不以营利为目的的法人或者私人建立的图书馆。①

文化课案的第四章"公立图书馆"与第五章"私立图书馆"中分别对这两种类型的公共图书馆进行了规定。

首先,在第四章中规定,公立图书馆即都道府县立图书馆与市町村立图书馆,其主要任务是尽可能地迅速普及町村图书馆,以满足居民的需求(第四章第二十条),其中都道府县市的公共图书馆的建立必须遵照建立标准(第四章第二十一条)②。该案还明确规定了要采取中央图书馆制度(第四章第二十二条):

> 都道府县建立的图书馆称为中央图书馆。都道府县中央图书馆负责该都道府县内图书馆的扶持任务,与其建立互助关系,并承担着使这些图书馆充分发挥出图书馆作用的责任。③

为了履行如上的这些职责,都道府县中央图书馆所必须承担的业务有(第四章第二十三条):

> 一、关于图书馆经营的调查研究;
>
> 二、关于图书馆的机构刊物的发行;
>
> 三、藏书目录的发行与颁布;
>
> 四、收集乡土资料;
>
> 五、收集并提供地方议会、地方行政厅所需要的资料,收集其所发行

---

① 文部省社会教育局文化課.公共図書館法案[M]//裏田武夫,小川剛.図書館法成立史資料.東京:日本図書館協会,1968:211.
②③文部省社会教育局文化課.公共図書館法案[M]//裏田武夫,小川剛.図書館法成立史資料.東京:日本図書館協会,1968:213.

的图书记录;

　　六、收集、保存档案、记录并提供外借;

　　七、建立外借文库、巡回文库的设施;

　　八、召开关于图书馆的研究会、协议会、展览会等,并进行会议指导;

　　九、进行图书与图书馆用品共同采购的指导;

　　十、其他与业务相关的必要业务。①

　　文化课案还规定了国库向公立图书馆提供奖励金(第四章第二十五条)以及公立图书馆不得征收阅览费(第四章第二十四条)两项规定②。在第二章中也对收费问题进行了规定,表述为"地方教育委员会必须遵循图书馆协议员会决议的第六项规定",即"关于公立图书馆征收阅览费的许可"(第二章第十条)③,并且在附则中第七条规定:

　　　　除都道府县中央图书馆之外的公立图书馆,在不得已的情况下可以不受第二十四条的约束,在获得都道府县教育委员会的许可后可以适当征收阅览费。④

　　内容上虽然多重参照,但是文化课案依然清楚地表达了允许除中央图书馆之外的公共图书馆收取阅览费的意思。对比来看,如果参照第十条的规定,公立图书馆的收费需要由图书馆协议员会决定,地方教育委员会参照协议员会的决定执行,但是在附则第七条又规定了公立图书馆的收费需要得到教育委员会批准。这是对公立图书馆的管理权归属矛盾的体现,从这一矛盾中可以看出文化课案匆忙接受伯内特建议,从兵藤第六案修改而成的痕迹。

---

　　①② 文部省社会教育局文化課. 公共図書館法案[M]//裏田武夫,小川剛. 図書館法成立史資料. 東京:日本図書館協会,1968:213.

　　③　文部省社会教育局文化課. 公共図書館法案[M]//裏田武夫,小川剛. 図書館法成立史資料. 東京:日本図書館協会,1968:212.

　　④　文部省社会教育局文化課. 公共図書館法案[M]//裏田武夫,小川剛. 図書館法成立史資料. 東京:日本図書館協会,1968:217.

其次是关于私立图书馆的规定。与长岛案①和加藤·雨宫案②中有关私立图书馆建立主体的规定相比,文化课案突出强调了私立图书馆特殊性:"私立图书馆必须通过其独特的风格与目的为公众服务。国家以及团体必须充分尊重私立图书馆的自主性,使其能够健康发展。"③(第五章第二十六条)

关于私立图书馆的收费问题,该案一如既往选择了支持的立场,但是规定其金额要通过都道府县教育委员会的批准(第五章第二十七条)④,这一点也与上文提到的公立图书馆的收费获批的规定相同,虽然名义上将公共图书馆的管辖权划归图书馆协议委员会,但其实还是主张由各级教育委员会管辖。

在官方对私立图书馆提供帮助方面,文化课案中显示,对于依照该法案建立的私立图书馆可以减免其依据地方财政法所应呈交的税费(第五章第二十八条),私立图书馆可以从中央图书馆之外的其他公共图书馆得到帮助(第五章第二十九条),其中做出卓越贡献的私立图书馆可以获得文部大臣颁发的奖励金(第五章第三十条)⑤。

最后,关于私立图书馆的管理,如上所述,文化课案规定了管理权归都道府县教育委员会,私立图书馆要在财务年起始与结束前2个月之内分别将收支预算与收支决算上交(第五章第三十一条)⑥,如遇下述情况,需要由都道府县教育委员会决定该私立图书馆是否可以继续开设(第五章第三十二条):

一、明显背离设置基准,没有发挥图书馆的功能且不被认为能够发挥该功能;

二、在没有正常利用的情况下闭馆时间超过6个月;

三、因其他原因对公众的服务不够充分,被认为没有开设的必要。⑦

---

① 公共图书馆法案:文部省案[M]//裏田武夫,小川剛.图书馆法成立史资料.東京:日本图书馆協会,1968:150.

② 加藤宗厚,雨宫祐政.公共图书馆法案(修正仮案)[M]//裏田武夫,小川剛.图书馆法成立史资料.東京:日本图书馆協会,1968:175.

③ 文部省社会教育局文化課.公共图书馆法案[M]//裏田武夫,小川剛.图书馆法成立史资料.東京:日本图书馆協会,1968:213 - 214.

④⑤⑥⑦文部省社会教育局文化課.公共图书馆法案[M]//裏田武夫,小川剛.图书馆法成立史资料.東京:日本图書館協会,1968:214.

可见,在文化课案中,都道府县教育委员会对于私立图书馆的管理拥有绝对的权力,而非伯内特所希望的由图书馆协议员会来行使管理权。即官方对私立图书馆不但要提供资助也要进行管理。

②公共图书馆的业务内容

文化课案对公共图书馆的业务进行了规定,认为公共图书馆只有在履行这些业务内容的情况下,才能够实现第一条所规定的目的(第一章第二条):

一、成为开明、健康且方便使用的机构;

二、充分考虑到书籍和记录的种类、使用的目的以及当地的情况而进行收集;

三、为了满足利用者的需求,要与之进行沟通,并加以指导;

四、通过建立分馆、巡回文库、外借文库等方式促进阅读的普及;

五、尽可能允许图书的自由外借,通过图书馆间的互借实现图书交流,为利用者提供方便;

六、与学校、公民馆、各种团体等密切合作,以促进社会教育的振兴与文化活动的发展。①

在这一部分,文化课案含糊表达了公共图书馆同时立足于教育与文化领域的定位,这一点与伯内特的主张以及加藤·雨宫案的观点保持一致。文化课案允许自由外借、规定开展建立分馆、巡回文库、馆际互借等业务,这一点与以往的法案相近。需要注意的一点是,该案强调了书籍的健康有益,这与伯内特主张的公共图书馆的藏书不应该对民众思想起到决定性作用②的观点依然存在差异。从前后文来看,文化课案认为公共图书馆需要对民众使用图书馆的行为进行沟通与指导,这种主张也说明,该案所理解的民众的教育水平自然没有达到伯内特一再提及的"市民"的程度。

① 文部省社会教育局文化課.公共図書館法案[M]//裏田武夫,小川剛.図書館法成立史資料.東京:日本図書館協会,1968:211.
② JPバーネット.日本図書館の再建[M]//裏田武夫,小川剛.図書館法成立史資料.東京:日本図書館協会,1968:308.

③公共图书馆的建立依据

文化课案规定了公共图书馆的建立标准,但是在该案中,公共图书馆标准的制定非常笼统,并不具备可操作性。在第一章第六条①、第四章第二十一条②,规定了必须根据基准建立公共图书馆,但是并没有提出任何可参照的标准,仅规定该标准应由文部大臣听取中央图书馆协议员会的意见拟定,内容应该包括以人口和地区状况为依据的图书馆设施、藏书、经费、职员等的最低标准(第一章第六条)③,但具体标准却未在该案中明确。相关内容仅在第一章中可以寻到些许线索——第一章第七条规定,公共图书馆中设立的馆长、司书、技师和书记的岗位及其工作内容(第一章第七条)④。

在公共图书馆的建立标准问题上,文化课案的规定不够成熟。与之相比,加藤在7月6日完成的《公共图书馆设置基准案》⑤是更为具体的规定。且早在1948年6月,伯内特提出以加藤·雨宫案中对公共图书馆设置基准的规定为依据,向达到一定标准的图书馆提供政府补贴⑥。而文化课案问世于1948年3月25日,先行于加藤制定的基准案,因此制定的基准相对比较笼统。在文化课案中能够找到的关于公共图书馆的建立标准的规定主要体现在第一章的第四条到第七条。在这一部分,大致对公共图书馆的建立与废止、人员构成等问题进行了规定。

首先,公共图书馆及分馆的建立需要将名称、所在地、占地面积、藏书的种类和数量、职员表、开馆年月和馆则、不具备阅览场所的理由、经费等情况上报,其中都道府县与市立图书馆报文部大臣批准,其他情况报都道府县教育委员会批准(第一章第四条)⑦。其次,公共图书馆和分馆的废止同样采取如上的报批流程(第一章

①③⑦ 文部省社会教育局文化課.公共図書館法案[M]//裏田武夫,小川剛.図書館法成立史資料.東京:日本図書館協会,1968:211.

② 文部省社会教育局文化課.公共図書館法案[M]//裏田武夫,小川剛.図書館法成立史資料.東京:日本図書館協会,1968:213.

④ 文部省社会教育局文化課.公共図書館法案[M]//裏田武夫,小川剛.図書館法成立史資料.東京:日本図書館協会,1968:212.

⑤⑥三浦太郎.占領下日本におけるCIE第2代図書館担当官バーネットの活動[J].東京大学大学院教育学研究科紀要,2006(3):273.

第五条)①。

从整体上看,文化课案虽然规定了公共图书馆的建立标准由中央图书馆协议员会制定,但真正颁布规定的依然是文部大臣,并且各级公共图书馆的建立与废止的批准权限归文部大臣或者都道府县的教育委员会,而不在图书馆协议员会。因此,虽然该案没有明确提出公共图书馆的建立标准,却清晰地划清了管理权限,且在字面上接受了伯内特的建议。但是,从实际效果来说,文化课案保持了与兵藤第六案基本相同的立场。

④公共图书馆的管理制度

文化课案在第二章"图书馆协议员会"与第三章"图书馆委员"中,分别对兵藤第六案中提及的都道府县教育委员会与伯内特主张的图书馆协议员会两个公共图书馆主管机构的权限和履职方式进行了规定。

该案规定,公共图书馆协议员会分为中央图书馆协议员会与地方图书馆协议员会,负责公共图书馆的相关重要事项的审议(第二章第八条)。其中地方图书馆协议员会设于各都道府县(第二章第八条)。从行政层级来看,中央图书馆协议员会上属文部大臣,地方图书馆协议员会上属都道府县教育委员会(第二章第九条)②。

文化课案规定了地方图书馆协议员会的职责,但没有规定中央图书馆协议员会的职责。该案规定,有6件事项属于地方教育委员会必须听取图书馆协议员会意见决定的,具体如下(第二章第十条):

一、关于图书馆行政的综合计划;

二、关于图书馆的条例与规范的制定;

三、关于图书馆的预算事宜;

四、关于图书馆委员的任免;

五、关于中央图书馆馆长的任免;

---

① 文部省社会教育局文化課.公共図書館法案[M]//裏田武夫,小川剛.図書館法成立史資料.東京:日本図書館協会,1968:211.

② 文部省社会教育局文化課.公共図書館法案[M]//裏田武夫,小川剛.図書館法成立史資料.東京:日本図書館協会,1968:212.

六、关于公立图书馆征收阅览费的许可。[①]

文化课案规定了图书馆员协议会的人员构成,其中中央图书馆协议员会人数在 30 人以内,地方图书馆协议员会人数在 20 人以内,并可根据需要设置临时委员(第二章第十一条)。协议员会成员主要来自相关政府机构的官员和办事员、图书馆从业者及学者,由文部大臣或者都道府县教育委员会任命(第二章第十二条)。文化课案还规定了会长、副会长的选举产生方式和任期(第二章第十四条)、协议员的任期(第二章第十三条)以及协议员会的召开频率(第二章第十五条)与临时参会的申请方式(第二章第十六条)[②]。

虽然文化课案接受了伯内特的建议,将公共图书馆的管辖权从兵藤第六案规定的教育委员会交予图书馆协议员会,使后者对公共图书馆事业中诸多事项拥有处理权力,但是文部大臣与各级教育委员会控制着协议员会的任命权,并且,在决策过程中,协议员会的结论仅作为意见呈给文部大臣与各级教育委员会裁定。因此可以说,图书馆协议员会在整个公共图书馆事业中的作用是非常有限的,而真正行使管理职能的依然是各级教育委员会。

为了便于各级地方政府管理公共图书馆事务,文化课案第三章规定了都道府县教育委员会事务局下设图书馆委员,负责视察该地区的图书馆工作、为图书馆相关事务进行咨询并将工作结果上报教育长(第三章第十七条)[③]。图书馆委员在从业者中选拔,并由都道府县教育委员会任命,人数在 5 人以内(第三章第十八条),由地方政府提供薪水与委员工作所需要的经费(第三章第十九条)[④]。换言之,图书馆委员是实际隶属于各级教育委员会、向地方教育负责人汇报并负责一地的公共图书馆事务的岗位。

(2)职业教育、资格认定与聘任

文化课案第六章规定了图书馆员的培养与资格认定方面事宜。

---

① 文部省社会教育局文化課.公共図書館法案[M]//裏田武夫,小川剛.図書館法成立史資料.東京:日本図書館協会,1968:212.

② 文部省社会教育局文化課.公共図書館法案[M]//裏田武夫,小川剛.図書館法成立史資料.東京:日本図書館協会,1968:212－213.

③④文部省社会教育局文化課.公共図書館法案[M]//裏田武夫,小川剛.図書館法成立史資料.東京:日本図書館協会,1968:213.

在职业教育方面,文化课案规定,在东京开设国立图书馆学校(第六章第三十三条),在都道府县的中央图书馆开设图书馆员养成所(第六章第三十八条)。在职业培养体系中,国立图书馆学校以学术培养为主要目的,图书馆养成所以传授必要的知识技能为目的。国立图书馆学校的修业年限为 2 年(第六章第三十四条),图书馆员养成所为 1 年(第六章第三十九条)。国立图书馆学校要求具有大学入学资格,或中学毕业后在图书馆工作 3 年以上,或获得乙种司书资格后在图书馆工作 2 年以上,以及同等资格者(第六章第三十五条)方可入学;图书馆员养成所要求入学者须完成 9 年义务教育(第六章第四十条)。文化课案还规定,在职业教育体系中还包括图书馆员讲习所,负责对从业者进行再教育。国立图书馆学校附设图书馆讲习所,授课内容涉及理论和实操,学制为半年或者一年(第六章第三十六条),都道府县图书馆员讲习所的开设则由都道府县教育委员会决定具体细则(第六章第四十一条)①。

关于司书资格的认定,文化课案同样规定司书资格包括有甲种和乙种两个级别。其中,甲种司书考试参照国立图书馆学校毕业的专业水准划定,由文部大臣任命委员负责认定;乙种司书的鉴定考试参照图书馆员养成所的毕业的水平划定,由都道府县教育委员会任命委员负责认定(第六章第四十二条)。资格认定考试每年举办一次(第六章第四十三条),并向合格者颁发证书,乙种司书的证书全国通用(第六章第四十四条)②。

该案第七章规定了聘任事宜,包括都道府县中央图书馆馆长(第七章第四十六条)、市立图书馆馆长(第七章第四十七条)、町村图书馆馆长(第七章第四十八条),以及都道府县、市立图书馆的司书(第七章第四十九条、五十条)、町村立图书馆司书的聘任标准(第七章第五十一条),还包括技师、书记的聘任规定(第七章第五十二条、五十三条),且规定了职员的任免由各级教育委员会负责等内容(第七

---

① 文部省社会教育局文化課. 公共図書館法案[M]//裏田武夫,小川剛. 図書館法成立史資料. 東京:日本図書館協会,1968:214 - 215.

② 文部省社会教育局文化課. 公共図書館法案[M]//裏田武夫,小川剛. 図書館法成立史資料. 東京:日本図書館協会,1968:215.

章第五十四条)①。

（3）经费管理

文化课案规定,私立图书馆可以获得其他公共图书馆的资助(第五章第二十九条)与文部大臣批准的奖励金(第五章第三十条),另行规定国库支持的具体事宜。

该案规定了由公共图书馆的建立方负担其经费(第八章第五十五条)②的基本原则,这一点与长岛案和加藤·雨宫案基本是一致的,但也规定,如遇以下情况,可以获得国库的拨款(第八章第五十五条):

一、第二章的地方图书馆协议员会的经费的二分之一;

二、第三章的图书馆委员会经费的二分之一;

三、都道府县中央图书馆经费的二分之一;

四、都道府县中央图书馆灾后重建的经费的二分之一;

五、第六章第二节的图书馆员养成所的经费的十分之八。③

文化课案详细规定了图书馆委员会的经费来源,其 1/2 由国库支付,其他则根据地方自治法第 203 条第 3 项及第 206 条的规定,由相应的机构承担,包括报酬与工作费用(第三章第十九条)④。

从整体上说,文化课案的要点主要包括如下几点:

第一,强调了公共图书馆的教育功能,并以民众的"自我教育"作为立足点,允许自由外借,主张建立分馆、巡回文库、馆际互借,强调了书籍的健康有益。

第二,公共图书馆包括公立图书馆与私立图书馆;其中都道府县市公共图书馆必须依据建立标准而建国库向公立图书馆提供奖励金;允许中央图书馆之外的公立图书馆收费;强调了私立图书馆特殊性,支持私立图书馆收费,政府通过减免租税和提供奖励金的方式支持公共图书馆的发展。

---

① 文部省社会教育局文化課.公共図書館法案[M]//裏田武夫,小川剛.図書館法成立史資料.東京:日本図書館協会,1968;215–216.

②③文部省社会教育局文化課.公共図書館法案[M]//裏田武夫,小川剛.図書館法成立史資料.東京:日本図書館協会,1968;216.

④ 文部省社会教育局文化課.公共図書館法案[M]//裏田武夫,小川剛.図書館法成立史資料.東京:日本図書館協会,1968;213.

第三,中央图书馆制度。

第四,文部大臣与都道府县教育委员会对公共图书馆拥有实际管理权。

第五,在职业教育方面,在东京开设国立图书馆学校、在都道府县的中央图书馆开设图书馆员养成所;分设甲种和乙种两个司书级别,分别由文部大臣任命的委员与都道府县教育委员会任命的委员负责认定。

第六,公共图书馆的建立者承担公共图书馆的经费,私立图书馆可以获得其他公共图书馆的资助。

5.4.4　日本图书馆协会诸案

在日本图书馆法制定过程中,最初的几部法案都是文部省提出的,在立法进程的中期,日本图书馆协会也参与到法案制定的工作中。1948 年 6 月 18 日,战后首次图书馆大会召开,为日本图书馆协会参与公共图书馆法立法工作创造了契机。在此次会议上,代表们除了讨论文部省提出的文化课案之外,还对由东京主导图书馆法案拟定工作的做法提出了质疑。因此,伯内特提出"希望将所有图书馆员的观点都记入法案"的主张。借此机会,日本图书馆协会建立公共图书馆法委员会①,日本图书馆协会主持起草的法案在此后不久也出现在历史舞台上。

伯内特在任期间,日本图书馆协会起草的法案主要有两部——1948 年 9 月 10日提出的《公共图书馆法案——日本图书馆协会有志案》(一般称为"有志案")以及由"公共图书馆法委员会"任命中井正一、廿日出逸晓与中田邦造三人负责的"公共图书馆法实施促进委员会"在 11 月 3 日公布的《公共图书馆法案——日本图书馆协会案》(一般称为"协会案")②。日本图书馆协会的法案中融入了图书馆工作人员的意见,在协会案的文件中专门记录了相关内容:

　　本法案是由从全国各地的图书馆领域、从事不同业务以及不同职能的业内人士中选出的 23 名代表组成的公共图书馆委员会,在去年 9 月 27

日—28 日的两天时间中议定并向日本图书馆界公布的。①

因此,与以上各法案相比,日本图书馆协会所立法案最为鲜明的特点就是以图书馆界为立场,代表图书馆界人士的意见。

与文化课案相比,日本图书馆协会提出的两个法案在内容上最鲜明的特点就是详细规定了公共图书馆的建立标准。只是从时间上看,图书馆协会提出的两案晚于 1947 年 9 月出台的加藤·雨宫案,并且晚于伯内特确定加藤·雨宫案作为公共图书馆设置这标准的 1948 年 6 月。因错过了这两个关键的时间点,日本图书馆协会所拟法案在公共图书馆建立标准问题上的影响力大打折扣。

日本图书馆协会参与立法,并没有在法规内容上提出大相径庭的观点。三浦太郎认为,协会案与文化课案从立场上来说没有明显的不同,前者的主要特点体现在明确规定不征收阅览费上②。其主要意义体现在行业主导权上。从当时的立法进程来看,日本图书馆协会参与立法,最为直接的结果就是形成两个机构之间的对立。从长岛案到文化课案,都是由文部省主导法案的拟定工作。从日本图书馆协会参与立法开始,在文部省与 CIE 之间增加了第三方,日方的意见出现分歧,呈现为日本官方主张与行业主张之间的对立。这一对立关系的形成 CIE 的外力干预提供了突破口。

1948 年 12 月,伯内特与日本图书馆协会的代表会晤时提到:“该法案的目的并不仅仅是取代图书馆令,而是为了提高经过专业训练的图书馆员的专业地位、扩大免费公共图书馆运动的基础”③。虽然有来自美方的支持,但是日本图书馆协会依然无法逾越文部省的管辖权。在协会案提交文部省后,双方的矛盾彻底明朗化,矛盾主要体现在两个方面——公共图书馆的定位与管辖权。文部省不同意全部采纳协会案,面对如此困局,日本图书馆协会明确表达了“图书馆法不应该设置于社会教育法之下”的观点,并向伯内特与 CIE 的官员求助,在协会案中与其他场合都表达了将公共图书馆作为文化机构的诉求④。同时,日本图书馆协会希望伯内特

---

①　社団法人日本図書館協会.公共図書館法案[M]//裏田武夫,小川剛.図書館法成立史資料.東京:日本図書館協会,1968:251.

②③④三浦太郎.図書館法制定過程におけるCIE図書館担当官の関与について[J].図書館文化史研究,2000(9):17.

劝说文部省,以保持图书馆委员会的独立性,而非如文部省所愿将图书馆协议员会永久置于文部省教育委员会之下,以此来实现制度独立①。

三浦太郎认为,日本图书馆协会的观点体现了独立的意识,这一点恰好与伯内特的观点一致,但是伯内特并没有因此与日本图书馆协会产生太多的交集②。时值 1949 年初,按照伯内特原本的计划,图书馆法的最终案应该在第 5 国会提出③,但是实际上,在第 5 国会得以顺利提案的是社会教育法。三浦太郎认为,图书馆法立法滞后的原因在于:首先,在文部省社会教育局看来,社会教育法的制定优先于图书馆法;其次,图书馆法的内容并未反映出业界的观点;更重要的一点在于,图书馆法案的制定会涉及高达 36 亿日元预算的需求,在当时财政紧缩的情况下是难以实现的④。

1949 年 3 月,伯内特卸任回国,这一阶段关于图书馆法的立法努力也只能止步于此。虽然伯内特的观点在日本图书馆协会提出的法案中有诸多体现,但不论从法案提出的时间点还是伯内特主持的立法进程来看,协会案在立法进程中产生的影响都是极为有限的。

5.4.5　文部省案

《公共图书馆法案——文部省案》(简称为"文部省案")颁布于 1949 年 1 月,全案共 8 章,另附附则,分别对公共图书馆的总则、图书馆协议会、公立私立图书馆以及职员、建立基准、经费、杂项等进行了规定。

(1)关于公共图书馆的一般规定

①公共图书馆的定位与范围

文部省案同样将教育与文化机构作为公共图书馆的双重定位,规定了公共图书馆的功能(第一章第二条):

---

①② 三浦太郎.図書館法制定過程におけるCIE 図書館担当官の関与について[J].図書館文化史研究,2000(9):18.

③　三浦太郎.図書館法制定過程におけるCIE 図書館担当官の関与について[J].図書館文化史研究,2000(9):17.

④　三浦太郎.図書館法制定過程におけるCIE 図書館担当官の関与について[J].図書館文化史研究,2000(9):19.

公共图书馆通过收集图书记录,以为一般民众提供自我教育、调查研究、艺术鉴赏等目的所需要的资料和信息为目标。①

文部省案同样将私立图书馆列入公共图书馆的范畴,规定由都道府县市町村建立的公共图书馆为"公立公共图书馆",由法人及其他主体建立的公共图书馆为"私立公共图书馆"(第一章第四条之4)②。

②公共图书馆的服务

文部省案规定了公共图书馆的 11 项必备服务内容,概括如下(第一章第三条):

一、在收集图书记录时必须考虑到当地的情况与公众的需求;

二、收集乡土资料与地方行政资料;

三、收集资料、档案等;

四、将图书馆资料进行分类排列,制定目录,以方便读者的使用;

五、尽量保障图书的阅览与外借自由;

六、努力宣传图书资料,接受关于阅读、调查研究的咨询;

七、图书馆之间建立联系、加强合作,通过图书的互借等方式为读者提供便利;

八、建立分馆、阅览所、配本所等设施,并采取汽车文库、外借文库等服务方式;

九、主办并召集读者会、研究会、鉴赏会、资料展示会等活动;

十、介绍并提供关于时事、产业的信息和参考资料;

十一、与学校、博物馆、公民馆、研究所等机构密切联系与合作。③

该案还规定了公共图书馆为各个机构提供的服务项目,服务对象包括政府机构、社会教育、文化机构等,具体服务项目包括实践中、法案中常见的方式,如建立分馆、外借文库、馆际互借等,同时提出应保障读者的借阅和外借自由。

---

①②③ 文部省.公共図書館法案——文部省案[M]//裏田武夫,小川剛.図書館法成立史資料.東京:日本図書館協会,1968:281.

③收费问题

关于公共图书馆的收费问题,文部省案的规定与以往的法案大体一致,规定了公立公共图书馆不得征收阅览费,但是市町村立公共图书馆可以在都道府县教育委员会的许可下收取阅览费,大阪、京都、神户、名古屋、横滨五大城市不在其列;私立图书馆可以征收阅览费(第一章第五条)①。

④管理制度

文部省案规定采取中央图书馆、图书馆协议员会与教育委员会结合的管理制度。其中,都道府县立公共图书馆作为都道府县的中央图书馆,若开设两所以上则选择一所为中央图书馆(第一章第四条之5)②。该案还规定图书馆协议员会设于都道府县的教育委员会之下(第二章第六条)③,建立了由教育委员会管理协议员会、协议员会配合教育委员会工作的管理制度。协议员会需要履行如下职责(第二章第七条):

　　一、关于公共图书馆的事务,向都道府县教育委员会汇报的同时还要
　对都道府县教育委员会和相关政厅进行汇报;
　　二、向馆长提供关于都道府县立公共图书馆及其附带设施的经营管
　理方面的建议和帮助。④

该案规定,关于都道府县立公共图书馆的设置、馆长的任免、条例规定的制定与废除、年度预算、馆员的培养、市町村立(五大市除外)公立图书馆征收阅览费的许可、私立公共图书馆的认定等问题,都道府县教育委员会必须听取图书馆协议员会的意见(第二章第八条)⑤。在协议员会与中央图书馆的关系方面,该案规定了协议员会可以向中央图书馆馆长征询意见,并且中央图书馆馆长可以出席协议员会并提出自己的观点(第二章第九条)⑥。

在协议员会的构成方面,该案规定,图书馆协议员会的人数不超过7人,成员

　　①② 文部省.公共図書館法案——文部省案[M]//裏田武夫,小川剛.図書館法成立史資料.東京:日本図書館協会,1968:281.
　　③④⑤⑥ 文部省.公共図書館法案——文部省案[M]//裏田武夫,小川剛.図書館法成立史資料.東京:日本図書館協会,1968:282.

由都道府县教育委员会任命,包括该教育委员会的社会教育委员、居住在该地区的各个团体代表、辖区内的学校校长、该都道府县的议会议员、其他有学识经验者(第二章第十条、第十一条)①。与文化课案的不同之处在于,文部省案提出图书馆协议员和临时委员在工作中产生的费用由都道府县承担,但是不得支付报酬和薪水(第二章第十二条)②。另外,市町村教育委员会以下也可以设立市町村图书馆协议员会(第二章第十四条)③。

该案还规定,中央图书馆要负责协助该区域内公共图书馆的建立工作,加强彼此联系,以便发挥其参考图书馆的功能:包括业务指导、跨地域服务、区域联合目录的编制与互借、图书资料的联合采购、专业刊物的发行与研习会议的组织等内容(第三章第十七条)④。在之前的法案中几乎没有见到"参考图书馆"的提法,这也是文部省案的特点之一。

从管理制度来看,中央图书馆、协议员会与教育委员会之间形成了形式上的合作关系。其中,中央图书馆馆长作为协议员会的顾问,教育委员会作为协议员会的上级单位,虽然教育委员会在一些事项方面必须听取协议会的意见,但实际上协议员会对于教育委员会没有强制权力,相反的,教育委员会对协议员会拥有任命与管理的权力。因此,文部省案实际上建立了由教育委员会与中央图书馆共同管理公共图书馆事业的管理制度。

(2)关于公共图书馆的认定

文部省案规定采取中央图书馆制度,将市町村立公共图书馆作为为地区居民提供服务的机构(第三章第十八条)⑤,并以符合文部省案规定的市町村公共图书馆标准的公民馆中的图书馆一并视为公共图书馆(第三章第二十条)⑥。这是该案较为特殊的一项规定。

关于私立图书馆,文部省案认为,若市町村中建有适当的私立图书馆,可以将

①②④⑤ 文部省.公共図書館法案——文部省案[M]//裏田武夫,小川剛.図書館法成立史資料.東京:日本図書館協会,1968:282.
③ 文部省.公共図書館法案——文部省案[M]//裏田武夫,小川剛.図書館法成立史資料.東京:日本図書館協会,1968:283.
⑥ 文部省.公共図書館法案——文部省案[M]//裏田武夫,小川剛.図書館法成立史資料.東京:日本図書館協会,1968:283–284.

公共图书馆事务委托于该私立图书馆,从而将其视为公共图书馆(第三章第二十一条)①。这也是文部省案中比较特殊的一项,在以往的法案中通常将私立图书馆作为公共图书馆的一部分,但是不曾出现委托业务的提法。

(3)关于职业化的规定

文部省案认定公立公共图书馆的职员为教育委员会法第六十六条第四项中的职员(第三章第二十二条)②。在第五章"职员"中规定了公共图书馆须设立馆长、司书、司书补、书记职位,町村立公共图书馆可以不设司书、司书补和书记,此外还可以根据需要设立技师和其他职员(第五章第二十五条)③,并规定了馆长、司书、司书补的任职资格(第五章第二十六条—第二十八条)④。

在职业认证方面,该案规定,司书资格分为高等司书资格与普通司书资格。其中高等司书资格者须毕业于图书馆学校高等科、通过高等司书鉴定考试,由文部大臣授予资格;普通司书资格者须毕业于图书馆学校普通科、通过普通司书鉴定考试,由都道府县教育委员会授予资格(第五章第二十九条)⑤。

职业教育由图书馆学校负责,国家与地方的公共团体和法人都可以开设图书馆学校(第五章第三十三条)⑥,在图书馆学校中开设普通科与高级科,学制均为两年,地方图书馆学校只开设普通科(第五章第三十四条)⑦。其中具备大学入学资格者或者具有同等学力者可以进入普通科学习;普通科毕业者或者普通司书考试合格者、大学修业两年以上获得40以上学分者、高等专门学校毕业或者具有如上同等资格者可以进入高等科学习(第五章第三十五条)⑧。

(4)关于费用的规定

文部省案规定,市町村要承担市町村立公共图书馆的建立、维持和运营的费

①②③ 文部省.公共图书馆法案——文部省案[M]//裏田武夫,小川剛.图书馆法成立史资料.東京:日本图书馆協会,1968:284.

④ 文部省.公共图书馆法案——文部省案[M]//裏田武夫,小川剛.图书馆法成立史资料.東京:日本图书馆協会,1968:284 – 285.

⑤ 文部省.公共图书馆法案——文部省案[M]//裏田武夫,小川剛.图书馆法成立史资料.東京:日本图书馆協会,1968:285 – 286.

⑥⑦⑧ 文部省.公共图书馆法案——文部省案[M]//裏田武夫,小川剛.图书馆法成立史资料.東京:日本图书馆協会,1968:286.

用、协议员会的费用、图书馆学校的费用(第七章第四十六条)①,都道府县需要承担都道府县立公共图书馆的建立、维持和运营的费用、图书馆协议员会的费用、图书馆学校(包括图书馆员讲习科)的费用、普通司书资格的授予与鉴定的费用(第七章第四十七条)②,国家负责依据政令支付图书馆员讲习科的研修者在研修期间的研究费(第七章第四十八条)③。

该案还规定,国家补助金用于市町村立公共图书馆、都道府县立公共图书馆的建立、维持和运营,并负担都道府县所承担的图书馆协议员会的费用、图书馆学校(包括图书馆员讲习科)的费用的1/2(第七章第四十九条之1)④。

关于私立图书馆的经费,文部省案规定私立公共图书馆要将每年的财务状况上报都道府县教育委员会(第四章第二十四条)⑤。对于根据第二十一条规定接受委托的私立公共图书馆,依据第四十九条的规定,补贴其建立、维持和运营的费用的1/2(第七章第五十条)⑥。

关于公民馆的图书室,另有政令对补助的重叠部分进行规定(第七章第四十九条之2)⑦。

(5)关于建立公共图书馆的规定

在文部省案中,对公共图书馆建立主体的规定相对宽泛,规定法人及其他主体都可以建立公共图书馆(第一章第四条之3)⑧,并规定了都道府县市町村都必须建立公共图书馆(第一章第四条)⑨。并且公立图书馆的建立需要依法进行(第三章第十五条)⑩,其中都道府县公共图书馆的建立需要上报文部大臣,市町村公共图书馆报予都道府县的教育委员会(第三章第十六条)⑪。私立图书馆的建立需要经由都道府县教育委员会认定,其认定规则也由教育委员会制定(第四章第二十三条)。在文部省案第六章"公共图书馆基准"中对公共图书馆的最低标准进行了规

---

① 文部省.公共図書館法案——文部省案[M]//裏田武夫,小川剛.図書館法成立史資料.東京:日本図書館協会,1968:288.

②③④⑦ 文部省.公共図書館法案——文部省案[M]//裏田武夫,小川剛.図書館法成立史資料.東京:日本図書館協会,1968:289.

⑤⑩⑪ 文部省.公共図書館法案——文部省案[M]//裏田武夫,小川剛.図書館法成立史資料.東京:日本図書館協会,1968:283.

⑧⑨ 文部省.公共図書館法案——文部省案[M]//裏田武夫,小川剛.図書館法成立史資料.東京:日本図書館協会,1968:281.

定,包括藏书、职员、设施几个方面①。

概括来说,文部省案的基本观点如下:

第一,将公共图书馆定位为教育与文化机构。

第二,公共图书馆包括公立公共图书馆、私立公共图书馆以及公民馆中的图书服务部分。私立图书馆可以由法人或者其他主体建立,公立图书馆必须依照该案规定的标准建立,都道府县立图书馆事务须上报文部大臣,市町村与私立图书馆事务须上报教育委员会。

第三,公共图书馆的业务和服务包括建立分馆、外借文库、馆际互借等,并须保障读者的借阅和外借的自由,为政府提供服务、保存乡土资料。

第四,规定公立公共图书馆不得征收阅览费,但是市町村立公共图书馆可以在都道府县教育委员会的许可下收取阅览费,大阪、京都、神户、名古屋、横滨五大城市不在其列;私立图书馆可以征收阅览费。

第五,公共图书馆的管理采取中央图书馆、图书馆协议员会与教育委员会协作的制度,中央图书馆馆长作为协议会的顾问,教育委员会作为协议会的上级单位,建立由教育委员会与中央图书馆共同管理公共图书馆事业的管理方式;图书馆协议员和临时委员在工作中产生的费用由都道府县承担,但是不得支付报酬和薪水。

第六,中央图书馆的职责包括协助该区域内公共图书馆的建立,加强彼此联系,以便发挥其参考图书馆的功能。具体工作包括进行业务指导、跨地域服务、区域联合目录的编制与互借、图书资料的联合采购、专业刊物的发行与研习会议的组织等。

第七,图书馆工作人员依据教育委员会法规定被认定为职员,公共图书馆设立馆长、司书、司书补、书记职位,司书资格分为高等司书资格与普通司书资格,高等资格由文部大臣授予、普通资格由教育委员会授予,均由图书馆学校培养,国家与地方的公共团体和法人都可以开设学校,学制均为两年。

①　文部省. 公共図書館法案——文部省案[M]//裏田武夫,小川剛. 図書館法成立史資料. 東京:日本図書館協会,1968:287 - 288.

第八,各地区公共图书馆的教育、机构运营所需费用中,地方政府承担1/2,国家补助金承担1/2,私立图书馆的费用也在其列。国家依据政令支付研修者在图书馆员讲习科中研修期间的研究费。

5.4.6 日方观点汇总

概括来说,日方诸法案的主要观点集中于公共图书馆的定位、公共图书馆的范畴、收费制度、管理制度与经费来源、建立标准几个方面。

首先,在公共图书馆的定位方面,将公共图书馆定位为教育机构的只有文化课案,定位为文化机构的有长岛案和协会案,定位为文化和教育机构的包括加藤·雨宫案与文部省案。

其次,是关于公共图书馆所包含的范围,长岛案与加藤·雨宫案认为公共图书馆包括国立、公立与私立图书馆,文化课案、协会案认为包括公立和私立图书馆,文部省案则认为包括公立图书馆、私立图书馆以及公民馆中的图书服务。

在收费制度方面,明确规定不收费的法案只有日本图书馆协会的协会案,部分免费的有长岛案(规定国立与公立图书馆不许收费)以及文部省案(规定大阪、京都、神户、名古屋、横滨五大城市图书馆不在许可后收费之列)、加藤·雨宫案与文化课案(规定公立图书馆可以在获得许可后收费)。

在管理制度方面,长岛案、文化课案与文部省案都规定须建立中央图书馆制度,对公共图书馆行业进行管理。在公共图书馆事务的管理方式方面,长岛案与文化课案、文部省案都将公共图书馆事业的管理权限归于文部省或者各级教育委员会;协会案提出了图书馆委员会独立的观点;加藤·雨宫案与众不同地提出建立民意代表机制参与公共图书馆的经营,并采取政府部门监督、委员会负责的管理方式。

在经费方面,可以说所有的法案都认可向私立图书馆提供资助,公共图书馆的经费都需要由建馆方承担一部分、国家再以补助金的形式或者减免租金的形式进行一定比例的补贴的经费支持方案。文部省案明确规定国家承担比例为1/2。在一些法案中规定,只有符合标准的图书馆才可以获得补贴。具体到"符合标准"的规定,除文化课案中没有提出明确的建馆标准之外,加藤·雨宫案与文部省案以及协会案中都制定了明确的建馆标准。但是几乎没有法案将税收与公共图书馆的费用明确联系起来。

在公共图书馆职业化方面，除了早期因意见汇总而形成的长岛案之外，其他法案几乎都提到了需要规范职业培养、准入与聘任制度的规定。在诸法案中，通常规定日本的公共图书馆职业分为高低不同的两级，高级别的职业资格由文部大臣负责考核与任命，低级别的则由地方教育委员会负责考核和任命。

在业务与服务方面，诸法案都肯定了读者的自由阅读与自由外借的权利，并主张通过发展巡回文库、建立分馆、馆际互借、外借文库等方式保障读者的阅读权利。加藤·雨宫案还规定了要进行国际书刊交换，这与基尼计划是一致的；文化课案沿袭了前一阶段要求馆藏书籍须健康有益的规定，文部省案明文规定，公共图书馆应负责保存乡土资料，并为政府提供服务。

5.5　日本公共图书馆思想的新特点

在日本的环境下，在时间轴上聚焦于第二次世界大战后的初期。公共图书馆思想具备了这一时代独有的特征。日本战后的公共图书馆思想承袭于近代中后期，美方的介入为承袭而来的思想元素注入了外力，时代的发展对公共图书馆这一事物的演进提出了新的要求。于是，自日本近代中后期绵延而来的观念在战后呈现出时代的印记。

在美方民主化浪潮之下，日本社会经历了急速的进化过程。民主驱动了市民社会的进展，"公共"的内涵也随之发生了改变。田中稻城的事业主张中，"free public library"围绕公立、公开、免费的内涵而展开，田中主导了私立图书馆公立化的工作，将私立的教育会图书馆大部分保存了下来，使私立图书馆在提供公共图书馆服务的同时获得了公立化的可能性①。从战后公共图书馆事业的发展来看，私

---

① 田中稻城. 学校外教育［DB/OL］.［2016 - 06 - 30］. http://library. doshisha. ac. jp/ir/pdf/takebayashi/honbun/267_137_143. pdf.

立图书馆公立化的思想在文部省案中得到了体现,但是"免费"却没有得到实现。从诸法案看来,基本将"公共"的含义等同于"公开",但是忽略了"公立"与"免费"在公共图书馆内涵中的比重。

在本土思想形成期,日本本土化的公共图书馆思想已然形成,并在佐野友三郎与田中稻城等人的主导下,具备了丰富的内涵。在这一阶段,日本图书馆界将公共图书馆分视为公立公共图书馆与私立图书馆两种类型,并将国立图书馆分列在公共图书馆的范畴之外。在上一阶段,佐野与田中对公共图书馆事业的规划大都以公共图书馆的功能为依据,因而构建起包括参考图书馆与通俗图书馆两项功能公共图书馆事业整体。在公共图书馆的功能体系中,佐野友三郎主张以通俗图书馆为核心,满足一般民众的阅读需求,提出了巡回文库、简化外借手续、加强儿童服务等观点;田中稻城也主导了教育会图书馆的转型。这些对通俗图书馆功能的关照、民众阅读需求的考虑在本阶段的法案中皆有体现。在战后初期,"民众阅读"的概念在美方掀起的民主化浪潮中已经发展为阅读自由的权利,并成为日本公共图书馆事业中的一个重要元素,在法案中得到了充分的体现。上一阶段,日本公共图书馆事业关注读者的自由权利,在战后,围绕公共图书馆事业的自由权利发展为读者权利与图书馆权利的双重含义。对图书馆权利的发现成为本阶段的一个焦点,集中体现为对公共图书馆管理权限归属问题的争论上。

在《图书馆法》的立法过程中,虽然各项法案均出自日本本土机构之手,但是实际上,各项法案中或多或少都体现了美方的观点与立场。

其一,是对公共图书馆社会功能的讨论。在公共图书馆的管理权之争中,有关公共图书馆的社会功能的探讨也成为争论的焦点。在近代中后期,对公共图书馆的教育本质形成了普遍共识,在二战后初期,随着 GHQ 的民主化改造浪潮的兴起,对公共图书馆的功能也进行了新的探讨,集中体现在教育机构与文化机构的争论上。一些法案将公共图书馆定位为文化与教育机构,一些法案择其中的一项功能而定。美方认为对于具有一定教育水平的市民而言,公共图书馆不应是简单的教育机构,还应该具备文化机构的功能,或者说,其主要功能是教育,但是要作为文化机构发挥教育的功能,这是针对市民社会中具有一定素质与民主意识的民众而言的,这一点在法案中也有所呈现。应该说,对公共图书馆功能的再认识即是对公共图书馆认识的加深，也是对公共图书馆管理权归属的讨论。

其二，是公共图书馆的经费来源与免费开放问题。一方面，CIE 从一开始就强调了公费、公开与自由权利的基本理念，其中的自由特指读者与图书馆两方面的自由权利。在图书馆自由权利的维度，自由权利延伸出了公共图书馆对独立、健全的管理制度的要求。另一方面，是对公共图书馆运营经费的探讨，美方一再强调以税费支持公共图书馆事业的主张，但是日方对这个问题一直比较坚持，倾向于由政府部分提供补助金、同时收取一定费用的方式。因此，仅仅在一定程度上接受了美方的观点。

其三，是公共图书馆事业的结构。CIE 最初提出了中央图书馆制度与文部省负责公共图书馆事业管理的观点，之后历任担当官都对此提出了反对意见，但是大多数法案都无法接受担当官的建议，都以法条的形式明确规定建立中央图书馆制度。

日本公共图书馆思想的演进有其自有的路径与节奏。第二次世界大战后初期，美国在日本推行自由民主的风潮，大力推进日本公共图书馆事业的战后重建工作，为日本公共图书馆的发展注入了外在的推动力。外力的作用结果受到本体的制约，起决定作用的是日本公共图书馆事业的发展实景、社会环境。因此，美方虽然通过 CIE 的图书馆担当官直接作用于日本的公共图书馆事业并主导了战后重建的工作，但实际上，对于美方的建议，日本图书馆界选择了接受、犹豫与拒绝三种方式。比如收费制度，虽然美方自始至终明确表示公共图书馆应提供免费服务，但是几乎所有具有代表性的法案都体现了一直的反对立场，坚持收取阅览费。再如中央图书馆制度，虽然在 CIE 早期的文件中将其作为重建的基本方案，但是随即表示并不支持此项决议，日方则始终坚持以中央图书馆制度作为公共图书馆事业的组织方式，并没有将美方的意见考虑在内。

战后初期的结束点是 1950 年《图书馆法》的颁布。这部法律虽然在内容上比《图书馆令》前进了一小步，但并没有体现出诸法案中的主张，只是强行规定了公立图书馆的免费制度，因此从历史上来看，这部立法一度被视为日本公共图书馆事业的"倒退"①。但是,以立法的方式将免费开放作为公共图书馆的属性予以固定,无疑推进了日本公共图书馆事业的发展。

　　"免费"与"公开"的叠加,加之以各种形式提出的"公费"支持的方案,可以说,战后日本的公共图书馆思想中加入了很多捍卫市民阶层的权利的内容;更为重要的是,在非官方的日本图书馆协会起草的1950年日本《图书馆法》的法律文件中贯彻了"免费"的要件,这本身就是对政府之公共的淡化,促使"谁之公共"发生了改变。但是战后初期日本的市民社会的发展程度约束了这一强行加入的变量的作用力,也就是说,此时的"公共"虽然不完全是政府的,但是也算不上是市民的。应该说,这种改变的实际意义微乎其微,正如安德鲁·戈登所说的,"占领当局虽然不遗余力地推动改革,其成功与否,也只能成为众多因素之一而已。更重要的因素是历史"②。在战后初期日本公共图书馆思想的决定因素不是舶来的思想原貌如何或者日本学者的接受与理解的程度如何,而是其自身的发展到了什么程度、社会的发展是否准备好具备某一因素。在美方的一再坚持之下,其作用力的结果依然无法跳脱日本社会的约束。

---

①　塩見昇.図書館概論[M].東京:日本図書館協会,2001:129.

②　戈登.200年日本史:德川以来的近代化进程[M].增订版.香港:中文大学出版社,2014:304.

6 日本公共图书馆思想的完善(1950—1970)

在 1950 年至 1970 年这一阶段,1950 年《图书馆法》的颁布是日本公共图书馆事业发展的起点。在上一阶段的立法过程中,诸多法案竞相发布,呈现出思想活跃与发展的态势,但正式立法并未以法案中坚持的观点与立场为依据,时任日本图书馆协会理事长的中井正一将这部图书馆法评价为"赢得了一座桥头堡"①。

CIE 第三任图书馆担当官费尔韦瑟在任时期,向中田邦造提出自己的看法,大体表达了不能认可将图书馆的建立义务化,主张以民意作为建立的依据。日本图书馆协会在接受了费尔韦瑟的建议后,8 月 12 日认可了法案促进委员会提出的观点,即与《图书馆令》相比,"如果无法制定出前进一步的法案的话就不应该促进它的实现"。然而事实却变成,"如果是前进一步的法案,则应该促进其实现",因而进入了"因被要求让步的原则而让步"的困境之中,其结果就是将"日本图书馆人数年来希望建立的义务设置、国库补助、中央图书馆制度等悉数放弃,接受了符合英美传统公立图书馆(免费开放与任意性)特征的图书馆法",被称为"扔了果实采了花"②。

因此,1950 年《图书馆法》并未代表第二次世界大战后初期日本公共图书馆思想的内涵,但是这部图书馆法以立法的形式确切地奠定了 1950 年后日本公共图书馆事业和思想发展的起点。

关于该法的研究在国内学者已有的研究中多有深入剖析,不再多做论述。

---

① 森耕一.公共図書館:日本図書館講座.第 4 卷[M].東京:雄山閣出版,1976:165.
② 森耕一.公共図書館:日本図書館講座.第 4 卷[M].東京:雄山閣出版,1976:164 – 165.

6.1　1950 年后的现代日本社会

1950 年到 1970 年,随着美国对日政策的变化以及 1952 年美国对日占领的最终结束,日本的社会环境发生了很大变化——经济复苏,教育发展,新中产阶级成为社会的主流阶级。在社会分级的进程中,教育水平、性别、宗教信仰与民族之间形成了新的分歧点,而战后的共同经历为日本社会构筑了共同体验,促成了同质化的契机,社会成员在分歧中形成了同质化的共识与目标,一个具有共同利益与凝聚力的日本社会在战后十余年后逐渐形成。可以说,共同体验的同质化强化了市民的共同利益,也为公共图书馆思想的成熟提供了崭新的土壤。

6.1.1　美国占领政策的逆转与结束

在以麦克阿瑟为代表的美国政府对日本的占领过程中,美方的对日政策经历了多个发展阶段。最初,美方大力推崇民主与自由,将民主政治作为对日本进行改造的目标;从占领中后期开始对日本战败前的统治力量逐渐认可与妥协,以确保日本社会的发展不会走向另一个极端为目标。在占领过程中,美国政府中的温和改革派早在日本投降之前就拟定了在日本"建立政治民主的基本法则便可"的基本原则,认为若进一步走向以社会为基础的大众民主,可能会产生危险。因此他们主张把政权交给战前精英中的"稳健分子",包括商界领袖、外务省中比较亲西方的官僚等。温和派支持利用天皇作为稳定力量,使日本社会倾向保守及团结一致。这一转变的影响力始于 1947 年,被称为"逆转过程"。①

在"逆转过程"中,日本的改革速度被大幅度放缓,美方在维稳的新政策之下,指挥日本政府在 1950 年发起"红色清洗"运动,打击日本共产党,二战时期的日本领导者借此机会获得了释放,重新回到政治舞台②。美方为了防止日本的民主发

---

① 戈登. 200 年日本史:德川以来的近代化进程［M］. 增订版. 香港:中文大学出版社,2014:310 – 311.
② 戈登. 200 年日本史:德川以来的近代化进程［M］. 增订版. 香港:中文大学出版社,2014:311 – 312.

展过速,在大张旗鼓地为日本建立民主与自由的大潮中止步,重新植入了天皇与旧的统治阶层。

1950 年,美国对朝鲜发动战争,正好为日本提供了一个"特需景气",解决了日本所有的问题。战争开始后,麦克阿瑟在东京遥控指挥,并带领一个庞大的幕僚团进行后勤补给。日本各种工业的规模和水平都居亚洲之首,又有地利之便,因而美军所需要的战争物资和服务几乎都在日本就地取材。据统计,1950 年战争爆发后,美军发给日本的"特需订单"金额超过 16 亿美金。此外,美军几乎占用了日本80%—90% 的机场和海港设施用于运输补给;机场不足,美军便协助日本扩建了 20个机场;港口不足,就扩建港口。第二年,日本的国民生产总值已经恢复到战前水平①。

美国面临朝鲜战争的压力,对日本的占领逐渐成为负担,在美国国内也不断出现终止对日占领的声音②。美国极力游说盟友,与菲律宾、澳大利亚、新西兰等国签订防卫协议,并在合约中规定亚洲各国可以与日本订立双边协议,以解决赔偿问题,于是,1951 年 9 月,48 国在旧金山举行会议并签订合约,正式结束与日本的战争状态,美国对日本的占领在 1952 年 4 月正式结束③。

美国对日本占领状态的结束并不十分彻底。一方面,日本战后的经济、政治、社会方面的种种问题并没有彻底解决;另一方面,美国与日本在国土与军事方面还留有争议。但是,随着驻日美军的撤离,日本获得了自主发展的机会。日本的天皇制被保存下来,在经济复苏的形势之下,社会获得了发展的新机遇。

6.1.2 日本经济复苏与新中产阶级的兴起

(1)战后经济的复苏

在经济方面,日本国内经济经历了 1945 年到 1949 年的战后恢复期,在 1949年后逐步稳定下来,并在 20 世纪 50—70 年代初期以惊人的速度发展起来。

筑造日本经济的这一"奇迹"的原因是多方面的。张丽芝认为,日本经济的快

---

① 吕正理. 从困境中奋起——另眼看 1945 年后的东亚史[M]. 新竹:"清华大学"出版社,2016:60-61.
② 戈登. 200 年日本史:德川以来的近代化进程[M]. 增订版. 香港:中文大学出版社,2014:314.
③ 戈登. 200 年日本史:德川以来的近代化进程[M]. 增订版. 香港:中文大学出版社,2014:315.

速发展是因为战后民主改革调整了社会经济结构、朝鲜战争的军需物资的庞大需求、长期推行高积累、高投资与强化资本积累的政策，以及对科技、管理方法、职工文化的投入与贸易立国的思想等方面共同作用的结果①。吴建华则认为教育在其中发挥了极其重要的作用，通过不断加强教育投资、开发人的能力、提高劳动者的素质，造就了实现经济高速增长的一个基本因素②。

从模式上看，日本战后的经济并不是一个完全自由的市场经济体，国家在其中确实发挥了极其重要的作用，私人企业在其中又拥有着极大的自主权，甚至可以违反政府的规定③。因此，对经济复苏这一现象需要从经济活动的参与者与国家两方面加以理解。从这个意义上说，日本战后出现于 20 世纪 50—70 年代的经济复苏是一个国家与企业共同作用的结果，同时也不可忽视国际社会大环境对日本国内经济的影响力。

在经济的参与者方面，企业的经营能力、人力资源的优良品质、人们从战前延续的储蓄习惯与战后逐渐提高的消费能力带来国内需求的增长，对经济的复苏发挥着不可替代的作用，加之战后在多国普遍出现的"经济奇迹"的现象为日本带来的特殊而有利的国际环境④，这些都为日本经济的复苏奠定了基础。

国家在经济活动中的作用相对间接，从美国占领时期开始，在联合国最高司令部的协助下，日本政府保留了经济权力，包括外汇与技术专利权等，利用这些权力作为操作杠杆，有选择地支持或抵制某些企业⑤。战后初期以后，国家对经济的干涉不再以法律条文为依据，而变为非正式的方式，即由最为重要的指导机构"国际通商产业省"以"行政指导"的方式涉足经济事务⑥。安德鲁·戈登将日本政府对经济的管理分为"一般情况"与"较为直接"两种方式，即政府在经济运作中作为推波助澜或者背书的角色，自 1948 年起通过经济企划厅发布一连串的"五年计划"起到告知而非约束的作用，或者保护和培养正在萌芽的产业两种方式⑦。

综合来说，在 1950—1960 年的 10 年间，日本经济快速发展，1960 年，日本的工

---

① 张丽芝.日本战后经济"奇迹"的奥秘[J].牡丹江师范学院学报(哲学社会科学版),2003(1):42.
② 吴建华.日本战后的教育投资与经济增长[J].西南师范大学学报(哲学社会科学版),1994(3):82.
③ 戈登.200年日本史:德川以来的近代化进程[M].增订版.香港:中文大学出版社,2014:324.
④ 戈登.200年日本史:德川以来的近代化进程[M].增订版.香港:中文大学出版社,2014:322-324.
⑤⑥⑦戈登.200年日本史:德川以来的近代化进程[M].增订版.香港:中文大学出版社,2014:325.

业生产虽然落后于美国和西德,但是已经超过英国、法国,并有一部分产品,如收音机、电视机、人造纤维、船舶等,在世界上占有重要地位。钢铁产业刚刚兴起,已有急追之势①。日本首相池田勇人(1899—1965)于昭和三十五年(1960)上任,提出"国民所得倍增计划",目标是让日本国民所得在 10 年间增长一倍,结果只用了 6 年,到 1966 年日本人均所得就已经超过 1000 美元,是 1960 年的 2 倍以上②。

可以说,日本经济在 20 世纪 50—70 年代的飞速发展是多因素共同作用的结果。其一是人口暴增,其二是国民平均消费剧增③。随着经济的复苏,日本的综合国力、国民生活状况都随之发生了变化。在经济层面之外,在国家政策的宣告与推动之下,日本国民共同经历了一个经济史主导下的社会史发展过程,这一过程势必影响到每一个国民的思想与行为方式④。在这一过程中,新兴中产阶级的生活方式与观念逐渐成为日本社会普遍价值观的代表,从而催生了一个通过共同体验而趋于同质化的社会发展阶段。

(2)新中产阶级的兴起

在经济复苏的进程中,日本社会的中间阶层逐渐发展壮大。这一阶层通常受到良好的教育,其所从事的事业往往与社会具有密切的关联,并且逐渐占据了日本社会的大多数,从而成为日本社会的新兴与主导阶层。可以引用富永健一的解释来说明这一新兴的中间阶层所具备的特征:

> 所谓新中间阶层,在他们是被雇佣者,即无产者(basitzlos),这一点上,与工人完全相同。但他们具有下述特征:他们的职业种类不是体力劳动,从大的方面来看,主要从事专门技术性的、管理性的、事务性的、销售性的职业,因而有较高的教育水平、知识水平、技术水平,所以威望和收入都比较高。⑤

---

① 吕正理.从困境中奋起——另眼看 1945 年后的东亚史[M].新竹:"清华大学"出版社,2016:74.
② 吕正理.从困境中奋起——另眼看 1945 年后的东亚史[M].新竹:"清华大学"出版社,2016:196.
③ 吕正理.从困境中奋起——另眼看 1945 年后的东亚史[M].新竹:"清华大学"出版社,2016:197.
④ 戈登.200 年日本史:德川以来的近代化进程[M].增订版.香港:中文大学出版社,2014:319.
⑤ 富永健一.社会结构与社会变迁——现代化理论[M].昆明:云南人民出版社,1988:171.

在日本,这一中间阶层主要形成于 20 世纪 50—60 年代初期①。在其兴起之前,日本民众的工作状态高度分散,只有少数人因其受教育程度较高可以在家庭以外的地方工作并领取工资,而大部分人的工作地点都以其居住地为基础,主要从事家庭事业或者农业,超过一半的劳动人口的工作是与家庭有关的,这种情况从战前持续到 20 世纪 50 年代②。这些小商店、小型贸易商、小型工厂成为旧中产阶级的核心,也是战后各个城镇社区中的重要力量③。

随着战后经济的逐步复苏,日本社会出现了人口城市化迁移、教育普及与就业方式的转变几方面的突出变化,这些驱动力促成了新中产阶级在日本的出现与不断发展壮大。

从 20 世纪 50—60 年代,日本每年有 100 万人口离开农村移居城市,由于城市铁路支线在 20 世纪 10—20 年代已经开始建造,因此郊区社会陆续出现,市郊生活也慢慢成形。东京、大阪等大城市在这段时间持续发展,成为追求新鲜现代生活的人群的向往之地。城市人口也在这一过程中迅猛发展,1950 年的日本城市人口占全国总人口的 38%,1975 年则增至 75%④。

在教育方面,虽然战后初期盟军的教育改革使义务教育得到了普及,但是直到 20 世纪 50 年代,日本民众受教育的程度依然泾渭分明,形成了三个明显的分水岭,即初中毕业、高中毕业与大学或高等学校毕业⑤。在 1955 年,大约 50% 的青年在完成初中教育后不再继续深造,另有 1/3 的学生完成高中教育,这其中能够进入高等教育学校的只有 15%⑥。在 20 世纪 50 年代末期到整个 60 年代,日本民众的受教育情况发生了巨变,高中入学率急剧增加,1955 年为 50%,1970 年增至 82%,1980 年增加到 94%,进入两年制和四年制大学的学生比例也大幅度提升,到 1975 年为止,已经达到高中生人数的 35%,在当时这个数字不但领先于很多欧洲国家,甚至接近美国的水平⑦。在如此高的受教育程度与接受高等教育的比例之下,原

① 杜伟,唐丽霞.析日本新中产阶级的形成与社会影响[J].贵州师范大学学报(社会科学版),2004(3):42.

②③ 戈登.200 年日本史:德川以来的近代化进程[M].增订版.香港:中文大学出版社,2014:328.

④⑤⑥ 戈登.200 年日本史:德川以来的近代化进程[M].增订版.香港:中文大学出版社,2014:327.

⑦ 戈登.200 年日本史:德川以来的近代化进程[M].增订版.香港:中文大学出版社,2014:331.

本的三个分水岭缩减为两个,因为没有接受过高中教育的人数已经非常少了①。从 1961 年到 1974 年的日本高等教育入学学生的家庭收入层次来看,可以说从最低阶层到最高阶层的分布相当平均,历年的各阶层所占比例基本都在 15%—25% 左右,可以看出这一时期日本的教育机会均等化的程度—— 一方面是以考试成绩作为唯一的录取标准的,不存在家庭经济力量的特殊优待;另一方面也可能是由于战争的破坏与战后通货膨胀使昔日的精英阶层的地位受到了动摇,社会财富得到了重新分配②。

在就业方面,1950 年前后,日本的就业方式依然以居住地为主,从 20 世纪 50 年代末到 60 年代末,以家庭为中心的工作方式发生了变化,大部分工人远离家庭,外出赚取薪水,从事家庭工作的比例从 20 世纪 50 年代末的 2/3 降低到 20 世纪 60 年代末的 1/2 以下,从 1960 年到 1970 年间,受雇于家庭外的女性工人的比例从 42% 增加到 53%③。

日本战后阶级布局的变化,在民族改造和经济的变迁中,阶层的界限日渐模糊,流动性逐渐增大,最明显的变化就是农民阶层急剧缩小,其劳动力转入城市,在现代化与产业化的影响下,大部分加入到了专业技术、管理、事务与销售等各领域中,为新中间阶层的发展与壮大提供了条件④,而教育的发展、受教育程度的普遍提高又为农村劳动力离开家庭产业、立足于城市的发展提供了知识准备。这些具有较高的知识能力的劳动者进入城市,形成了改造社会的一股新力量。

6.1.3 战后同质化社会的形成

随着经济复苏而出现的新中产阶级,其产生的过程本身就伴随着趋于同质化的特征——生存环境的同质化、教育机会的均等化、就业方式的共同化等。这一出现在社会生活方方面面的趋同性不但催生了日本现代社会的核心阶层,也为该阶层的社会主导地位的建立奠定了同质化社会的基础。日本新中产阶级形成的 1950

---

① 戈登. 200 年日本史:德川以来的近代化进程[M]. 增订版. 香港:中文大学出版社,2014:331.
② 戈登. 200 年日本史:德川以来的近代化进程[M]. 增订版. 香港:中文大学出版社,2014:332.
③ 戈登. 200 年日本史:德川以来的近代化进程[M]. 增订版. 香港:中文大学出版社,2014:333.
④ 杜伟,唐丽霞. 析日本新中产阶级的形成与社会影响[J]. 贵州师范大学学报(社会科学版),2004 (3):42 - 43.

到 20 世纪 60 年代,正是日本结束了战后的"过渡期"逐渐形成"战后"社会的时期①。在这一阶段,日本的公共图书馆思想也趋于成熟,通过《图书馆自由宣言》(1954 年)、《中小都市公共图书馆的运营》(简称"中小报告",1963 年)以及《市民的图书馆》(1970 年),正式确定了日本公共图书馆的发展方针。不但为此后 30 余年的公共图书馆的发展明确了方向,在实践中也取得了丰硕的成果。战后社会的形成,除了经济的准备、社会教育的发展、都市化的进程等因素之外,最重要的就是通过新中产阶级的形成,使日本社会通过同质化过程建立起共同的价值观与社会理想,使新中产阶级以有力的方式参与政治与社会生活,得以为实现占据社会成员绝大多数的新中产阶级利益而制定出行之有效的规范与制度。

(1)战后的异质社会结构

日本在战后的 10 年中,依然处于异质的社会结构中,这是一种"跨战争"的模式。所谓政治与经济方式的"跨战争"体制,它形成于经济大恐慌,穿越战争以至战后时期,具体而言,可见之于产业政策及企业财团之重组、劳资关系、劳动阶级中之女性新角色、农村土地改革。就社会而言,"跨战争"体制亦同样由 20 世纪 20 年代延伸至 20 世纪 50 年代,也有一定作用,产生一系列社会模式。因此在第二次世界大战结束以至其后十年间,仍可以看到社会结构及人民的生活方式中带有跨战争痕迹。所谓跨战争社会体制,是指一个异质化社会,无论从社区邻里、家庭、学校及职场,均可见到这种历久不衰的异质性,甚至因而产生对立②。

"异质化"作为一种社会体制的特征,在战后的 10 年间充斥于日本社会的方方面面,也成为这一时期日本社会特点的集中体现。

从人口布局来看,在上一节曾经提到 20 世纪 50 年代到 60 年代的农村人口向城市迁移的高潮。在这一过程中,1955 年前并没有体现出城市人口剧增、农村人口骤减的效果,这是由于在人口流向城市的同时,数以百万计的士兵在战后复原,他们有的回家团聚,有的组织新的家庭,在这段时间日本出现了婴儿潮,其高潮是在 1947 年到 1949 年,每年出生人口达到 270 万。从 1945 年到 1955 年,日本总人

---

① 戈登.200 年日本史:德川以来的近代化进程[M].增订版.香港:中文大学出版社,2014:319.
② 戈登.200 年日本史:德川以来的近代化进程[M].增订版.香港:中文大学出版社,2014:326.

口增加 1860 万。因此，虽然出现了明显的人口迁移，但实际上因为人口的快速增长，截止到 1955 年，农村所占人口比例虽然下降，但实际居住人口数量并没有减少。因此，在这段时间，都市与农村的生活都得到了蓬勃的发展①。

从教育和就业来看，上一节曾经提到，盟军的教育政策推行到 1950 年，直至 1955 年接受高等学校教育的比例只占完成高中教育的学生的 15%，而在日本，以教育程度为依据划分社会阶层的方式，从战前跨越战争期间一直绵延至战后②，因此，受教育程度局限了民众就业的可能性与职业的发展可能性，教育水平的高低将民众切分为不同阶层并固定下来，就业的职位高低也因此保持了稳定的状态，各阶层之间的流动性较差，社会等级结构相对稳定。

在家庭生活方面，20 世纪 50 年代的日本民众的日常生活基本保持了旧式的方式。从 20 世纪 20 年代起，日本的主要家庭组合方式是以核心家庭与三代同堂为主，从比例而言差不多各占 1/2，这种情况在战后 10 年依然延续着。另外，家庭的物质生活条件也保持了战前的状态，妇女保持了一种从 20 世纪初延续下来的"世界风与本土风混杂"的日常生活方式。在生活与休闲、庆典习俗方面，20 世纪 50 年代的日本人依然将生活圈定位于"家"的周边，婚丧嫁娶选择在社区进行，甚至妇女生产、家人去世也大多数发生在家里③。

从总体来说，在战后 10 年的异质化社会中，随着人口增加，农村与都市的生活都得到了发展，人们普遍保持了战前延续下来的生活方式，而教育的层级分化也使社会阶层之间保持了相对稳定的关系。

（2）共同体验与同质化促进战后市民社会的发展

在经过了战后初期的 10 年以后，日本社会成员在共同的经历中呈现出从异质化社会向同质化社会转变的趋势。随着新中产阶级的出现，其所代表的一种特定的价值观被越来越多的人亲身体会，从而成为日本社会的主流，即确立了中产阶级的社会模式④。

---

① 戈登. 200 年日本史：德川以来的近代化进程[M]. 增订版. 香港：中文大学出版社,2014:326 - 327.
② 戈登. 200 年日本史：德川以来的近代化进程[M]. 增订版. 香港：中文大学出版社,2014:327.
③ 戈登. 200 年日本史：德川以来的近代化进程[M]. 增订版. 香港：中文大学出版社,2014:328 - 330.
④ 戈登. 200 年日本史：德川以来的近代化进程[M]. 增订版. 香港：中文大学出版社,2014:319.

战争及战后时期接二连三引发的事件,如大空袭、联合国最高司令部实施的土地及劳工改革、摧毁战前精英财富的大规模通货膨胀,原有的经济基础因而在很大程度上受到冲击。在这种背景下,当经济再趋向成长时,共同化生活方式很快便成为一种潮流:城市与农村间的落差减少;更多人口成长于核心家庭,不再以延伸家庭为重心;学历高低的差距亦逐渐缩减;职场内上下级的僵化关系比以前好转。当然,过分强调社会阶级的衰落是个错误的看法,把20世纪70年代以后的日本说成是个同质社会天堂亦是个虚幻的范例。但不可否认,由20世纪50年代到20世纪70年代,日本人民间共同体验的确是有所增长,亦见证了跨战争时代为战后时代所取代①。

日本战后社会的同质化来自于"共同体验",并以新中产阶级的意识为主导,也就是所谓"一亿总中流"的现象,即随着经济的发展,生活水平得到了提高,不平等的现象也有所缓解,"中流意识"成为社会的主流意识。但是与其他先进国家的不同之处在于,这种"共同体验"带有更多的主观色彩,近90%的人都认为自己属于"中流"水平而安于现状,社会的总体意识倾向保守化②。这种一致性的产生是具有时代性与地缘性的,与社会的演进有着必然的关联,在日本战后最鲜明的表现就是促成了市民社会的进一步发展,使新中产阶级获得了社会与政治、经济方面的空前的影响力。正如内田义彦对于战后世代的同质性中近代性内涵的强调③,即这一"共同体验"必然需要具备近代的时代感。

至于"共同体验"究竟指向了哪一方面的体验,在战后日本社会的研究中呈现了不同的观点。其中,丸山真男与大塚久雄为代表的市民社会派的理论认为战后一代以"悔恨共同体"为基础而形成了日本的市民社会④,即以"悔恨"的共同感受作为同质化的耦合剂。安德鲁·戈登则认为,共同体验是生活方式与价值观的合流,与日本的交通方式的变化、教育与职场的改变以及生活居住方式的变化有着密切的关系——"新干线"拉近了地域之间的距离,农业的发展促进了务农人口的减

---

① 戈登.200年日本史:德川以来的近代化进程[M].增订版.香港:中文大学出版社,2014:330.

② 杜伟,唐丽霞.析日本新中产阶级的形成与社会影响[J].贵州师范大学学报(社会科学版),2004(3):43.

③④ 小野寺研太.内田義彦の市民社会論[J].相関社会科学,2009:2.

少,便利的交通使农村与都市的交往变得简便和快捷,农村、郊区与都市的生活呈现趋同化的趋势;教育的迅速发展使教育机会均等化,在分数平等的前提下,接受教育与跨越阶层的机会同样均等,从而打破了阶层之间的坚固壁垒;在家庭生活中,以新中产阶级为代表的核心家庭成为主要的家庭组织方式等①。内田义彦作为战后市民社会论的另一个代表人物,提出了"市民社会青年"的概念,在"知识人论"的范畴中将其定义为表现形式随着日本社会的改变而不断改变,并具备近代性的思考方式的一贯性特征的群体,据此提出,在考虑同一世代同质性的同时,仍需要探寻其中的近代性内涵②。换言之,共同体验可以是一个宽泛的概念,即在这一地域、这一时代的民众所共同经历的客观世界与主观世界的一切体验。在日本战后这一时代,"近代性"成为这一共同体验的最集中特点。

需要注意的一点在于,日本战后同质社会对民族性的强调被认为是狭隘的,山本启认为,在国民国家中,为保持同质性的整体性,政府需要首先考虑其构成的内核,而日本在追求其作为国民国家整体性的同质性时,将移民、难民等排斥在外,拒绝通过同化的政策实现其同质化③。因此,这一时代近代色彩的共同体验更强调社会成员的地缘性共识,但放弃了对血缘相近的固守。

新中产阶级力量的壮大,对社会最为直接的影响就是促进了市民社会的成熟,社会中间阶层形成了相对独立的力量,这就必然冲击现存的政治秩序。为了表达和维护自己的政治与经济利益,中产阶级通过现代法律所赋予的结社自由权利向政府施加影响力④。日本通过结社形成的民间团体主要兴起于 20 世纪 70 年代至80 年代,在本阶段涉及的时代,主要完成了前期的准备工作。

日本的市民社会不同于欧美,具有明显的社会主义倾向性。如上文所述,日本近代的每个阶段几乎都伴随着社会主义思潮的参与,不论是片山潜主张的社会主义抑或是美军占领期推动民主自由而触发的日本社会对社会主义思潮的探寻。在共同体验促成市民社会发展的进程中,这一倾向性也毫无意外地显露出来。内田

---

① 戈登.200 年日本史:德川以来的近代化进程[M].增订版.香港:中文大学出版社,2014:330－336.
② 小野寺研太.内田義彦の市民社会論[J].相関社会科学,2009(7):2.
③ 山本启.市民社会・国家とガバナンス[J].公共政策研究,2005(5):69.
④ 杜伟,唐丽霞.析日本新中产阶级的形成与社会影响[J].贵州师范大学学报(社会科学版),2004(3):45.

彦义设想的市民社会是"以独立的小生产者所经营的农业生产为基础,不依赖于国外市场,而是推动国内市场发展的自律的市场社会"①,即将旧中产阶级作为市民社会的基础,并没有将共同体验作为市民社会的根基。内田认为,从日本当时的情况看来,虽然将资本主义的前近代性与近代性置换了位置,但依然具备纯粹的资本主义的内涵,同时又具有与纯粹资本主义相矛盾的地方,比如在劳动与科学方面对人类的能力发展的重视等,因此他认为日本的市民社会理论超越了纯粹的资本主义,而呈现出社会主义的市民社会的形象②。

市民社会的发展与成熟会对国家权力形成干涉,"从最低限度来说,只要存在不受国家权力支配的一定数量的社团组织,就可以说市民社会初步形成了。从较充分的意义上来说,只有当不受国家支配的社团能够构建自身并协调自身的行为时,且当这些组织能够在相当程度上影响国家决策时,才能说较成熟的市民社会形成了"③。市民社会的形成使得往常由政府包办的任务现在越来越多地转由社会承担,这一方面抑制了国家和地区权力的过度膨胀,增强了人民的民主精神和现代意识,另一方面又扩大了人们参与政策制定的渠道,使不同利益要求都能或多或少地影响国家及地区的政策制定④。因此,可以预见,日本新资产阶级发展所昭示的日本同质化社会,会以一种全新的方式影响公共图书馆思想与事业的发展,其发展的导向和动力必然从政府的需求转向民众的需求。在这一过程中,中间阶层担负着理性表达与实现社会绝大多数成员共同需求的任务。

(3)公共图书馆思想成熟的契机

在对日本近代市民社会的研究中曾经提到,对市民社会的研究不应该局限于"有无"的问题上,而是需要探寻其黑格尔强调的伦理共同体的存在。黑格尔认为国家的集中统辖要以这种共同伦理为基础,即强调成员的自由,又强调共同伦理的一致⑤。

---

① 小野寺研太.内田義彦の市民社会論[J].相関社会科学,2009:8.

② 小野寺研太.内田義彦の市民社会論[J].相関社会科学,2009:13.

③ 查尔斯·泰勒.市民社会的模式:国家与市民社会[M].北京:中央编译出版社,1999:6.

④ 杜伟,唐丽霞.析日本新中产阶级的形成与社会影响[J].贵州师范大学学报(社会科学版),2004(3):45.

⑤ 植村邦彦.何谓"市民社会"——基本概念的变迁史[M].赵平,等,译.南京:南京大学出版社,2014:11-12.

因此,从市民社会的内涵而言,随着社会发展阶段的不同,其作为个人与国家之间媒介的演进可以分为不同的阶段。日本战后经历了经济复苏与新中产阶级兴起,新中产阶级的观念逐渐成为社会的主流思潮,在这一基础上日本社会从战后异质社会逐步形成同质社会,市民社会也得到了发展,从而使"政府的公共性"中加入了"市民社会"的要义①。

因此,民众一致性的需求得到了理性表达的机会,并对国家政权形成了制约力。正是在这一过程中,公共图书馆的公共属性不再受限于日本近代以来自上而下的"政府之公共"的约束。从公共图书馆思想的发展而言,一种类似于西方现代性的要素基本具备,日本的公共图书馆思想也步入成熟阶段。

6.2 1950 年后日本公共图书馆面临的主要课题

上文中曾经提到,1950 年《图书馆法》所规定的事项虽然对日本公共图书馆事业具有进步意义——诸如免费开放一类的内容——但是,由于其既没有适应当时日本公共图书馆事业的发展水平,也没有切合日本社会的实际需求,因此无法在短期内发挥出积极的作用。石井敦与前川恒雄在《図書館の発見:市民の新しい権利》中,对《图书馆法》公布后的日本公共图书馆事业状况描述如下:

> 以这一新的法律作为起点,图书馆应该从至今为止的"自上"的束缚中解放出来,转而作为真正意义的公共图书馆为民众提供服务,但是现实情况下却没有发生如此简单的更迭。一方面,在民众的观念中,公共图书馆作为战前培养道德修养的机构的印象根深蒂固;另一方面,将其理解为学生的学习空间已经成为日本社会的普遍常识。特别是在推行六三制新教育后,增加了社会课,小学、初中、高中学生纷纷涌向图书馆,将其作为完成社会课的学习任务和作业的场所,从而使这一认识更加明确。

---

① 山脇直司.公共概念の再検討[J/OL].[2016 - 04 - 09].www.cao.go.jp/zeicho/siryou/pdf/kiso_b13e.pdf.

当然,在图书馆内部也没有发展出新的图书馆理念。同时,也不具备开展新业务所需的经费、图书、人力。因此,20 世纪50 年代可以说是探索服务于民众的图书馆应该是什么样子的阶段,也可以说是一个战斗的阶段。①

在20 世纪50 年代的摸索中,以民众为事业中心的观念基本形成,对于日本公共图书馆界而言,缺少的不是目标而是达到这一目标的路径——《图书馆法》为日本描绘出公共图书馆的规范形象,却没有在实践中铺就一条从现实到规范的道路。如上文所述,在这一阶段,随着GHQ 对日政策的不断加压,日本公共图书馆界为了反对不正当的业务介入与调查,在1954 年提出《图书馆自由宣言》,强调公共图书馆的中立性立场。以此为契机,日本公共图书思想以服务于民众为目标,坚持中立性立场,形成了以"市民的图书馆"为关键词的事业发展重心。

在这个时期,日本公共图书馆的发展呈现出两个不同的脉络:一方面,私立图书馆在1950 年后明显减少;另一方面,公立图书馆的发展依然低迷。

在私立图书馆方面,第二次世界大战结束后,日本私立图书馆的数量呈现快速下降的趋势。第二次世界大战对日本的图书馆造成了巨大的破坏,但是具体到破坏的情况和损失,却只能查到公立图书馆的损失情况,私立图书馆的损失似乎无人问津。1950 年《图书馆法》明确规定了公立图书馆的免费开放原则,对私立图书馆未做要求,但法律的宽松却未能给日本私立图书馆的生存提供更为广阔的空间。

从数据来看,日本私立图书馆的缩减过程与其漫长的兴起过程相比是极其迅速的——1954 年为57 家,1989 年为30 家②,1998—1999 年为25 家(日本图书馆协会,逐年统计数据)③。2000 年以后,日本私立图书馆呈现出绝对数量极少但趋于稳定的状态——2000—2001 年为26 家,2002 年为25 家,2003 年为24 家,2004—

---

① 石井敦,前川恒雄.図書館の発見:市民の新しい権利[M].東京:日本放送出版協会,1973:205 - 206.

② 李国新.日本图书馆法律体系研究[M].北京:北京图书馆出版社,2000:144.

③ 日本図書館協会.公共図書館集計[EB/OL].[2014 - 11 - 19].http://www.jla.or.jp/library/statis-tics/tabid/94/Default.aspx.

2005 年为 22 家,2006—2013 年为 20 家①②。日本文部科学省的社会调查中呈现的
数字与上述调查数据略有出入:在《图书馆调查》的统计数据中,"一般社团法人·
一般财团法人(包含特例民法法人)"与"日本红十字会"辖属的图书馆的总和,即
日本《图书馆法》所规定的"私立图书馆"的数量为:2002 年 28 家、2005 年 24 家、
2008 年 25 家、2011 年 25 家③。由于两项调查均未列出所指私立图书馆的详细名
录,因此无法对其结果进行比较和分析,但从中可以毫无争论地了解到日本私立图
书馆的缩减趋势与稳定而低迷的存续状态。现存的私立图书馆一般保持了其独有
的办馆理念、独特的馆藏并服务于专门的需求群体,从而具备了公立公共图书馆不
可替代的价值与存在的意义。但无论从社会功能或者数量来看,私立图书馆自
1950 年后逐渐淡出了日本公共图书馆事业的主流亦是不争的事实。

在公立图书馆的发展方面,《中小都市公共图书馆的运营》对日本公共图书馆
事业的基本情况进行了调查,记录在第 13 节"中小公共图书馆的现状"中。首先,
从公立图书馆的数量和覆盖率来看,调查中分别列举了市立与町村立公共图书馆
的开设率:在市立图书馆方面,人口在 5 万人以下的城市占日本城市总数的
51.5%,其中 40.9%的城市建立了市立图书馆,从数量来看,人口在 5 万人以下城
市的市立图书馆是日本市立图书馆的主力军④。在町村立图书馆方面,2955 个町
村中,建立有图书馆的占 190 个,其中不包括各种机构建立的图书馆,建立比例为
6.4%⑤。在资料费方面,一半数量的图书馆每年资料费在 44 万日元以下,其中大
多数为人口在 5 万以下的市立图书馆;经费在 100 万日元以上的有 60 所;经费在

① 日本図書館協会.公共図書館集計[EB/OL].[2014-11-19].http://www.jla.or.jp/library/statis-tics/tabid/94/Default.aspx.
② 根据日本文部科学省的社会教育调查数据,日本私立图书馆的数量为 2002 年 28 家、2005 年 24 家、2008 年 25 家、2011 年 25 家,与日本图书馆协会调查结果有出入。但总体递减的趋势未变,本文仅在此说明。信息来源:文部科学省.社会教育調査図書館調査[EB/OL].[2014-11-19].http://www.e-stat.go.jp/SG1/estat/List.do?bid=000001047459&cycode=0.
③ 文部科学省.社会教育調査図書館調査[EB/OL].[2014-11-19].http://www.e-stat.go.jp/SG1/estat/List.do?bid=000001047459&cycode=0.
④ 日本図書館協会.中小都市における公共図書館の運営——中小公共図書館運営基準委員会報告[M].東京:日本図書館協会,1963:56.
⑤ 日本図書館協会.中小都市における公共図書館の運営——中小公共図書館運営基準委員会報告[M].東京:日本図書館協会,1963:57.

200 万日元以上的有 4 所,最高为高知市立图书馆,高达 295 万日元①。调查中还比较了英国公共图书馆经费人均额度,认为日本公共图书馆的资料费过低,如将日本的城市人口分为 5 万以下、5 万—20 万和 20 万以上,则会发现,5 万以下的城市图书馆的人均资料费极低,而人口 20 万以上城市的图书馆资料费与人口并没有关联,因此可以认为,从现状来看,图书馆受制于最低限度的资料费,并未获得人均足额的资料费②。在从业人数方面,依照 1961 年 4 月 1 日的调查结果,市立图书馆的从业人数为 1700 人左右,其中不包括兼职人员。町立图书馆职员有 195 人,村立为 40 人,公共图书馆的工作人员的总数为 4247 人③。半数以上的图书馆中职员人数在 4 人以下,人数在 20 人以上的只有 2 所图书馆④。从藏书量来看,大部分市立图书馆的藏书量集中在 0.5 万—2.5 万册,其中 0.5 万—1 万册的有 74 所,1 万—1.5 万册的有 60 所,1.5 万—2 万册的有 38 所,2 万—2.5 万册的有 34 所。另外,有 23 所图书馆的藏书在 0.5 万册以下,有一所图书馆藏书量在 16.5 万—17 万册之间⑤。

　　从总体而言,这一阶段中小公共图书馆的发展情况大致呈现出数量不足、图书馆间差距悬殊、图书馆的发展规模与地区财政几乎没有关联、中小公共图书馆与道府县立图书馆的功能未能清晰区分等问题⑥。

6.3　公共图书馆中立性立场的确立

6.3.1　公共图书馆行业的成熟

　　自上一个阶段尾声起,日本图书馆协会逐渐在行业中占据一席之地,参与到行

---

① 日本図書館協会.中小都市における公共図書館の運営——中小公共図書館運営基準委員会報告[M].東京:日本図書館協会,1963:57.
②③④ 日本図書館協会.中小都市における公共図書館の運営——中小公共図書館運営基準委員会報告[M].東京:日本図書館協会,1963:59.
⑤ 日本図書館協会.中小都市における公共図書館の運営——中小公共図書館運営基準委員会報告[M].東京:日本図書館協会,1963:62.
⑥ 日本図書館協会.中小都市における公共図書館の運営——中小公共図書館運営基準委員会報告[M].東京:日本図書館協会,1963:62 - 63.

业发展决策的制定中来。从参与文部省主导的立法工作开始,到这一阶段主导图书馆自由权利的探讨、行业发展方针的确定,日本图书馆协会逐渐把握了日本公共图书馆事业发展的脉搏,成为统领行业发展的自主力量。行业实现自我管理,是行业成熟的重要标志。

本节简要介绍日本图书馆协会在战后为确立公共图书馆中立性立场做出的贡献。

日本图书馆协会(Japan Library Association,简称 JLA),其前身为日本文库协会,成立于明治二十五年(1892)3 月,由 25 名图书馆人建立而成,是在美国、英国之后第三个建立起来的图书馆行业团体①。

在第二次世界大战中,日本图书馆协会服务于国家政权的意志,其作用主要是作为国家政权控制图书馆员的代理人。昭和十九年(1944),日本图书馆协会迫于内阁情报局的压力,从社团法人转为财团法人,成为文部省的外围社团。此时的会长为文部大臣,理事长为教学局长,常务理事为教学局文化课长原元助、帝国图书馆馆长松本喜一、都立中央图书馆馆长中田邦造、协会事务局局长安原清太郎。这段时间,只有事务局作为文部省的下属机构,依靠国库提供的 20 万日元的补助金和原先作为社团法人时期留下的一些资金,毫无作为地维持到了日本战败②。

在日本战后公共图书馆事业重建时期,有山崧大力推动了日本图书馆协会复兴。他改变了日本图书馆协会官僚化的倾向,将其作为民主团体重新建立起来。在重建初期的困难中,有山与中田邦造商讨,推选原"满铁奉天图书馆"馆长卫藤利夫作为重建事业的核心力量,重组 7 人组成的事务局,开启了日本图书馆协会的重建历程。昭和二十一年(1946)6 月,《图书馆杂志》在战后复刊,标志着日本图书馆事业开启了新时代。卫藤和有山认为,图书馆事业衰落的原因在于民众自我教育能力的缺乏,燃眉之急是解决书籍不足的问题,并提出建立阅读小组和互借组织提高图书利用率的建议。有山认为,日本图书馆协会是图书馆人的协会,应该定位为纯粹的民间团体,应对民众的阅读和图书的利用发挥作用,并提倡图书馆应参与

---

① 日本図書館協会.日本図書館協会について.[EB/OL].[2017 - 03 - 01].http://www. jla. or. jp/jla/tabid/221/Default. aspx.

② 石山洋.源流から辿る近代図書館[M].東京:日外アソシエーツ,2015:115.

教育革新,从根本上改变明治时期的教育,建立起培养教育自主性的新型教育,从而构建图书馆生存的社会基础①。

日本图书馆协会历经重建,对前期工作的不足进行反思,为公共图书馆事业的发展确定了新的方向。日本的公共图书馆事业在图书馆自由的时代确立了行业自主的管理模式,标志着行业的发展成熟。

6.3.2　外部环境的准备

上一阶段,公共图书馆事业发展的主要任务在于立法;在本阶段,事业发展的核心在于对于战前公共图书馆服务与"思想善导"的历史使命的反思②。1950 年《图书馆法》颁布后,战后初期关于公共图书馆定位的讨论最终以立法的方式形成结论,将其确定为"社会教育机构"。1950 年后,随着美军对日占领政策的改变,民主与自由推动的社会思潮终于在相对宽松的环境下活跃起来。在图书馆界,对自由与独立的诉求需要从中立性的角度探讨图书馆的自由与权利。

首先,美国的行业发展经验为日本公共图书馆界探讨中立性问题提供了参考。与前几个阶段一样,日本公共图书馆界探讨公共图书馆中立性的起源依然是美国。在盟军占领的末期,日本社会中兴起了关于"自由"、"权利"与"中立性"的话题,包括媒体领域的"新闻自由"、教育的"中立性"③。在这样的社会大背景下,公共图书馆界的自由与中立性问题同样引起了业界的关注。一系列事件的源头是美国图书馆协会 1939 年颁布的"Library Bill of Rights",这份文件在 1948 年更名为"Library's Bill of Rights"④。伊藤旦正认为,《图书馆伦理要纲》参照了美国图书馆协会的"Library Bill of Rights"⑤,在之后的中立性的讨论中,伊藤、草野正名等人都提到过"Library Bill of Rights"⑥。在公共图书馆行业之外,1948 年联合国发布的《世界人权宣言》在第十九条提出了"人人有权享有主张和发表意见的自由;此项权利包括持有

---

①　石山洋.源流から辿る近代図書館[M].東京:日外アソシエーツ,2015:115 - 117.
②　福井祐介.図書館の倫理的価値「知る自由」の歴史的展開[M].京都:松籟社,2015:61.
③　福井祐介.図書館の倫理的価値「知る自由」の歴史的展開[M].京都:松籟社,2015:26 - 30.
④　福井祐介.図書館の倫理的価値「知る自由」の歴史的展開[M].京都:松籟社,2015:16.
⑤　福井祐介.図書館の倫理的価値「知る自由」の歴史的展開[M].京都:松籟社,2015:38.
⑥　福井祐介.図書館の倫理的価値「知る自由」の歴史的展開[M].京都:松籟社,2015:38 - 39.

主张而不受干涉的自由,和通过任何媒介和不论国界寻求、接受和传递消息和思想的自由"①,从而在更大的领域中声援了公共图书馆中立性的立场。在对美国的图书馆自由精神进行研究和探索之后,日本公共图书馆界将这一精神引入日本,美国公共图书馆的自由与中立性成为日本公共图书馆界追求自由与中立性权利的外驱力。其次,从思想与社会发展的关系来看,1950年后日本社会的发展为公共图书馆中立性的确立提供了肥沃的土壤。日本公共图书馆的发展轨迹一直以近代政权的需求为导向。在日本近代,明确区分参考图书馆与通俗图书馆的做法一直绵延存在,正是这种为不同读者提供不同服务的观点促成了日本近代公共图书馆思想的分流——具有参考图书馆功能的国立图书馆与具有通俗图书馆功能的公共图书馆,前者主要服务于政府各部门与学者,后者服务于一般民众。在日本近代中后期,为适应军国主义与对外侵略的需要,通俗图书馆成为思想善导的关键社会机构,因此被视为社会教育机构。战后初期,在CIE主导的公共图书馆重建工作的介入之下,围绕着公共图书馆功能与定位的争论始终没有停止。一部分观点认为,公共图书馆应该定位为教育机构,一部分观点认为应为文化机构,另有观点与伯内特等人一致,认为应该是两种机构的结合体。在这一争论过程中,国立图书馆通过单独立法彻底独立于公共图书馆的范畴之外。关于公共图书馆功能的讨论虽然没有形成定论,却因《社会教育法》先于《图书馆法》完成立法,成为公共图书馆法的参照基础。1950年《图书馆法》第一章第一条明确规定了"本法是根据社会教育法的精神,规定图书馆的建立与运营的必要事项"②。这是从法律层面上再一次明确了公共图书馆作为社会教育机构的定位,结束了绵延多年的功能之争。

1951年旧金山合约缔结之后,从占领法规的失效到治安立法的这段时间,图书馆界的努力亦有迹可循。特别是在1950年爆发朝鲜战争前后发生的赤色净化、禁止从事公职、建立警察预备队等所有的背离于战后日本民主化与非军事化发展方向的事件,在这种情况下,1952年召开全国图书馆大会,虽然没有公开,但是私

---

① 联合国.世界人权宣言.[DB/OL].[2017 – 03 – 01].http://www.un.org/zh/universal – declaration – human – rights/.

② 图书馆の自由に関する宣言[M]//小川徹,山口源治郎.图书馆史.補訂版.東京:教育史料出版会,2003:175.

下里进行了希望采纳反对破坏活动防止法(简称破防法)决议的活动。在这一活动中,时任日本图书馆协会常务理事的有山崧在《图书馆杂志》上发表了关于图书馆的中立性遭到破坏的肺腑之言,进而引发了"图书馆中立性之争",直到宣言被采纳。①

从近代开始,受限于日本近代市民社会的发展不足,决定公共图书馆功能的其实是政府的统治需要。1950 年后,随着日本经济的发展与市民社会的日渐成熟,"市民之公共"登上历史舞台,主导公共图书馆事业的力量也随之发生了变化。在围绕图书馆中立性的讨论中,《图书馆自由宣言》从基本人权的立场宣示了以知识自由为依据的图书馆自由权利。这是在《图书馆法》颁布后,日本公共图书馆界发出的第一个重要的声音,表达了这一阶段公共图书馆事业的新起点、新任务。与战后初期诸项法案将注意力集中于探究公共图书馆事业的组织、管理等诸多方面的细节、公共图书馆的社会功能的方式相比,从 20 世纪 50 年代初期开始,日本的公共图书馆界开始从基本权利出发探讨公共图书馆的原则与立场,这是日本公共图书馆界寻找自我发展的路径的开端。不但为这一阶段思想的发展开辟了全新的道路,也为在成熟的市民社会中发展日本公共图书馆事业奠定了基础。

6.3.3 公共图书馆中立性的表达——《图书馆自由宣言》的基本内容

1954 年版《图书馆自由宣言》(以下简称"宣言")的内容比较简单,首先提出了"图书馆最为重要的任务是为具有作为基本人权的'知识自由'权利的民众提供资料与设施"。宣言从民主社会的基本原则出发,对公共图书馆的任务进行了界定:

> 近代民主主义社会的原则是,社会的发展与进步依靠每一个民众在自由的立场上自主地进行思考。因此,要保证作为社会主人的民众拥有基本人权之一的"知识自由"权利。同时,社会担负着确保这一权利得以正确行使的责任。

① 福井祐介.図書館の倫理的価値「知る自由」の歴史的展開[M].京都:松籟社,2015:19.

　　图书馆是服务于民众的这一权利的机构,其根本的任务是将收集的资料与建立的设施提供给民众使用,是近代民主主义社会中不可欠缺的机构。①

以完成公共图书馆的任务为目标,宣言中提出了图书馆自由权利的几项基本内容:

　　图书馆为了完成这些任务,我们图书馆人对下述事项予以确认并付诸实践。
　　1.图书馆有收集资料的自由;
　　2.图书馆有提供资料的自由;
　　3.图书馆反对一切不正当的检查。②

宣言中,对上述3项权利进行了具体的解释。

首先,在收集资料方面,宣言提出"作为服务于民众'知识自由'的机构,需要满足民众各种各样的需求",因此"必须尽可能广泛且不可偏颇地收集资料",并提出了在收集资料方面,图书馆应坚守"图书馆的中立性的原则"。在这一原则的基础上,宣言认为,图书馆拥有资料收集的自由。为了确保这一以中立性为依据的"自由"的实现,图书馆在馆藏建设方面应做到:"不可以根据我们的个人关注点与兴趣收集资料",不可以"受到外部的压迫对某种资料多收集或者排除某种反对观点的资料",或者"因为作者个人的思想、党派、宗教立场等因素对该作者做出好恶的判断"。因此,宣言强调图书馆的"自由公平的立场",在受到经费限制的情况下,图书馆只有"在认可其作为资料的价值时才会以自由客观的立场进行收集",并提出了图书馆人需要努力加强对于资料的价值的判断能力,以期获得社会的认可③。

---

　　① 図書館の自由に関する宣言[M]//小川徹,山口源治郎.図書館史.補訂版.東京:教育史料出版会,2003:173-174.
　　② 図書館の自由に関する宣言[M]//小川徹,山口源治郎.図書館史.補訂版.東京:教育史料出版会,2003:174-175.
　　③ 図書館の自由に関する宣言[M]//小川徹,山口源治郎.図書館史.補訂版.東京:教育史料出版会,2003:174.

其次,在资料的提供方面,宣言同样强调了在"中立的立场上自由收集资料的原则",并认为提供资料的服务"不应该受到任何限制"。宣言认为,所谓"自由开放"不等于"毫无限制的自由放任",对于贵重资料或者不适宜公开的资料需要有所限制。这种限制不包括以"不正当的理由对某种资料进行特别处理或者撤架抛弃"的做法。在受到外部施压的时候,应该在民众的支持下坚守提供资料的自由权利。宣言还提出,除了馆藏资源之外,图书馆的设施,包括会议室、教室等在原则上可以对所有个人与团体提供平等、公平的开放,以供自由利用①。

另外,在反对不正当的检查方面,宣言认为,"以一方的立场为依据对资料进行限制的做法威胁到了图书馆自由收集和提供资料的中立性立场,因此理应反对",同时,"图书馆所收集的资料也不应该因接受不当检查而被限制提供使用"。更为重要的一点在于,宣言中关注到了读者的个人权利,提出"除具有法律上的正当手续的情况之外,拒绝针对利用者个人的读书倾向等侵犯个人自由的调查要求"②。

最后,宣言对于图书馆的自由权利受到侵犯的情况进行了规定,在基本原则上,"当图书馆的自由被侵犯时,我们要团结起来坚决捍卫自由"③。对此,宣言中强调了"我们对于图书馆自由的主张是为了拥护民众的知识自由权利,而非为了我们自身的自由权利",并从民主主义的高度提出"图书馆自由是民主主义的符号",因此主张建立图书馆界的联合组织,确保图书馆的自由"在日本任何地点受到侵犯的时候,都要集合全图书馆界的力量进行援助"。宣言认为,图书馆自由是关乎整个社会的自由,认为虽然自由不可以肆意放任,但是因某一立场被施压从而造成整个社会的压力反而更加危险,因此在图书馆自由受到侵犯的时候,教育、出版、媒体等各方面要齐心合力进行抵抗。宣言认为,民众的支持是图书馆人抵抗的力量源泉,为了获得民众的支持,应该在平时加强联系,为民众提供有效的服务④。

6.3.4 公共图书馆中立性的确立方式

首先,从来源来说,宣言的源头依然是美国。除了上文提到的 K 生、草野等人

---

①②③图書館の自由に関する宣言[M]//小川徹,山口源治郎. 図書館史. 補訂版. 東京:教育史料出版会,2003:175.

④ 図書館の自由に関する宣言[M]//小川徹,山口源治郎. 図書館史. 補訂版. 東京:教育史料出版会,2003:175 – 176.

对美国"Library Bill of Rights"的先行研究之外,1952 年任琦玉县立图书馆副馆长的草野正名在研究"Library Bill of Rights"的基础上完成了日本图书馆宪章并向日本图书馆协会进行提案①。图书馆宪章扩大委员会也明确提出,"最初的设想是制定出与美国相同的东西即可"②,说明宣言主张的中立性的来源依然是美国。虽然同样面对源自欧美的舶来思想,但是日本公共图书馆事业体系日渐完备,他们会根据日本的实际情况与事业需求有针对性地分析源自美国的思想内容,选择有效用的部分学习、改良和接受。因此,对于舶来的"图书馆自由权利",日本图书馆界也有自己的考虑和探讨。1954 年版《图书馆自由宣言》中至少有以下几方面的特点值得关注。

首先是宣言的主体与"自由权利"的主体。宣言通篇的表述都以"图书馆人"作为主语,即"宣言"是图书馆人的宣言,"自由"也是图书馆人的自由权利,关于收集资料、提供资料与反对不正当检查都是图书馆人作为主体的行为权利。同时,比较可贵的一点在于对读者权利的关注,即在第 3 条第 4 项提出"除具有法律上的正当手续的情况之外,拒绝针对利用者个人的读书倾向等侵犯个人自由的调查要求",这种对于读者自由权利的保护体现了"图书馆自由"中的图书馆自由与读者自由两方面的含义,即使图书馆自由更加全面而立体。其实,在宣言的开篇部分就体现出对公众的关注,如"图书馆最为重要的任务是为具有作为基本人权的'知识自由'权利的民众提供资料与设施",并且提到图书馆自由受到侵害时,需要依靠民众的支持。因此宣言以基本人权为基础强调"自由"与"中立性",在这一基础之上衍生出图书馆自由与读者自由,因此公共图书馆应该积极主动为民众提供有效的服务。这一本末关系的建立为此后直到 1970 年的日本公共图书馆思想的发展奠定了极为明确的理论基础。

其次是捍卫自由的强度与方式。宣言表述的内容经历了一番推敲,早在 1953 年图书馆宪章扩大委员会的"法三章"中,曾经表达了捍卫图书馆自由的态度:"在图书馆自由受到威胁时,我们要团结起来进行抵抗,希望得到各相关团体的支

---

① 福井祐介.図書館の倫理的価値「知る自由」の歴史的展開[M].京都:松籟社,2015:42.
② 福井祐介.図書館の倫理的価値「知る自由」の歴史的展開[M].京都:松籟社,2015:45.

持"①。1954 年 5 月召开的第 7 次全国图书馆大会上专门对"抵抗"一词进行了讨论,香川县丸龟市立图书的龟井和、神户市立图书馆的志智嘉九郎、德岛县立图书馆的浜元顺悟等人都表达了自己的担心或反对的意见②。5 月 28 日,日本图书馆协会官方表达否定的意见,最终选择了山口县立图书馆的铃木贤祐提出的方案,将结尾改为"在图书馆自由受到威胁时,我们团结起来,将图书馆自由坚守到底"③。对"抵抗"这一词语的探讨,体现了日本公共图书馆界对捍卫图书馆自由的方式与强度的思考。从最初提出的反对意见来看,日本图书馆协会主要担心的是用词过激会造成与地方政府的相关部门的不良关系,对在东京工作的人士只考虑理论问题不考虑身在地方的实际情况表达了担忧④。最终选择了相对温和与坚定的表达方式,其中的变化体现出从 1952 年日本公共图书馆界接触"图书馆自由"之初的激情到 1954 年确立宣言并决定付诸实施的过程中,日本公共图书馆行业的代表性立场逐渐趋于理性的过程。在最初关于自由宣言的讨论中,舆论的矛头直指公共图书馆在战前受限于公权力的限制与约束,被迫成为思想善导的工具⑤。这虽然是结症的集中体现,但是却忽略了站前与战后的日本政府的变化,以及政府对公共图书馆事业发展的重要支持作用。因此,讨论者们最终选择放弃"抵抗"的字眼,以相对温和的语气表达公共图书馆对自由与权利的坚定态度。

最后,是如何在时代背景下理解宣言性质的问题。在 1954 年召开的第 7 次全国图书馆大会上,将宣言从"图书馆宪章"更名为"图书馆自由宣言",就词义而言,"宪章"强调了该文件作为行业自律规范的含义⑥,而"图书馆自由宣言"则是表达了"在申明图书馆社会立场的同时,也强调作为图书馆行业人士的'伦理纲领'作用"的含义⑦。如果从建立公共图书馆中立性的初衷而言,显然"图书馆自由宣言"所包含的"社会立场"与"伦理纲领"的含义更能够体现公共图书馆的中立性的内涵,因为公共图书馆中立性的建立不是仅仅依靠自律就能够实现的。这一更名首

① 福井佑介.図書館の倫理的価値「知る自由」の歴史的展開[M].京都:松籟社,2015:45.
② 福井佑介.図書館の倫理的価値「知る自由」の歴史的展開[M].京都:松籟社,2015:47.
③④福井佑介.図書館の倫理的価値「知る自由」の歴史的展開[M].京都:松籟社,2015:47 - 48.
⑤ 福井佑介.図書館の倫理的価値「知る自由」の歴史的展開[M].京都:松籟社,2015:20.
⑥ 福井佑介.図書館の倫理的価値「知る自由」の歴史的展開[M].京都:松籟社,2015:43.
⑦ 福井佑介.図書館の倫理的価値「知る自由」の歴史的展開[M].京都:松籟社,2015:62.

先关照了公共图书馆的社会立场,进而以中立的立场对公共图书馆的服务、原则、职业准则进行规范,从而确保公共图书馆事业在自律与中立的环境中顺利发展。

6.4　面向市民的公共图书馆思想的确立

战后初期,日本公共图书馆界借助占领军民间情报教育部开设的 CIE 图书馆学习了美国公共图书馆的服务经验。但是,由于日本公共图书馆事业在发展中始终面临着经费、人员不足与政府管理者对公共图书馆的偏见等问题,无法通过模仿和借鉴寻找到事业的突破口。日本公共图书馆事业自身的问题,依然需要以日本独有的方式寻找出路。

6.4.1　《中小都市公共图书馆的运营》确定发展方向

日本图书馆协会作为图书馆员的集体组织,以寻求公共图书馆有效服务于民众的方法为目的,对日本公共图书馆的活动进行了调查,并将调查结果汇总为《中小都市公共图书馆的运营》(1963 年,简称为《中小报告》),并作为这一时期的公共图书馆发展的指导方针①。

《中小报告》的调查和议定是在清水正三的主导下进行的。昭和三十五年(1960),日本图书馆协会事务局局长有山崧邀请清水正三担任"中小图书馆基准建立委员会"委员长。清水在项目之初率领日本图书馆协会调查团进行了前期调查工作,在初稿完成后组织委员进行商议。参与商议的委员包括神奈川县立图书馆的石井敦、都立日比谷图书馆的黑田一之、江东区立图书馆的宫崎俊作、大田区立图书馆的森博、国立国会图书馆的森崎震二以及船桥市立图书馆的吉川清 6 位代表。后来由于意见不一,森博与宫崎俊作退出了讨论,改由江东区立图书馆的小井泽正雄和埼玉县立图书馆的铃木四郎继任。经过商议,最终形成了《中小报告》

---

① 石井敦,前川恒雄.図書館の発見:市民の新しい権利[M].東京:日本放送出版協会,1973:208-209.

的完成稿①。

(1)《中小报告》的主旨

在《中小报告》(以下简称为"报告")的序文中,通过调查日本公共图书馆事业的实际情况,为其发展提出了建议。其主旨在于解决一个核心问题,即公共图书馆与"地区社会民众的关联"问题②。报告认为,在以往的事业发展中,图书馆对这一点缺乏关注,因此,将此次调查的结论首先记录于序文中,将中小图书馆作为未来日本公共图书馆事业发展的重点:

> 在这样的反思中,为了对处于公共图书馆的核心的、直接于第一线与民众接触的中小图书馆(中小都市的图书馆)提出建设标准,日本图书馆协会自昭和三十五年(1960)起计划利用 3 年的时间,在文部省国库资金的资助下成立中小公共图书馆运营基准委员会。③

报告的目的是为了依据日本公共图书馆的实际情况,找准事业发展的新重点,为中小图书馆的发展提出合理的参照标准。日本公共图书馆界之所以放弃了长期以来乃至立法阶段仍然不断被提及的以中央图书馆、大图书馆为核心的公共图书馆事业的组织方式,最直接的原因就是《图书馆自由宣言》中对图书馆自由权利的宣示。为了维护公共图书馆自身的中立性立场与民众的知识自由权利,公共图书馆需要重新审视自己的功能、服务与事业组织方式。当满足统治阶级的思想善导需求不再是公共图书馆的事业重心时,满足民众的需求就成为这一时代的主题。因此,与民众关系最为密切的中小都市公共图书馆就成为整个公共图书馆事业的核心。

日本图书馆界需要改变以往的思路,摒弃以中央图书馆为核心与规范的惯常做法,提出适用并有效的具体方案促进中小图书馆的建立与发展。这就是报告的初衷与主旨。针对这一主旨,日本图书馆协会对日本中小公共图书馆的实际情况与外国的基本情况进行了调查:

---

① 石山洋.源流から辿る近代図書館[M].東京:日外アソシエーツ,2015:156 – 161.

②③日本図書館協会.中小都市における公共図書館の運営——中小公共図書館運営基準委員会報告[M].東京:日本図書館協会,1963:序.

该委员会将我国图书馆界第一线的年轻人动员起来,其中包括7个中央委员、49个地方委员与3个负责调查外国情况的委员。

首先,选择12所图书馆作为调查对象,对我国中小公共图书馆的实际情况进行彻底的、多角度的调查。之后,为了对这一结果进行补充,另外调查了琦玉县下设的14所图书馆以及全国各地的45所图书馆。

依据实际调查的结果与对国外经验的借鉴,设计出未来中小公共图书馆应有之形态。①

对公共图书馆事业而言,报告即是一份调查结果,也是计划书与实施方案。其中既有调查结论、理论依据,也有历史总结与实操规范。

(2)《中小报告》的基本内容

报告共分为7个章节,第0章为前言,第1章绪论部分对中小公共图书馆的功能、历史与现状进行了概述,第2章至第6章是关于中小公共图书馆各方面工作与服务的具体方案。依据其中涉及的主题,大致可以归纳为4个要点。

①"基准"的规范力

在上文中曾提到,报告的目的是为作为日本公共图书馆事业核心的中小公共图书馆制定出发展规划,这也是未来日本公共图书馆事业的发展重点。该报告第0章第031节"报告书的目的"表述如下:

现在日本的中小公共图书馆,不论是经费、职员数量、设施、馆藏资料等方面,所提供的条件都非常紧张,图书馆内部存在着诸多问题。并且,从现状来看,这些图书馆中的大多数在经营方面都在模仿大图书馆的做法。

日本图书馆协会为了进一步提高中小公共图书馆的配给、解决图书馆中各种各样的问题、并为这些图书馆提供合理的经营标准,决定制定出中小公共图书馆运营基准。②

---

① 日本図書館協会.中小都市における公共図書館の運営——中小公共図書館運営基準委員会報告[M].東京:日本図書館協会,1963:序.
② 日本図書館協会.中小都市における公共図書館の運営——中小公共図書館運営基準委員会報告[M].東京:日本図書館協会,1963:14.

近代以来,日本公共图书馆事业中长期固守以中央大图书馆作为事业核心的传统观念,事业整体发展的偏向造成了民众使用图书馆的多种不便。因为同样的原因,当历史发展到现代,知识自由成为图书馆发展的基础的时候,真正服务于民众的中小图书馆更加显得力量不足。因此需要探讨有别于大图书馆的规范作为中小图书馆发展的依据。

而所谓"基准",正如上文多次提到的,"基准"的规范程度与规范方式决定了具体的操作与管理方式。报告明确说明了其中的"基准"并非"数量化"的"基准",而是"可操作的"、"具体化的图书馆经营方针"①,是"现有的图书馆加大力度发展服务所应该具备的条件"(032 节)②。这些规范渗透在图书馆工作的各个环节中——如服务、资料与整理、管理、设施等,指导中小图书馆按照规范进行改良和发展。因此,报告强调在实际工作中,"基准"可以有多重实现方式,在报告中明确注明,中小公共图书馆运营基准是"表达了大致的想法与标准化的操作方法",因此,"各图书馆采取各自的原则与方法也是理所应当的"(033 节)③。在原则性规定与尊重个性化发展的同时,报告将地方文化特点作为一地公共图书馆发展中不可忽略的要素,报告中指出:

> 该委员会在调查中深刻感受到,地方文化的深刻传统直接或者间接地作用于图书馆,而图书馆对地方文化的发展发挥着作用。相互作用越密切,公共图书馆越容易活动其所服务的地区民众的信任④。

报告中强调"基准"的可发展性与实现方式的多样性,即以各地、各图书馆的实际情况为准,以未来的服务发展为目的,在现实中落实中小公共图书馆的诸项业务工作。这是从原则上规定了"基准"的适用性和可操作性。

---

① 日本図書館協会.中小都市における公共図書館の運営——中小公共図書館運営基準委員会報告[M].東京:日本図書館協会,1963:14.
② 日本図書館協会.中小都市における公共図書館の運営——中小公共図書館運営基準委員会報告[M].東京:日本図書館協会,1963:16.
③④ 日本図書館協会.中小都市における公共図書館の運営——中小公共図書館運営基準委員会報告[M].東京:日本図書館協会,1963:17.

②公共图书馆的作用与服务

报告沿袭了《图书馆自由宣言》中依据民众的知识自由权利提出的公共图书馆的社会功能,在捍卫知识自由权利的基础上,公共图书馆的社会功能主要体现在文化教育方面。这是对战后初期的立法阶段甚嚣尘上的公共图书馆功能之争的总结(111节):

> 知识自由是国民基本人权中的学问自由、言论、出版、集会、结社、表现等自由,是需要依靠政府和国民的努力来维护的。通过国家与地方公共团体向国民(居民)公平、主动地提供作为知识媒介的报纸、杂志、图书为主的印刷资料,还包括文件、记录、盲文资料等视听、触觉资料在内的一切记录资料来实现,并应该不断地发展扩大。图书馆实际承担着这种向国民提供知识食粮的任务,应该被视为必不可少的文化教育机构。①

《教育基本法》规定日本国民享有"教育机会均等"的基本权利②,公共图书馆担负着实现知识自由基本权利的任务,其首要任务就是使民众享有获取知识的均等权利,因此要实现使用公共图书馆的机会与公共图书馆提供的馆藏资源的平等。为此,报告中提出了免费开放与便于使用的基本原则。实际上,1950年《图书馆法》已经明确规定了公立公共图书馆的免费开放,因此,报告主要对"便于使用"的原则进行了细致的规定。报告规定的内容包括建馆选址、馆藏建设、服务方式等方面的内容,即要求达到"不论日本国民居住在哪里,都必须能够通过图书馆获得图书和其他资料"(111节)③的程度。在这一原则之下,日本的中小公共图书馆被定位为整个公共图书馆体系之最为贴近民众生活的部分,在服务于民众的时代主题下,成为事业的核心部分。

在具体的操作中,"便于使用"原则需要通过两个方面来实现,其一是物理距离上的便利,其二是馆藏职员的全面、适用。报告指出,"提供资料是公共图书馆最本质、基本的、核心的功能,是先于图书馆的其他功能的"(112节)④。图书馆其他

---

①②③日本図書館協会.中小都市における公共図書館の運営——中小公共図書館運営基準委員会報告[M].東京:日本図書館協会,1963:19.

④　日本図書館協会.中小都市における公共図書館の運営——中小公共図書館運営基準委員会報告[M].東京:日本図書館協会,1963:21.

功能与服务的展开需要以公共图书馆的资料功能为基础。报告中对核心业务与其他业务的关系进行了具体的说明：

> 为了向地区的组织或者居民有效地提供资料,就需有合理的整理方法,并必须拥有具备一定质量水准的资料。还需要开展阅读咨询、参考咨询或者展示、集会活动。在这些业务中资料是最核心的一项,即这些业务都是以公共图书馆的提供资料的基本功能为核心辐射产生的图书馆业务。①

鉴于公共图书馆为民众提供资料的核心服务与衍生的各种服务的需要,报告从资料的准备与提供服务的方式两方面进行了探讨。在资料的准备方面,报告秉承服务于民众的原则,规定"区域内的成年人、儿童、青少年、老年人都是重要的对象,因此可以说,准备的资料不是专门性的而是网罗性的",这是"不同于学校图书馆、大学图书馆、专门图书馆根据服务对象的不同"来收集资料的做法②。另外,对于有专业图书资料需求的读者,公共图书馆的做法是"通过馆际互借等方式尽可能地提供其所需要的资料"③。在提供服务的方式上,报告主张加强外借服务。报告认为,日本的公共图书馆长期以来有"强烈的侧重馆内阅读的倾向",因此还存在很多旧式的闭架借阅的做法,虽然馆内借阅的方式无可厚非,但是为读者提供自由的馆外借阅的服务更加有利于读者便利地使用馆藏资源,在报告中,外借的范围被明确扩大为"不仅仅是图书,还应该包括文件、记录与视听资料等",并且采取"一概免费"的方式④。

③"中小公共图书馆"的重要性与发展任务

《中小报告》开启了日本公共图书馆事业发展的一个新的时代,这一时代的最大特点就是将贴近民众生活的中小公共图书馆作为事业的核心,并以中小图书馆为核心调整事业布局,完善行业规范。在报告中甚至用到了"中小公共图书馆才是公共图书馆的全部"的提法⑤,报告中对这一出乎意料的结果进行了说明：

---

①②日本図書館協会.中小都市における公共図書館の運営——中小公共図書館運営基準委員会報告[M].東京:日本図書館協会,1963:21.

③④⑤日本図書館協会.中小都市における公共図書館の運営——中小公共図書館運営基準委員会報告[M].東京:日本図書館協会,1963:22.

制定中小公共图书馆的运营基准案是本委员会的任务。为此,利用
3 年的时间进行各种调查研究,在调研中得到的结论是我们在开始工作
时完全未曾预见到的,我们深刻地体会到,中小公共图书馆才是公共图书
馆的全部。这一点让我们非常感慨。这一体会是经过了 3 年的调研才获
得的,最终粉碎了我们这些委员的困惑的是自由,并且,能够了解到这一
点的人越多,对日本的公共图书馆的发展而言越是让人欣喜的事情。①

报告的"中小公共图书馆才是公共图书馆的全部"的论断,表达了 3 个基本的
含义。首先,日本国民是中小公共图书馆的利用者,而市町村的中小图书馆是日本
国民与公共图书馆最直接的接触点:

即根据日本新宪法的精神与图书馆法的理念,日本国民拥有自由、平
等、免费接受公共图书馆服务的权利。日本国民是都道府县民的集合体,
而都道府县民众首先是作为市区町村民而生活着的。因此,日本国民涵
盖在他们实际生活的小区域(市町村)的公共图书馆服务范围之中,享受
着这些图书馆提供的服务。从这个意义而言,应该说,图书馆法的服务理
念规定了中小图书馆的服务内容。②

其次,报告书进而强调了提供便于使用的公共图书馆比追求扩大图书馆规模
更为重要:

分散于四个岛的日本国民如果想接受公共图书馆的服务,如何能够
使用位于东京的国立国会图书馆呢。对利用者而言,更切实际的是在生
活区域附近或者在上班通勤路径附近开设多家图书馆(不限于建筑
物)。③

---

① 日本図書館協会.中小都市における公共図書館の運営——中小公共図書館運営基準委員会報告
[M].東京:日本図書館協会,1963:22.
② 日本図書館協会.中小都市における公共図書館の運営——中小公共図書館運営基準委員会報告
[M].東京:日本図書館協会,1963:23.
③ 日本図書館協会.中小都市における公共図書館の運営——中小公共図書館運営基準委員会報告
[M].東京:日本図書館協会,1963:23 - 24.

最后,报告中提到,大图书馆有必要作为中小图书馆的后盾,即都道府县立与国立图书馆只有通过中小公共图书馆才能够真正为民众提供公共图书馆的服务①。

总体来说,报告中表达了对于中小公共图书馆在公共图书馆事业中的重要地位的深刻认识。主要思路是将作为公共图书馆事业服务对象的全体国民拆分于其各自生活的区域之中,依据"便于使用"的原则,由其生存区域内的中小公共图书馆为民众提供有针对性的服务。大图书馆在民众服务中位于二线,因为大图书馆只有借助中小公共图书馆的中介作用才能够实现其服务。这其中有一个亮点,即对于国立图书馆的看法的转变。在战后初期的公共图书馆立法阶段,因国立国会图书馆法率先立法完成,国立图书馆被视为公共图书馆范畴之外的一类图书馆。报告对其社会功能及其与其他公共图书馆之间的相互作用进行了重新探讨,重新将国立国会图书馆纳入公共图书馆的功能与服务体系之中。

在中小公共图书馆的发展规划中,非常重要的一项就是确定什么是"中小都市公共图书馆"的组织方式。报告中将"中小都市公共图书馆"的构成单元描述为"都市":

> 这里考虑的不是作为建筑物的图书馆,如果在一个都市中有多个图书馆,则将其作为一个都市(自治体)的单位来考虑。另外,在后面还会提到,在这个单位过小或者过大的情况下,并不将"都市"作为单位。②

"都市"成为大多数情况下的"中小都市公共图书馆"的单位,从规模的适宜程度考虑,以服务于一定地域、一定人口的中小公共图书馆的集合视为一个合理的单位。从划分标准来看,报告中选择以人口作为依据,将人口在5万到20万的都市作为基本单位(032节)③,其依据如下:

> (1)依据都市学研究,在现在的日本,城市从人口约5万开始具备城市的形态,具备等同于西欧的都市形态则需要拥有20万人口。

---

① 日本図書館協会.中小都市における公共図書館の運営——中小公共図書館運営基準委員会報告[M].東京:日本図書館協会,1963:24.
②③日本図書館協会.中小都市における公共図書館の運営——中小公共図書館運営基準委員会報告[M].東京:日本図書館協会,1963:15.

（2）根据地方自治法，人口达到5万以上才能够建立城市，这也是理由之一。

（3）从日本图书馆的现状而言，直观上来说，人口在5万以下与20万以上的都市的图书馆的数量远远少于人口在5万到20万的都市的图书馆数量。

（4）该委员会的调查中也对上述差别进行了清晰地描述。①

因此，以日本的城市发展的实际情况、欧洲的经验以及对日本公共图书馆发展的情况为依据，报告中将人口在5万到20万的都市作为主要的规范对象。

报告中分析了日本中小公共图书馆面临的问题，提出了未来的发展任务。首先，报告中总结了历史与现状。从历史的视角来看，战前的军国主义风潮中采取了统一国民思想的政策，需要一个能够将国民精神统一起来的机构，因此中央图书馆制度在这样的历史潮流中建立起来，但是这并不是图书馆发展的必然趋势②；战后，虽然有美国的民主化政策的传入，美国式的公共图书馆范式冲击着日本本土的公共图书馆事业。日本的公共图书馆自近代中后期开始逐渐成熟，开始有选择地借鉴海外经验。因此，报告中明确提出，从实际情况来看，只要旧的图书馆依然存在，就必须在旧图书馆的基础上开展新的事业③。因此，直面问题，对历史进行反思，是解决问题不可逾越的关键一步：

> 在日本公共图书馆历史的河流中，虽然充满了图书馆员的善意与富于献身精神的努力，但是从其主流而言，依然是对市民进行教化的机构，保持着与市民生活绝缘的状态。日本的公共图书馆与英国、美国的公共图书馆不同，它是在上层的意志之下建立而成的，并在社会发展中被逐渐

---

① 日本図書館協会.中小都市における公共図書館の運営——中小公共図書館運営基準委員会報告[M].東京:日本図書館協会,1963:16.

② 日本図書館協会.中小都市における公共図書館の運営——中小公共図書館運営基準委員会報告[M].東京:日本図書館協会,1963:43.

③ 日本図書館協会.中小都市における公共図書館の運営——中小公共図書館運営基準委員会報告[M].東京:日本図書館協会,1963:47.

塑造成了这样的形象。①

正是因为存在着这样的困境,报告中提出了现代日本公共图书馆发展的两大重任,即满足地区民众的要求与改变民众过去对于公共图书馆的错误观念②。因此,报告中提出了中小公共图书馆不应该受到大图书馆经营论的左右,应该大胆地提出适用于中小公共图书馆的经营管理理论③。

④关于图书馆工作各方面的规定

为了规范中小公共图书馆的业务工作,确保其实现作为公共图书馆事业核心的功能,进而完成日本现代公共图书馆的两大重任,报告以促进中小公共图书馆的未来发展为目标,在调查研究的基础上对各项业务工作进行了规范。

在服务方面,报告认为虽然1950年日本《图书馆法》对公共图书馆的服务进行了规定,将其作为公共图书馆必须完成的工作列入立法,但是必须认识到图书馆法的规定与日本公共图书馆的现实之间的差距④。从现实的情况看,报告认为,日本公共图书馆面临着诸多困境:

> 因为缺少预算所以无法购置资料,因为无法购置资料所以无法提供服务,因为无法提供服务所以到馆人数无法增加(预算也无法增加),从而进入一无所有的恶性循环之中。有时期待于"馆长的政治手段",有时期待于"地方综合开发"的附带效应,有时会抱怨"日本人的社会意识低下"。但是我们认为,仅仅在图书馆之外寻找问题是严重的误区。⑤

报告认为,问题的根源在于图书馆自身,应该从图书馆内部寻找原因,改变其

---

① 日本図書館協会.中小都市における公共図書館の運営——中小公共図書館運営基準委員会報告[M].東京:日本図書館協会,1963:53.

② 日本図書館協会.中小都市における公共図書館の運営——中小公共図書館運営基準委員会報告[M].東京:日本図書館協会,1963:54.

③ 日本図書館協会.中小都市における公共図書館の運営——中小公共図書館運営基準委員会報告[M].東京:日本図書館協会,1963:54-55.

④ 日本図書館協会.中小都市における公共図書館の運営——中小公共図書館運営基準委員会報告[M].東京:日本図書館協会,1963:65.

⑤ 日本図書館協会.中小都市における公共図書館の運営——中小公共図書館運営基準委員会報告[M].東京:日本図書館協会,1963:66.

在民众心中根深蒂固的形象,成为市民自我学习的机构,为建立和平的民主社会做出贡献,切实提高图书馆在一地的地位,这样才能够获得民众的支持①。因此,报告反思了明治维新以来公共图书馆发展中的谬误,认为"由于明治以后的日本社会的发展存在偏颇,造成公共图书馆在面对民众需求时候无法充分地为其提供恰当服务",从而造成了"民众不能理解图书馆本身的内涵,不会主动对图书馆抱有期望"②。因此,报告认为,纠正误解对公共图书馆的发展是至关重要的。报告认为,公共图书馆应该努力为民众提供使用的机会,"使市民每一个人通过实际的使用,切身感受到图书馆的有用性"③。

为了提供服务,报告将公共图书馆的服务分为馆内服务与馆外服务两类。报告认为,"日本的图书馆往往沉寂在城市的角落中,为了发展,必须要将书送到'不会自发到馆的大众'的手边,这就必须将馆外服务作为图书馆服务的中心"④。从当时日本公共图书馆的情况来看,报告对战后图书馆法所强调的"移动图书馆"进行了反思,认为这种主张依然将图书馆置于一个建筑物的局限之中,"无法摆脱以馆内服务为中心的积习,将公共图书馆的馆外服务定位在了一个极为宽泛的范畴"⑤。

报告强调公共图书馆服务的整体性,认为"在服务计划论没有成形的情况下,单独讨论图书整理论、技术运用论也如同上文探讨图书馆经营论一样奇怪"⑥。在服务计划的制定上,报告认为,应该以各公共图书馆的实际能力为准,核算为一地民众提供有效的服务需要多少职员、多少资料与经费,然后再判断需求与现实之间

---

① 日本図書館協会.中小都市における公共図書館の運営——中小公共図書館運営基準委員会報告[M].東京:日本図書館協会,1963:66.

② 日本図書館協会.中小都市における公共図書館の運営——中小公共図書館運営基準委員会報告[M].東京:日本図書館協会,1963:66–67.

③ 日本図書館協会.中小都市における公共図書館の運営——中小公共図書館運営基準委員会報告[M].東京:日本図書館協会,1963:67.

④ 日本図書館協会.中小都市における公共図書館の運営——中小公共図書館運営基準委員会報告[M].東京:日本図書館協会,1963:67–68.

⑤ 日本図書館協会.中小都市における公共図書館の運営——中小公共図書館運営基準委員会報告[M].東京:日本図書館協会,1963:68.

⑥ 日本図書館協会.中小都市における公共図書館の運営——中小公共図書館運営基準委員会報告[M].東京:日本図書館協会,1963:70.

的差距,制定出具有长期性的计划,服务计划还需要明确列出"在长期计划中,短期内提供最佳服务的方法"①。在具体的服务内容方面,报告将馆外服务、馆内服务、集会与针对儿童、青少年服务作为主要的服务工作,并进行了细致的规定。除了强调馆外服务的重要性之外,还强调了对儿童和青少年服务的重要性。报告认为,为少年儿童提供服务是图书馆服务的一项基本的原则,因为公共图书馆的服务是面向一个地区的全体民众的,因此必须涵盖所有的年龄层,这是公共图书馆依靠地方税收运营的必然结果②。报告中特别指出,在公共图书馆的服务中,面向儿童与成人的服务是不分先后的③。

在公共图书馆的事业构成方面,报告将"职员"、"资料"与"设施"作为公共图书馆事业的三大支柱④,并将服务作为整合这三大支柱的基础与依据。

在"资料"方面,报告的第三章指出,应该从图书馆服务的实际出发,对于以往的整理中心主义、资料保存中心主义等观点进行反思。认为资料与整理的工作应该以图书馆的服务为基础;在图书馆服务全面规划的基础上确定资料工作的要点与规划。资料工作应该保持长期性,在资料的收集方面应对全部资料保持公平、自由的立场,不应心存偏见⑤。

在"职员"方面,第四章规定公共图书馆管理者对地方官员与图书馆职员两方面的职责。认为"管理业务"是地方的官员、委员或者理事者、其他行政部门的负责人与图书馆职员接触的领域,在这个领域之中,图书馆的负责人必须向相关人士说明图书馆的立场、要求,使其能够接受。对于职员一方,管理者则必须尊重基本人权,并能够领导、组织、主持经营活动。因此,报告将管理业务作为为服务与整理

① 日本図書館協会.中小都市における公共図書館の運営——中小公共図書館運営基準委員会報告[M].東京:日本図書館協会,1963:70.

② 日本図書館協会.中小都市における公共図書館の運営——中小公共図書館運営基準委員会報告[M].東京:日本図書館協会,1963:120.

③ 日本図書館協会.中小都市における公共図書館の運営——中小公共図書館運営基準委員会報告[M].東京:日本図書館協会,1963:123.

④ 日本図書館協会.中小都市における公共図書館の運営——中小公共図書館運営基準委員会報告[M].東京:日本図書館協会,1963:185.

⑤ 日本図書館協会.中小都市における公共図書館の運営——中小公共図書館運営基準委員会報告[M].東京:日本図書館協会,1963:131 – 132.

业务提供服务的一项业务,依据这一原则,对图书馆职员、馆长、图书馆的组织架构以及财务预算等问题进行了规定①。

在"设施"方面,报告提出"图书馆的设施应依据 21 节'服务计划'的规定执行,也就是要根据当地图书馆的'服务计划'来设计图书馆的设施,要使图书馆的位置与结构能够利于图书馆活动取得最大的收效"。在建馆过程中,须根据这一基本原则,对图书馆进行选址、设计建筑物的结构,配置馆内物品、照明、供暖的配备等②。

在第六章"图书馆设置与相互合作"中,主要对图书馆的建立与发展的原则与重心、中小图书馆之间的合作进行了探讨。报告探讨这一问题的意义在于明确"报告书的使用方法"。该报告主要关注的是人口 5 万至 20 万城市的中小公共图书馆,对此人口差距达 4 倍的区域采取统一的规范,在细节上必然存在问题③。因此,报告提出"各个图书馆面对实际问题,要针对实际情况进行充分的调查,务必根据实际情况与各图书馆的规模开展具体工作"④。报告强调了中小公共图书馆规模的边界,"中小图书馆保持为中小图书馆即可,基本思路是将中小图书馆视为真正的公共图书馆",明确反对中小公共图书馆规模的无限制扩大⑤。报告中对公共图书馆的事业单元进行了新的探讨,打破了建筑物的限制,将一个区域图书馆归纳为"一个图书馆单元"⑥,并将"县"作为全国图书馆网的管理单元与馆际互借的基本范围⑦。这一点与《基尼计划》有异曲同工之妙。

(3)《中小报告》的观点总结

《中小报告》在日本现代公共图书馆事业的发展与公共图书馆思想的成熟方面都具有不可替代的重要意义。

石井敦与前川恒雄认为,《中小报告》针对发现的问题,以提供便于民众使用

---

① 日本図書館協会.中小都市における公共図書館の運営——中小公共図書館運営基準委員会報告[M].東京:日本図書館協会,1963:149 – 184.

② 日本図書館協会.中小都市における公共図書館の運営——中小公共図書館運営基準委員会報告[M].東京:日本図書館協会,1963:185 – 197.

③④⑤⑥ 日本図書館協会.中小都市における公共図書館の運営——中小公共図書館運営基準委員会報告[M].東京:日本図書館協会,1963:199.

⑦ 日本図書館協会.中小都市における公共図書館の運営——中小公共図書館運営基準委員会報告[M].東京:日本図書館協会,1963:202.

的公共图书馆为解决之道,一方面向政府管理者证明了民众对图书馆的需求,另一方面改善了公共图书馆困于经费不足的被动地位。在《中小报告》的指导下,日本公共图书馆事业终于步入真正意义上的、为日本民众服务的阶段,从而成为真正的"现代图书馆"①。

《中小报告》中的要点可以概括如下:

①在公共图书馆事业的结构方面,将国立图书馆重新纳入公共图书馆事业体系之中;以中小公共图书馆作为公共图书馆事业的核心,以人口作为建立和发展中小公共图书馆单元的判断依据;将大图书馆作为中小图书馆的后盾,并将中小公共图书馆作为公共图书馆与民众之间的直接接触点;认为中小公共图书馆的发展不应参照大图书馆的规范与经验,应该有自己的经营管理理论;提出"职员"、"资料"与"设施"是公共图书馆事业的三大支柱,其中"服务"是整合这三大支柱的基础与依据;将一地中小公共图书馆视为一个提供社会功能"图书馆单元";将"县"作为构成全国图书馆网与馆际互借服务的基本单元。

②在公共图书馆社会功能方面,以知识自由的基本权利为基础,确定了公共图书馆在文化教育方面的基本功能;提出提供资料是公共图书馆最本质、最基本、最核心的功能,是先于图书馆的其他功能的;提供资料应该是网罗性的,对于个性化、专业性的需求一般通过馆际互借的方式来满足。

③在公共图书馆的社会作用机制方面,以《教育基本法》的"教育机会均等"的基本权利为基础,确保民众使用公共图书馆的机会均等与馆藏资源公正全面;以免费开放与便于使用为基本的原则,将中小公共图书馆作为实现便于使用原则的主要途径;通过服务改变公共图书馆的社会形象,获得民众的支持,提高图书馆的社会地位。

④提出现代公共图书馆发展的两大任务:满足地区民众的要求与改变民众过去对于公共图书馆的错误观念。

⑤将服务作为公共图书馆事业发展的核心,将"服务计划"作为部署其他业务工作的前提和依据,以服务主导馆藏建设、图书馆管理与设施建设等方面的工作,

---

① 石井敦,前川恒雄.図書館の発見:市民の新しい権利[M].東京:日本放送出版協会,1973:210-211.

主张服务计划的长远视角,重视完全免费的馆外借阅服务与儿童、青少年服务。

⑥行业规范方面,强调"基准"的原则性,主张尊重实际情况,并以"基准"来规范行业的未来发展。

可以说,在《中小报告》时期,日本公共图书馆界已经足以承担事业发展的重担,不仅可以发现现阶段存在的问题,还掌握了解决问题的方法,并对以后的发展制定出计划。正如石井敦与前川恒雄所述,在《中小报告》的指导下,日本的公共图书馆的发展进入了"现代图书馆"阶段,并终于奠定了为日本民众服务的图书馆的基础①。

6.4.2 《市民的图书馆》的进一步精细化

《市民的图书馆》是继《中小报告》之后出现的、能够代表这一时期日本公共图书馆思想进展的另一份行业规范性文件。《市民的图书馆》的出现是一个过程,它最初是日本图书馆协会 1968 年主持的"公共图书馆振兴项目"中的成果之一②。从版本上来说,作为正式版本以《市民的图书馆》为题名的文件包括发表于 1970 年与 1976 年的两个版本,1976 年的版本补充了 1970 年版本的不足③,能够更加完整地展现出"市民的图书馆"的思想全貌。并且,从《市民的图书馆》的诞生过程来看,山口源治郎比较了 1970 年《市民的图书馆》出现前的 4 个文件——《市民的图书馆——公共图书馆振兴项目报告 1968》(日本图书馆协会,1969 年 3 月 25 日)、《市立图书馆的运营》(前川恒雄,1970 年 2 月 26 日)、《市立图书馆的运营 1970》(手稿版,1970 年)以及《市立图书馆的运营——公共图书馆振兴项目报告 1969》(日本图书馆协会,1970 年 3 月 25 日),认为不同版本在内容和提法上存在前后不同之处④。考虑到《市民的图书馆》最初是在"公共图书馆振兴项目"实施过程中形成的子成果,之后随着项目的进展与经验的积累,其中的内容需要经过不断修改和完善才能够以行业规范的形式出版,本书选择以 1976 年版《市民的图书馆》为依据

---

① 石井敦,前川恒雄.図書館の発見:市民の新しい権利[M].東京:日本放送出版協会,1973:210 – 211.
② 日本図書館協会.市民の図書館[M].増補版.東京:日本図書館協会,1976:はじめに.
③ 山口源治郎.《市民の図書館》と公共図書館の戦後体制[J].図書館文化史研究,2011(28):38.
④ 山口源治郎.《市民の図書館》と公共図書館の戦後体制[J].図書館文化史研究,2011(28):32 – 33.

进行研究。

《市民的图书馆》最初的执笔人为日野市立图书馆馆长前川恒雄,在后期版本的修改过程中,逗子市立图书馆馆长久保辉巳、七尾市立图书馆馆长笠师昇、仙台市民图书馆司书黑田一之、中央区立京桥图书馆馆长清水正三、町田市立图书馆司书城一男、田川市立图书馆馆长永末十四雄、大阪市立天王寺图书馆馆长森耕一、高知市民图书馆馆长渡边进也参与了修改工作①。

(1)《市民的图书馆》与《中小报告》的比较

《市民的图书馆》与《中小报告》共同代表了这一时期日本公共图书馆事业的进展,两者都是以《图书馆自由宣言》为根据,以捍卫知识自由权利为目的制定出的公共图书馆行业规范。同时,两者之间存在一些差异。虽然时间上以《中小报告》为先,《市民的图书馆》为后,但是山口源治郎指出,两者之间的关系"不是单纯的延续性"关系②。简单来说,《市民的图书馆》是对《中小报告》的细致化、具体化。其内容的差异主要体现在如下几个方面:

①关于图书馆的服务,《中小报告》中以提供资料为中心罗列了各种服务方式,但是没有提及各项服务之间的关系;《市民的图书馆》中提出以外借与参考咨询为基础,其他文化活动与各种服务留待日后逐步建立与发展,使图书馆的服务发展方向明朗化。

②关于儿童服务问题,在《中小报告》提出的时候,关于公共图书馆提供儿童服务尚且存在争议;在《市民的图书馆》的项目完成阶段,随着日本都市近郊地区的发展,社会对儿童服务的重要性逐渐理解,最终得以达成共识,进而将儿童服务列为图书馆三大功能之一。

③关于图书馆职员的问题,在《中小报告》起草的过程中,早期文件曾经将职员问题作为项目报告书的四大项目之一,但是这一问题被视为理所应当的事项,未能在《中小报告》时期得到足够的重视,因此在《市民的图书馆》1970年版本中被忽视,直到1976年增补版中才重新补充回来。

①　日本図書館協会.市民の図書館[M].増補版.東京:日本図書館協会,1976:はじめに.
②　山口源治郎.《市民の図書館》と公共図書館の戦後体制[J].図書館文化史研究,2011(28):35.

④关于图书馆教育功能或者图书馆员的指导作用,《中小报告》提出对读书会的重视,但是在《市民的图书馆》中淡化了读者指导工作,其本意在于否定了公共图书馆等同于公民馆的指导与教育功能,意在去除指导者自身意识对图书馆功能的影响①。

山口还提到,如《市民的图书馆》题目所示,与《中小报告》的不同之处还体现在前者明确强调了公共图书馆今后要为"自立的市民"提供服务的意思②。福井祐介认为,《市民的图书馆》的开创性意义在于以"知识自由"为基础,以重视资料的提供为起点,将图书馆服务全部包括在其中,从而将"知识自由"权利与图书馆的实际工作紧密结合起来③。应该说,《市民的图书馆》与《中小报告》相比,对现代日本社会的理解更加深刻,对图书馆业务的整体性理解更加透彻。《市民的图书馆》是对《中小报告》的继承与发展,一些在《中小报告》时期有争议或者悬而未决的提法,在《市民的图书馆》中得到了新进展。

这两份文献出现的时间比较接近且具有时间上、内容上的承接关系,因此内容上存在很多相似之处。本书着重探讨《市民的图书馆》与《中小报告》的不同之处,以互补的方式归纳这一时期日本公共图书馆事业的发展情况。

(2)《市民的图书馆》内容简述

与《中小报告》相比,《市民的图书馆》主要在三方面体现出明显的差异性与进步,包括公共图书馆事业结构、对知识自由权利的探讨,以及对图书馆服务的整体设计等方面。

首先,《市民的图书馆》对公共图书馆的事业结构方式进行了更加细致的探讨。《中小报告》将中小都市公共图书馆作为公共图书馆事业的核心。与之相比,《市民的图书馆》规定"能够直接为居民提供服务的是市町村立图书馆,在这个意义上来说,市町村立图书馆才是公共图书馆的核心,并且,市町村立图书馆的中心为市立图书馆"④。与《中小报告》相同,《市民的图书馆》也提出市立图书馆的发展

---

① 山口源治郎.《市民の図書館》と公共図書館の戦後体制[J].図書館文化史研究,2011(28):37-38.
② 山口源治郎.《市民の図書館》と公共図書館の戦後体制[J].図書館文化史研究,2011(28):38.
③ 福井祐介.図書館の倫理的価値「知る自由」の歴史的展開[M].京都:松籟社,2015:101.
④ 日本図書館協会.市民の図書館[M].増補版.東京:日本図書館協会,1976:13.

不应以大图书馆的经验和理论为依据,应该创造出一套切实可行的、适合市立图书馆的服务理论和工作方法①。在公共图书馆间的合作关系方面,《市民的图书馆》依然以"县"作为图书馆网的基本单元,但是强调"一县之内的图书馆不是建立'组织'而是建立起协作关系"②。同样,对于图书馆自身而言,"不是一个建筑物,而是作为一个组织"③。在第五章"建立图书馆的组织网"中,提出"市立图书馆不是一个建筑物,是由分布于全市的分馆、移动图书馆等组成的组织"④。在《市民的图书馆》中体现了对公共图书馆事业的进一步细化与结构化。在构成要素上,《市民的图书馆》将公共图书馆的核心细化到市立图书馆;在结构上,将图书馆网明确定义为图书馆协作组织。

其次,《市民的图书馆》对知识自由权利进行了更加深入的探讨。山口源治郎指出,《市民的图书馆》强调了为"自立的市民"提供服务的观点⑤,对市民的基本权利的强调更加注重于个体的独立性。《市民的图书馆》规定:"图书馆承担着为全体市民提供服务的义务,市民每一个人都拥有向图书馆提出提供资料要求的权利。"⑥《中小报告》同样强调了市民的独立权利⑦,不同之处在于,《市民的图书馆》对"全体市民"的理解更加全面,从市民人生发展的视角审视了儿童的知识自由权利,探讨了为儿童提供服务的必要性。《市民的图书馆》从社会责任的角度进行了考察,发现"能够提供给孩子自由使用的社会设施极少",因此"儿童图书馆承担了培养儿童的市民意识的重要责任"⑧。公共图书馆应担负起培养儿童独立意识的责任,从幼年时期开始为培养新的市民承担起必要的责任。这是对市民的自由权利的更加深刻和全面的理解。

最后,《市民的图书馆》对公共图书馆服务进行了较为全面的整体规划。《中小报告》以服务为核心,构建起公共图书馆的业务体系,对服务本身没有进行更为

①⑥ 日本図書館協会.市民の図書館[M].増補版.東京:日本図書館協会,1976:14.

②③ 日本図書館協会.市民の図書館[M].増補版.東京:日本図書館協会,1976:16.

④　 日本図書館協会.市民の図書館[M].増補版.東京:日本図書館協会,1976:96.

⑤　 山口源治郎.《市民の図書館》と公共図書館の戦後体制[J].図書館文化史研究,2011(28):38.

⑦　 日本図書館協会.中小都市における公共図書館の運営——中小公共図書館運営基準委員会報告[M].東京:日本図書館協会,1963:67.

⑧　 日本図書館協会.市民の図書館[M].増補版.東京:日本図書館協会,1976:84 – 85.

具体的探讨,仅强调了馆外服务的重要性①。《市民的图书馆》将市立图书馆的工作重心分为三个方面:

(1)使市民能够轻松自由地外借其所需要的图书;

(2)响应儿童的读书要求,提供全方位的儿童服务;

(3)为了做到向所有人借阅图书、将图书馆开设到市民身边,要建立起覆盖全域的服务网络。②

《市民的图书馆》强调公共图书馆以馆藏提供服务的基本功能,其实现方式为外借与参考咨询③。即公共图书馆的基本功能为外借服务,外借服务不但包括资料的外借,还包括阅读推荐与预约服务、移动图书馆外借服务等项内容④。从而建立起一个以外借服务为主干的公共图书馆服务的整体。可以说,《中小报告》探讨了公共图书馆服务与其他业务单元之间的关系,而《市民的图书馆》则主要讨论了公共图书馆诸项服务之间的关系。正如对公共图书馆事业核心的细化一样,从《中小报告》到《市民的图书馆》,完成了一个"从核心到核心中的核心"的进一步细化过程。

简而言之,《市民的图书馆》与《中小报告》相比,首先体现了观点的明确化,对公共图书馆事业的宏观结构与微观服务都进行了更为深入的探讨。其次,是对市民社会的关照,诞生于本阶段的《图书馆自由宣言》与《中小报告》都以"基本权利"与"知识自由"为依据,将日本现代建立起来的市民社会作为公共图书馆事业发展的新土壤。《市民的图书馆》对市民社会的理解更加深刻,对市民与知识自由权利的理解普及到了儿童阶段,将培养儿童的独立意识作为公共图书馆的责任,公共图书馆与市民社会的契合度更加密切。

① 日本図書館協会.中小都市における公共図書館の運営——中小公共図書館運営基準委員会報告[M].東京:日本図書館協会,1963:68.
② 日本図書館協会.市民の図書館[M].増補版.東京:日本図書館協会,1976:はじめに.
③ 日本図書館協会.市民の図書館[M].増補版.東京:日本図書館協会,1976:18.
④ 日本図書館協会.市民の図書館[M].増補版.東京:日本図書館協会,1976:19.

6.5　成熟期的公共图书馆思想与特点

从 1950 年到 1970 年的二十年间,随着日本战后同质化社会的形成与市民社会的逐渐成熟,日本的公共图书馆事业发展到了一个新的阶段。在这一阶段,知识自由的基本权利成为公共图书馆事业的新支点,成为公共图书馆事业发展、规范制定与业务工作的重要依据。日本图书馆协会在这一阶段成为行业发展的主导者,组织业界针对行业法中的现状进行深入调查,发现问题并提出了解决办法。在这一过程中,各项行业规范相继出台,《图书馆自由宣言》宣示了公共图书馆的中立性立场;《中小报告》为公共图书馆事业进行了全新的布局,建立起以中小都市公共图书馆为事业核心、以图书馆服务为业务核心的新规范;《市民的图书馆》将《中小报告》中未能详尽的细节进一步具体化,明确提出市町村立图书馆是公共图书馆的核心,以外借服务为中心建立起图书馆工作的协同体系,并将儿童服务置于工作的重点位置,建立起公共图书馆与市民生涯之间的密切联系。

6.5.1　成熟期的思想内容

1954 年《图书馆自由宣言》、1963 年《中小都市公共图书馆的运营》与 1970 年《市民的图书馆》三大支柱,构成了 1950—1970 年 20 年间日本公共图书馆思想的主要内容。在这一阶段,日本公共图书馆事业逐渐步入正轨,日本图书馆协会在事业发展中切实起到了主导作用,行业自理的格局已然形成。在经历了全盘西化、国粹主义、战后重建几个阶段后,日本公共图书馆事业开始以独立自主、自我发现与解决问题的方式运作起来,对舶来思想与统治阶层的依赖逐渐弱化,形成了相对完整的思想体系与自我发展的能力。

首先,知识自由权利成为前提与基础,为公共图书馆事业的发展、各项工作的开展提供了强有力的支持。公共图书馆思想的基础是作为基本权利的"知识自由"的权利,而公共图书馆的任务就是为拥有这一基本权利的民众提供资料与设施。因此,《图书馆自由宣言》宣示公共图书馆具有三项自由权利——收集资料的自由、提供资料的自由、反对一切不正当的检查的权利。依据自由权利,公共图书馆确立了中立的立场,这是依据宪法奠定的事业发展的基础。

其次,以"市民社会"为标识,《中小报告》与《市民的图书馆》共同构建起为市民全生涯提供服务的业务体系与行业结构。公共图书馆的建立与发展有赖于市民的需求与独立意识,因此,公共图书馆需要担负起培养与维护市民的需求与独立意识的社会责任。公共图书馆的事业发展规划由此形成,表达了进入成熟期的日本公共图书馆思想的主要内容。简单概括如下:

(1)将国立图书馆纳入公共图书馆体系之中。在公共图书馆事业中,中小公共图书馆直接为民众提供服务,大图书馆借助中小图书馆为民众提供服务,作为中小公共图书馆的后盾。因此,中小公共图书馆(具体指市町村立图书馆)成为公共图书馆事业的核心,其中最为核心的是市立图书馆。

(2)公共图书馆的社会功能是文化教育,其最本质、最核心的功能为提供资料。应提供公平、全面的资料服务,不应有失偏颇。"职员"、"资料"与"设施"是公共图书馆事业的三大支柱,其中"服务"是整合这三大支柱的基础与依据。在诸多项服务中,公共图书馆最基本的服务是外借服务,公共图书馆服务体系是以外借服务为主干建立而成的整体。

(3)对公共图书馆的理解应摈弃建筑物的概念,将一定区域内的公共图书馆作为一个"图书馆单元",多个区域内的图书馆单元形成网络。以"市"为单元,形成区域化协同网络。在实际操作中,以服务的实际效果为导向,不以行政区划为依据。

(4)重视儿童服务,为市民社会的未来发展提供支持。

(5)对现代公共图书馆的发展提出了两大任务,即满足地区民众的要求与改变民众过去对于公共图书馆的错误观念。

(6)行业规范方面,强调"基准"的原则性,同时主张尊重实际情况,并以"基准"来规范行业未来的发展。

6.5.2　成熟期的思想特点

首先是提出观点的主体与方式。在上几个阶段,在公共图书馆事业中表达自己的观点的主体与方式都相对松散,有官员、有作为图书馆行业从业者的个人以及上一个阶段中以文部省官员为主的图书馆法案的起草者等;在这一阶段,代表公共图书馆事业主流观点的文件都是由日本图书馆协会发表的,即主导行业发展的任务由行业协会来承担。在提出方式上,从幕府末期的出访记录,到近代中后期的个人著述,再到战后初期的各项法案,从规范程度到行业影响力都不及行业协会在行业共识的基础上发布的行业规范。日本图书馆协会出台的各项规范建立在公共图书馆事业现状的基础上,是行业内认识集体智慧的结果,在普遍共识的基础上对行业发展起到指导作用。因此,日本图书馆协会提出的行业规范与前几个阶段相比,更具有专业性、规范性。

其次,在思想的来源方面,体现了两方面的特点:一方面是对以往谬误的反思,以《中小报告》为例,在报告中不乏对明治以来的日本社会发展的问题的指责,甚至对1950年《图书馆法》中不切实际的主张提出反对意见,并对公共图书馆工作中的具体事项提出新观点与新思路。更为可贵的是,《中小报告》制定过程中,利用三年时间对日本公共图书馆的实景进行了深入调查,因此报告中的观点不再依据舶来的经验,亦不是某一类型公共图书馆的经营经验,更不是 CIE 带入日本的美国观点或者来自官僚机构的统治需要,而是迄今为止最为全面、最为直接的实地调查结果。另一方面,是对舶来思想态度的改变。虽然在《中小报告》与《市民的图书馆》中依然不乏对舶来思想的借鉴,《图书馆自由宣言》也是借鉴了美国的 *Library Bill of Rights*,甚至可以说,从幕府末期开始,日本的公共图书馆思想始终在与舶来思想的接触中不断吸收新的观点而前行。不同之处在于,面对舶来思想的立场逐渐独立,借鉴欧美经验的方式更为理性。在《中小报告》中,可以看到对舶来思想的比较、批判与选择,诸如对比了英美对于不到馆读者的不同态度后,报告表示支持美国的观点,将这些不到馆的民众也列入读者的范畴,并尽可能为其提供服务[1]。在《图书馆自由宣言》的起草过程中,日本公共图书馆界也有意识地根据日本的实际情况与需求,选择性地接受外来的建议。这一特点在战后图书馆法的立

---

[1]　日本図書館協会.中小都市における公共図書館の運営——中小公共図書館運営基準委員会報告[M].東京:日本図書館協会,1963:67.

法阶段也有所体现。

最后,在思想的内容方面,成熟期的日本公共图书馆思想呈现出明显的体系化特点——《图书馆自由宣言》确定中立性的立场,《中小报告》确定公共图书馆事业的重心与业务的核心,《市民的图书馆》细化了事业的重心,深入探讨业务核心,明确了诸项服务之间的关系。具体来说,《中小报告》提出的公共图书馆事业主张表达了较为系统与演进的思想内容,这是与以往几个阶段出现的公共图书馆法规、专著、法案等文献中所呈现的思想不同的一点。报告中从公共图书馆事业入手,探讨公共图书馆的社会功能,将中小公共图书馆作为事业的核心,提出"中小公共图书馆才是公共图书馆的全部"的论断。同时对以往专注于大图书馆的发展思路提出了质疑,认为中小公共图书馆应该有自己的发展规划与经营管理的理论。报告还依据日本现代公共图书馆事业发展的任务,提出改变形象与满足需求两大任务,将满足民众需求作为公共图书馆未来发展的动力。在事业发展的布局上,将满足民众的需求作为中小公共图书馆服务的任务,以服务作为图书馆业务的主导与核心,以服务为导向组织和规划馆藏建设、管理工作与设施建设的工作。这一基本思路清晰地体现了从宏观到微观的思想脉络,即从"公共图书馆事业"到"中小公共图书馆"再到"服务"这一业务核心,不但突出了重点,也体现了时代发展的需要。在《中小报告》的基础上,《市民的图书馆》延续和发展了其中的各项观点,将公共图书馆事业的核心细化到市立图书馆,一方面将公共图书馆的事业核心精确到"市町村"并"市"为核心,另一方面将图书馆网的单元从"县"下降到"市",这种精确化的表达本身就体现了思想的逐渐成熟。对图书馆服务的探讨更加体现了这一点。《市民的图书馆》将提供资料服务作为图书馆服务的基础,将外借服务作为图书馆服务的中心,并将参考咨询、移动图书馆与阅读推荐等服务连接成一个整体,从而在总体上体现了一个事业发展、业务规划与服务项目整体布局的思想脉络。

7 日本公共图书馆思想的形成与发展模式

7.1 日本公共图书馆思想的内容与变迁

本书在论证阶段对时间跨度深感困惑,但最终依然选择了"近代"的提法,以幕府末期到 1970 年为研究的时间跨度。前文中曾经提到过,这一时间跨度的选择主要考虑到东亚近代史的特殊性。就日本而言,虽然明治维新是日本近代的起点,但日本的近代化进程实际上是在 1945 年后的现代阶段才逐渐完成。正因如此,对日本"近代"的研究,需要以其"现代"为终点。

日本在幕府末期到明治初期,通过出访欧美,形成了对公共图书馆这一事物最初的印象。在这一时期,公共图书馆被理解为由政府或者一般民众、社会团体主办,通过呈缴本制度或者采购的方式建立馆藏,馆藏范围包括书籍和文物的、承担社会教育功能的机构。该机构采取严格的借阅制度,包括发放借阅凭证、闭架借阅和不外借等具体方式并向读者收取费用等一系列要素。在实践中,官立的东京书籍馆基本遵循并体现了这一基本印象,而私立的京都集书院则更多承袭了福泽谕吉的主张,开拓性地提供开架借阅和外借服务,为这一时期的日本公共图书馆思想加入了新的内容。

在日本近代中后期,以田中稻城与佐野友三郎为代表的行业先驱,在主动学习美国公共图书馆经验的基础上,以日本公共图书馆事业的现状为标准,各自检验、衡量并选择了他们认为符合日本实际情况的观点与范式。这一时期最典型观点可以概括为参考图书馆与通俗图书馆两大主题,强调不同类型图书馆的不同功能,同时主张简化外借手续,认可公共图书馆的社会教育功能,将普及公共图书馆作为事业发展的重点,佐野友三郎借鉴美国巡回文库的经验,在日本近代的公共图书馆事业中留下了浓墨重彩的一笔。对日本公共图书馆事业影响深远的小松原训令在这一时期出台,训令中对公共图书馆的管理、选书、目录的建立、巡回文库、经费的来源等方面都进行了明确的规定。这些行业先驱的经验经有政令的选择与发布,融入了政权利益的色彩,使初具规模的本土思想在社会教育外衣的包裹之下,转向思想善导的方向。在政权的强大作用力之下,以政府文书的方式将公共图书馆服务于民众一般需求的通俗图书馆的功能人为放大,倡导在政府指导下大力发挥教化与控制民众的作用,对馆藏的建设加强控制,强调对图书馆工作各环节的管理。

日本公共图书馆事业在战争中遭遇了重创,而战后初期重建工作在美方的主导下拉开序幕。战争结束前,日本的公共图书馆以思想善导为主要功能支持日本军国主义的需要;战争结束后,美方将立法作为重建工作的重心,不遗余力地将美国范式的公共图书馆事业作为范本,对日本的公共图书馆进行加工改造,将公费支持、免费开放等属性混在自由民主的思潮中冲击着日本本土观念。日本公共图书馆界以自己的方式理解和接受了美方的要求,在这个美日思潮交锋的过程中,"公费"被日本接受为政府补贴与收费服务相结合的方式,依靠税收支持的观点被淡化;自由权利被理解为对公共图书馆事业的自主管理与满足读者需求。在美方大力推行立法的进程中,"依法"的要素在日本逐渐形成起来。同时,公共主体的变革正在酝酿,在市民社会日渐成熟的过程中,"政府之公共"逐渐淡化,"市民之公共"正在形成。

随着日本进入现代,战后同质化社会促进了市民社会的发展成熟,为公共图书馆思想的成熟提供了良机。日本图书馆协会成为这一时期的思想主体,借助对日本公共图书馆事业的实地考察与外来经验,为公共图书馆的发展提出了对症的良方。日本图书馆协会认为,中小都市公共图书馆才是真正的公共图书馆,而其中市町村立图书馆尤其重要,市立图书馆是其中的核心;对公共图书馆而言,服务尤其重要;对图书馆的理解应打破建筑物的局限,建立图书馆协作网;注重公共图书馆与市民阶层的协作关系,打破"规范"的政令性,提倡建馆的多样性;主张对过去错误观念的纠正与反思。这一时期,日本的公共图书馆事业中已经具备了公开、免费、依法等公共属性,在市民社会的发展之下,公共主体为市民所取代,"市民之公共"在现代日本建立起来。可以说,在这一时期,日本的公共图书馆思想终于具备了与西方思想一致的要件。

7.2 日本公共图书馆思想的形成模式

从幕府末期到 1970 年,日本公共图书馆思想的发展经历了印象初定后,形成了本土思想,第二次世界大战后,在驻日美军改造计划的洗礼之下,终于在 20 世纪 50 年代后逐渐形成了成熟的思想。

从过程来看,这一源自近代西方世界的观念在日本的演进过程受到了日本独特的近代进程的影响。日本植根于东亚国际环境之中,并未如西方世界一般同步进入同一近代。日本的近代是在明治天皇的政令下自上而下的近代,在整个日本近代历史中,公共图书馆的公共属性自始至终都被自上而下的专制色彩笼罩着,于是这一时期的公共图书馆也成为进行自上而下的思想统治的工具。随着第二次世界大战的结束,日本在驻日美军的控制之下被迫接受美国的公共图书馆思想,在这个过程中,美、日双方的思潮形成了相互冲击,日方对美方的观念虽然有所排斥,但也有所吸纳。随着战后社会的复苏与发展,日本步入现代历史阶段,在近代未竟的社会发展任务在现代终于得以完成。在这个过程中,思想的主体、主导思想的提出方式和对舶来思想的接受方式都有着不同的特点,简言之就是"谁"以什么方式提出了自己的观点、"谁"以什么方式对待舶来思想,这三大要素在时间轴上描述了日本公共图书馆思想的形成模式。

7.2.1 各阶段思想的主体与提出的方式

首先是幕府末期到明治时期的印象初定阶段。在这一阶段具有代表性的思想主要是通过出访欧美的见闻记录呈现的——即福泽谕吉的《西洋事情》、岩仓使节团的《特命全权大使美欧回览实记》与田中不二麿的《理事功程》。这一阶段的思想主体主要是维新运动的先行者,他们或者是以个人的名义,或者是以工作的名义为日本国内记录和传达自己所见到的公共图书馆的形象。这三大文献的撰写者都不是图书馆行业人士,或者应该说,在当时的日本也不存在这样的一个行业。这些先行者以出访记录的方式将自己在欧美的见闻记录下来,其中包含了有关公共图书馆的内容,并非专门对这一问题进行观察和研究。

在近代中后期,片山潜、田中稻城、佐野友三郎、小松原英太郎成为这一阶段的公共图书馆思想的代表人物。前三者都是以个人的名义提出对公共图书馆事业的主张的。虽然田中和佐野曾经任职于图书馆馆长的职位,但是其思想依然是以个人而非机构为标签。小松原训令的提出代表了日本官方的立场,是一个以官方口径提出的行业规范。从形式来看,本阶段的个人的观点主要通过著作和实践的方式来表达,官方的观点则是通过法规方式提出的。

战后初期,在日美思潮交汇的过程中,由于美方一再强调公共图书馆立法的重要性,使这一阶段的观点集中体现在诸多公共图书馆法案之中。法案的提出者主要是文部省与日本图书馆协会,从法案的数量和影响力来看,文部省草拟的法案影响力较大。虽然最终通过的1950年《图书馆法》是由日本图书馆协会起草的,但是从历史评价来看,这部法律由于其自身局限性,并没有反映出这一时期的日本公共图书馆界的主要观点与立场,因此未能体现这一时期思想特点。这一阶段的思想主体主要是文部省代表的官方与日本图书馆协会代表的行业组织,其中官方占主导地位,并且主要通过法案的方式呈现。

在思想的成熟期,日本图书馆协会成为公共图书馆事业的主要代言人。这一阶段的三个主要的文件《图书馆自由宣言》《中小都市公共图书馆的运营》与《市民的图书馆》都是以日本图书馆协会的名义提出,并成为公共图书馆行业发展的规范,因此三者在形式上都属于行业规范。

概括来说,日本公共图书馆思想的主体从维新人士到行业内的个人,再到官方主管机构与行业协会,最后成为以行业协会为主导,体现了从行业外部到行业内部、从个人到集体、从官方管理到行业自主的发展过程。

7.2.2　思想的来源与内外结合方式

按照史学家许倬云的观点,西学导入中国并在中国落户大致有三种模式:生成和而不同的新学科的"接轨"型、直接借用而产生出新学科的"移植"型、完全代替中国已有类似学术的"取代"型①。日本从明治维新开始,选择了与中国不同的发

---

① 许倬云.中国现代学术科目的发展[M]//问题与方法:南京大学人文社会科学高级研究院年刊(2006年).南京:南京大学出版社,2006:343－349.

展路径,即未受阻于"体""用"的困扰,又以自上而下的方式主动学习西方,开启了近代化的进程。因此,日本对西学的态度与接受方式中国并不相同。

首先,在印象初定的时代,公共图书馆印象的来源完全是出访欧美的见闻。日本依据文献中对欧美公共图书馆的描绘,建立起与所见所闻极其相似的图书馆形象,务求表象的一致,包括学习英国,将图书馆建立于博物馆之中等。在这一时期,日本没有自己的公共图书馆思想作为接受舶来思想的基底,但是外来物的扎根必然要依托于一个本土化的底盘,如果没有公共图书馆,就需要是别的相似的事物。因此这一时期的思想不但是纯粹舶来的,还裹夹了本土相似物的形象在其中。比如官立图书馆依附于博物馆难分彼此,私立的京都集书院同时还提供书店业务。因此,这一阶段的日本公共图书馆印象是以借助舶来思想的嫁接的方式形成的。

在初期的印象形成以后,日本本土思想逐步形成和发展起来。虽然仍然以欧美——尤其是美国——作为学习的主要对象和思想的来源,但对美国公共图书馆思想不再全盘吸收,而是有选择地学习和效仿。石井敦曾经指出,田中稻城的图书馆理念受到了在1879年得到乔治·蒂克纳①启蒙之前的爱德华·埃弗里特②的思想的影响,而佐野友三郎的思想则受到杜威的影响颇深③。又如在战后初期,虽然CIE的官员多次要求日本以美国的公共图书馆制度为模板进行事业改造,但是日本图书馆界坚守了自己的观点,坚持采取中央图书馆制度和收费制度等。虽然在本土化思想形成以后,日本依然没有停止对舶来思想的学习,但是不再如同印象初定阶段一般高度模仿,而是主动选择对自己有效的信息,用以改变自己的观念并运用于实践之中。这种嫁接的方式的不同之处在于,舶来思想所嫁接的主干是日本本土的公共图书馆思想而不再是相似物。

从思想发展的过程来看,由于日本原本存在着与西方近代公共图书馆相似的事物,因此以嫁接的方式接受了舶来思想。随着其本土化思想的形成,嫁接的主干发生了变化,由最初的相似物变为本土的公共图书馆思想。

---

① George Ticknor。
② Edward Everett。
③ 石井敦. 日本近代公共図書館史の研究[M]. 東京:財団法人日本図書館協会,1971:54.

7.3 日本公共图书馆思想主轴的变迁

不同阶段的公共图书馆思想中都有一个主轴,这个主轴的存在是这一阶段得以独立的依据。这一阶段迫切需要关注和解决的核心矛盾和问题都围绕着这个主轴而存在。

7.3.1 各阶段思想的主轴

首先,在印象初定期,通过使节团出访的方式,福泽谕吉、岩仓使节团和田中不二麿分别记录了自己所见的西方近代图书馆的基本形象。对西方公共图书馆的群体描绘构成了这一时期日本公共图书馆印象的全貌。这种描绘而成的形象比较表面化,所以在这一时期,日本的公共图书馆思想与实践都呈现出了混淆的状态。比如,在《西洋事情》中,福泽谕吉认为图书馆的收藏范围包括书籍字画,在《特命全权大使美欧回览实记》中,使节团认为图书馆等同于博物馆和档案馆。正是因为对同一事物有不同的理解和认识,犹如盲人摸象,大家各自关注了不同的特征而未触及本质,因此对实践活动也产生了相应的影响。比如前文提到的,东京书籍馆在1872年初建的时候就是依附于博物馆之内的,这与英国的大英博物馆图书馆非常相似,而私立的京都集书院又集成了书店的功能,认为这样可以解决书籍来源与外借管理问题。又如,从服务的方式来看,三部著作中,除了没有提及此部分内容的《理事功程》之外,都提出了仅阅览、不外借的服务方式;《特命全权大使美欧回览实记》与《理事功程》中都提到了收费制度。在实践方面,官立书籍院虽然坚持了短暂的免费开放但最终实行收费制度并且采取闭架阅览与不外借的服务方式,京都集书院作为私立的机构,提供开架借阅和外借服务并收取费用。在这一阶段,不论是公共图书馆的理解抑或是实践,都体现出初试新事物的意味,因此需要借由一个旧事物作为基础,将对新事物的认识搭建其上,这个旧事物包括博物馆、档案馆和书店、文库。在这个阶段,日本对于公共图书馆的理解尚未从旧事物中完全脱胎而出,对公共图书馆的社会功能也未能完全理解,思想的关注点主要局限在呈现物之上。因此在印象初定阶段，日本公共图书馆思想的核心主要集中在"书"上。在三部著作中虽然对借阅方式和收藏范围的关注有所缺失，但对于书籍的来源都给予了明确的关注，并且在思想与实践两个方面都极为重视对书籍的保管，这也说明了对"书"的重视。

其次，在近代中后期的日本本土公共图书馆思想的建立阶段，从思想发展的主线来看，可以划分为参考图书馆与通俗图书馆两条主线，同时兼顾了官方、学者的研究需求与一般民众的生活需求两方面的文献要求。虽然在从片山潜到田中稻城与佐野友三郎，再到小松原英太郎的思想脉络中，一些观点与主张被继承者选择或者放弃，但其最为核心的概念却并没有因为观念的相左而被忽略。这一点可以从小松原训令的内容中反观。小松原训令作为日本建立图书馆的政府文书，提到了"图书馆"与"简易图书馆"差别，将通俗图书馆与小学附属图书馆作为训令规范的重点对象。作为训令的参考信息来源的田中稻城的参考图书馆与佐野友三郎的通俗图书馆的观点围绕着图书馆的建立与服务的基本问题而展开。田中稻城的公共图书馆思想中主要分为国立图书馆与公共图书馆事业两大方面，其中对于国立图书馆的功能、制度与建筑规划等方面的问题都进行了探讨，并从公共图书馆事业的角度考虑了参考图书馆与普通图书馆的关系、中央图书馆与地方图书馆的关系以及私立图书馆未来的发展等问题，并对公共图书馆的社会教育功能与委员管理制度提出了自己的主张。佐野友三郎对通俗图书馆的制度、建馆规范与服务、学校与图书馆的关系等方面的问题进行了阐释。继续回溯思想的源头，在片山潜的《片山潜自传》中，不但清晰地表达了图书馆与博物馆、美术馆等机构分立的观点①，并在日本的初期社会主义运动中建立了作为基督教的传教与邻保事业机构的金斯利馆，其中提供图书馆的服务。因此，在这一阶段，最为核心的概念应该是对于机构的关注，因此应该概括为"图书馆"。

在第二次世界大战后初期，在驻日美军的管辖之下，日本与美国的公共图书馆思想被迫进行了一次交融。在这次交融中，日方虽然受到美方的管理和控制，但是仍然具有较大的主动性，因而美方思想的影响力相对有限。双方观点主要涉及公

---

① 片山潜. 片山潜自伝[M]. 日本共産党史資料委員会, 監修. 東京:真理社,1949:168.

共图书馆的定位、范畴、收费制度、管理制度与经费来源几个方面,虽然也涉及公共图书馆的业务和服务,但并没有成为这一阶段思想交汇的重点。因此可以说,在这一阶段思想的核心概念为"图书馆体系"。

1950 年后,随着美国对日本占领的结束与日本经济的复苏,日本的公共图书馆思想进入成熟阶段。随着标志思想成熟的三大文件《图书馆自由宣言》《中小都市公共图书馆的运营》与《市民的图书馆》的发表,在日本图书馆协会的主导下,公共图书馆界确立了中立的立场,并将中小都市公共图书馆与市立图书馆作为公共图书馆事业的核心,将提供资料服务作为公共图书馆最为本质与核心的功能,将职员、资料与设施作为公共图书馆事业的支柱,而服务则成为整合三大支柱的基础与依据,并从基本人权的高度将知识自由的权利作为公共图书思想的基础。因此,在这一阶段的思想中最为核心的概念是"图书馆服务"。

日本公共图书馆思想的主轴经历了从"书"到"图书馆",再到"图书馆体系"、"图书馆服务"的发展过程,呈现出由微观到宏观再到微观的趋势。

7.3.2　各阶段思想的主要矛盾

在印象的形成期,通过使节团的出访,日本社会第一次接触到诞生于西方的近代图书馆。三个主要的文献所传达的信息描绘了一个存有书籍并能够供人阅读的社会机构形象,其中不乏细节的描绘和对制度本身的探讨。在这一以书籍作为主轴的思想发展阶段中,思想的主要内容围绕着书的来源、借阅方式与阅读的作用等问题展开。在书籍与经费的来源不明确、主办机构不明确、机构设置不明确的情况下,对于借阅方式的明确规定成为一大特点,即提供阅览但不可外借。这一时期所关注的主要问题是从旧式的思想到新式的思想的过渡;体现在公共图书馆思想方面,就是从传统的旧式的文库向图书馆的过渡,围绕着"书籍"这一核心概念,体现为对书籍的收藏与利用之间关系的重新调整。因此,这一阶段思想的主要矛盾集中于书籍的藏与用的问题上。

在日本本土化公共图书馆思想的形成阶段,思想的核心概念集中于"图书馆"本身,思想内容分化为探讨不同类型公共图书馆在功能上的特殊性,在官方发布的政令中,也为实现官方的目的而专门强调对某一类图书馆功能的重视。在田中稻城与佐野友三郎的观点中,也体现出对公共图书馆某一功能的关注,公共图书馆因功能的不同而被分为不同类型。在这一阶段,主要矛盾体现在对不同类型公共图书馆的功能的发现与实现方面。

战后初期,在日美公共图书馆思想的交锋中,对日本公共图书馆范畴的探讨是重点之一。在日本的传统观念中,公共图书馆应包括私立图书馆和公立图书馆,但国立图书馆并不列入其中;在美国的观念中,公共图书馆中理应包含国立图书馆,而不包括私立图书馆。在公共图书馆的管理制度方面,虽然美方坚持公共图书馆的独立管理权力,但是日方的诸多法案都坚持了采用中央图书馆制度,将公共图书馆的管理权置于文部省和各级教育委员会之中。因此,可以说,这一阶段思想的主要矛盾体现在公共图书馆事业的构成与组织方式上。

在战后的思想成熟阶段,随着市民社会的成熟与公共图书馆中立性地位的确立,公共图书馆将为具有知识自由权利的民众提供资料与设施作为自己的基本任务。为了完成这一任务,就需要将服务作为公共图书馆各项构成要素的核心。为了提供有效的服务,需要调整公共图书馆事业的构成方式,将中小都市图书馆作为事业的核心,进而细化为以市立图书馆;将满足民众的需求和改变民众对公共图书馆的错误观念作为现代公共图书馆发展的两大任务。在经费、藏书和从业人员不足的情况下,以适应服务的需要为目标提出了中小都市公共图书馆和市立图书馆的发展规范。因此,这一阶段的主要矛盾是公共图书馆提供服务的基础与方式。

从整体而言,日本的公共图书馆思想从印象初定到发展成熟经历的 4 个阶段中,其核心概念经历了图书、图书馆、图书馆体系与图书馆服务的变迁,思想的主要矛盾则相应地从图书的收藏与利用,发展到对不同类型公共图书馆的不同功能的发现与实现,进而发展为对公共图书馆事业的构成与组织方式的探讨,最后发展为对于公共图书馆提供服务的基础和方式的研究方面。这一过程一方面体现了一个由点到面的发展过程,另一方面也体现了当事业的发展达到一定规模后对细节的回归。或者可以说,对细节的回归一方面意味着上一阶段思想发展的成熟,另一方面也标志着一个新的发展阶段的起步,细节的发展最终会导致事业整体的调整和改变,在公共图书馆今天的发展中也可以感受到这样的改变。

参考文献

中文参考文献

专著：

[1]诺曼.日本维新史[M].姚曾廙,译.北京:商务印书馆,1962.

[2]JOHNSON E D.西洋图书馆史[M].尹定国,译.台北:台湾学生书局,1985.

[3]谢拉.图书馆学引论[M].张沙丽,译.兰州:兰州大学出版社,1986.

[4]富永健一.社会结构与社会变迁——现代化理论[M].昆明:云南人民出版社,1988.

[5]小野泰博.图书和图书馆史[M].阚法箴,陈秉才,译.北京:北京大学出版社,1988.

[6]杨威理.西方图书馆史[M].北京:商务印书馆,1988.

[7]哈里斯.西方图书馆史[M].吴晞,靳萍,译.北京:书目文献出版社,1989.

[8]内藤湖南.日本文化史研究[M].储元熹,卞铁坚,译.北京:商务印书馆,1997.

[9]泰勒.市民社会的模式:国家与市民社会[M].北京:中央编译出版社,1999.

[10]李国新.日本图书馆法律体系研究[M].北京:北京图书馆出版社,2000.

[11]葛兆光.思想史研究课堂讲录:视野、角度与方法[M].北京:三联书店,2005.

[12]萨雷丝.古罗马人的阅读[M].张平,韩梅,译.桂林:广西师范大学出版社,2005.

[13]李佃来.公共领域与生活世界 哈贝马斯市民社会理论研究[M].北京:人民出版社,2006.

[14]宋成有.新编日本近代史[M].北京:北京大学出版社,2006.

[15]陈秀武.近代日本国家意识的形成[M].北京:商务印书馆,2008.

[16]黄俊杰,江宜桦.公私领域新探:东亚与西方观点之比较[M].上海:华东师范大学出版社,2008.

[17]丸山真男.日本的思想[M].北京:三联书店,2009.

[18]徐兴庆.东亚知识人对近代性的思考[M].台北:台湾大学出版中心,2009.

[19]郭丽.近代日本的对外认识:以幕末遣欧美使节为中心[M].北京:北京大学出版

社,2011.

[20]沈丽云.日本图书馆概论[M].上海:上海科学技术文献出版社,2010:49.

[21]靳丛林.竹内好的鲁迅研究[M].北京:北京大学出版社,2012.

[22]坂野润治.近代日本的国家构想 1871—1936[M].北京:社会科学文献出版社,2014.

[23]植村邦彦.何谓"市民社会"——基本概念的变迁史[M].赵平[等],译.南京:南京大学出版社,2014.

[24]戈登.200 年日本史:德川以来的近代化进程[M].增订版.香港:中文大学出版社,2014.

[25]加藤祐三.黑船异变:日本开国小史[M].蒋丰,译.北京:东方出版社,2014.

[26]加藤祐三.东亚近代史[M].蒋丰,译.北京:东方出版社,2015.

[27]费正清.费正清中国史[M].长春:吉林出版集团有限责任公司,2015.

[28]洛夫乔伊.存在巨链:对一个观念的历史的研究[M].张传有,高秉江,译.北京:商务印书馆,2015.

[29]王人博.中国的近代性 1840—1919[M].桂林:广西师范大学出版社,2015.

[30]于海.西方社会思想史[M].上海:复旦大学出版社,2015.

[31]郑永田.美国公共图书馆思想研究(1731—1951)[M].北京:社会科学文献出版社,2015.

[32]吕正理.从困境中奋起——另眼看 1945 年后的东亚史[M].新竹:清华大学出版社,2016.

[33]葛兆光.中国思想史:导论 思想史的写法[M].上海:复旦大学出版社,2016.

[34]中国社会科学院语言研究所词典编辑室.现代汉语词典[M].北京:商务印书馆,2016.

期刊论文:

[1]马宗荣.日本图书馆事业的史的研究[J].文华图书馆学专科学校季刊,1932(6).

[2]王渡江,高青.日本公共图书馆概况[J].图书馆学刊,1982(1).

[3]庄义逊.美国图书馆史研究述略[J].图书馆学通讯,1983(4).

[4]洪红.日本史学家井上清谈日本近代化[J].世界经济研究,1984(4).

[5]周维宏.试论兰学对日本近代思想界的影响[J].历史教学,1985(7).

[6]吴建中.日本公共图书馆事业的发展:上[J].图书馆学研究,1986(1).

[7]吴建中.日本公共图书馆事业的发展:下[J].图书馆学研究,1986(2).

[8]李完稷.试析战后日本社会的阶级结构——兼评社会"中产阶级化"论[J].现代日本经

济,1986(6).

[9]毕吕贵.法国大革命时期的图书馆事业[J].四川图书馆学报,1987(2).

[10]石井敦.日本公共图书馆大事年表[J].施金炎,译.图书馆,1990(1).

[11]吴建华.日本战后的教育投资与经济增长[J].西南师范大学学报(哲学社会科学版),1994(3).

[12]孟扬.对美日图书馆法的比较分析[J].图书馆理论与实践,1996(1).

[13]王颖.日本的图书馆事业[J].中国图书馆学报,1996(2).

[14]秦姝.日本国民图书馆运动[J].出版参考,2001(4).

[15]张丽芝.日本战后经济"奇迹"的奥秘[J].牡丹江师范学院学报(哲学社会科学版),2003(1).

[16]杜伟,唐丽霞.析日本新中产阶级的形成与社会影响[J].贵州师范大学学报(社会科学版),2004(3).

[17]华薇娜.英国公共图书馆产生的背景及其历史意义[J].图书馆杂志,2005(1).

[18]胡海燕.日本公共图书馆事业发展概况[J].图书馆杂志,2006(2).

[19]徐静波.近代以来日本的民族主义思潮[J].日本学论坛,2007(1).

[20]郑永田.英国工人阶级图书馆及其历史作用[J].图书馆工作与研究,2009(1).

[21]邱焕星.现代性、近代性[J].长江师范学院学报,2009(3).

[22]杨际开.关于东亚文明与中日近代性的几个问题[J].杭州师范大学学报(社会科学版),2009(4)

[23]李永晶.战后日本市民社会论的展开——以其对中国社会的参考意义为中心[J].太平洋学报,2009(7).

[24]袁灿兴.岩仓使节团与日本的近代化之路[J].淮北师范大学学报(哲学社会科学版),2011(2).

[25]张晓刚,国宇.论近代东亚国际秩序的重构——以19世纪70年代的日本对朝、对清交涉为主线[J].深圳大学学报(人文社会科学版),2012(4).

[26]史少博.日本的"国粹主义"哲学思潮演变路径探悉[J].人文杂志,2015(1).

[27]朱琴.日本近代教育的军国主义演变[J].阅江学刊,2015(3).

[28]李扬.岩仓使节团的教育考察与新岛襄[J].才智,2015(10).

[29]魏亚南.兰学与日本近代化[J].牡丹,2015(14).

学位论文：

［1］张久春. 略论佛罗伦萨的市民人文主义［D］. 湘潭：湘潭大学，2004.

［2］刘耀春. 文艺复兴时期意大利城市社会研究［D］. 成都：四川大学，2007.

［3］王俊英. 日本明治中期的国粹主义研究［D］. 北京：中国社会科学院研究生院，2012.

［4］刘智. 近代日本兰学研究［D］. 贵阳：贵州师范大学，2015.

电子文献：

［1］联合国. 世界人权宣言［DB/OL］.［2017 - 03 - 01］. http：//www. un. org/zh/universal - declaration - human - rights/.

日文参考文献

专著：

［1］田中不二麿. 理事功程［M］. 東京：文部省，1877.

［2］久米邦武. 特命全権大使米欧回覧実記・第2篇・英吉利国ノ部［M］. 東京：博聞社，1878.

［3］久米邦武. 特命全権大使米欧回覧実記・第3篇・欧羅巴大洲ノ部 上［M］. 東京：博聞社，1878.

［4］久米邦武. 特命全権大使米欧回覧実記・第4篇・欧羅巴大洲ノ部 中［M］. 東京：博聞社，1878.

［5］久米邦武. 特命全権大使米欧回覧実記・第5篇・欧羅巴大洲ノ部 下［M］. 東京：博聞社，1878.

［6］片山潜. 片山潜自伝［M］. 東京：真理社，1949.

［7］日本図書館協会. 中小都市における公共図書館の運営——中小公共図書館運営基準委員会報告［M］. 東京：日本図書館協会，1963.

［8］裏田武夫，小川剛. 図書館法成立史資料［M］. 東京：日本図書館協会，1968.

［9］石井敦. 日本近代公共図書館史の研究［M］. 東京：財団法人日本図書館協会，1971.

［10］石井敦，前川恒雄. 図書館の発見 市民の新しい権利［M］. 東京：日本放送出版協会，1973.

［11］日本図書館協会. 市民の図書館［M］. 増補版. 東京：日本図書館協会，1976.

［12］森耕一. 公共図書館：日本図書館講座第4巻［M］. 東京：雄山閣出版，1976.

［13］角家文雄. 日本近代図書館史［M］. 東京：学陽書房，1977.

[14]ペーター・カールシュテット著;加藤一英,河井弘志共訳.図書館社会学[M].東京:日本図書館協会,1980.

[15]佐野友三郎.佐野友三郎[M].東京:日本図書館協会,1981.

[16]長沢規矩也.古書のはなし―書誌学入門[M].東京:冨山房,1994.

[17]塩見昇.図書館概論[M].東京:日本図書館協会,2001.

[18]小川徹,山口源治郎.図書館史[M].補訂版.東京:教育史料出版会,2003.

[19]岩猿敏生.日本図書館史概説[M].東京:日外アソシエーツ,2007.

[20]和田万吉.図書館史[M].東京:慧文社,2008.

[21]飯島渉,久保亨,村田雄二郎.シリーズ20世紀中国史2 近代性の構造[M].東京:東京大学出版会,2009.

[22]福澤諭吉.西洋事情[M].東京:慶應義塾大学出版会,2009.

[23]山梨あや.近代日本におる読書と社会教育[M].東京:法政大学出版局,2011.

[24]小黒浩司.図書館史:JLA図書館情報学テキストシリーズ3-11[M].東京:日本図書館協会,2013.

[25]石山洋.源流から辿る近代図書館[M].東京:日外アソシエーツ,2015.

[26]福井祐介.図書館の倫理的価値「知る自由」の歴史的展開[M].京都:松籟社,2015.

期刊论文:

[1]有賀喜左衛門.非近代性と封建性[J].社会学評論,1950(7).

[2]まつしま えいいち.日本社会の前近代性ということ[J].社会学評論,1950(7).

[3]竹林熊彦.湯浅吉郎の図書館思想[J].図書館雑誌,1957(4).

[4]竹林熊彦.片山潜と図書館(1)(近代日本図書館の史的研究 第30)[J].金光図書館報,1959(9).

[5]浦田賢治.日本の近代化論と憲法学[J].比較法学,1964(11).

[6]裏田武夫.明治・大正期公共図書館研究序説[J].東京大学教育学部紀要,1965(8).

[7]田代元弥.わが国社会教育制度の改革について[J].横浜国立大学教育紀要,1966(2).

[8]岡精三.近代性の意味するもの[J].桃山学院大学キリスト教論集,1966(3).

[9]吉田太郎.寺子屋における歴史教育の研究[J].横浜国立大学教育紀要,1966(6).

[10]妹尾啓司.福山藩の洋学――蘭学から英学へ[J].英学史研究,1971(6).

[11]碓井岑夫.福沢諭吉の教育論と天皇観[J].人文学報,1971(3).

[12]福尾武彦.社会教育の歴史的素性1[J].千葉大学教育学部研究紀要第1部,1976

(12).

　　［13］塩見昇. 師範学校と図書館科:教員養成大学における図書館学教育(その3)［J］. 教
育学論集,1981(3).

　　［14］斉藤利彦. 地方改良運動と公民教育の成立［J］. 東京大学教育学部紀要 1982(3).

　　［15］小笠原正. 近代日本における社会教育法制［J］. 弘前学院短期大学紀要,1983(3).

　　［16］草野正名. 公共図書館思想の文化的源流——古典ローマ期の公共図書館を中心にし
て［J］. 人文学会紀要,1983(1).

　　［17］田中克佳.「寺子屋」の起源と語源をめぐって(文学部創設百周年記念論文集 I［J］.
哲學,1990(12).

　　［18］白倉一由. 近世文化成立の文化的諸条件(第 2 部)［J］. 山梨英和短期大学紀要,1996
(30).

　　［19］岡田茂.「現代」の図書館について［J］. Junto club,1998(9).

　　［20］岡崎正道. 横井小楠の政治思想——幕政改革と共和政治論［J］. Artes liberales:bulle-
tin of the faculty of humanities and social sciences,Iwate University,1999(6).

　　［21］三浦太郎. 図書館法制定過程におけるCIE 図書館担当官の関与について［J］. 図書館
文化史研究,2000(9).

　　［22］鈴木宏宗. 元帝国図書館長松本喜一著作一覧［J］. 参考書誌研究,2001(3).

　　［23］石山洋. 源流から辿る近代図書館(21)公共図書館の父・佐野友三郎(上)［J］. 日本
古書通信,2002(9).

　　［24］石山洋. 源流から辿る近代図書館(22)公共図書館の父・佐野友三郎(下)［J］. 日本
古書通信,2002(10).

　　［25］中村春作. 近世思想史研究と「公共圏」論［J］. Problématique,2002(7).

　　［26］李国棟. 中日両国の近代化と魯迅・漱石［J］. 国文学考,2003(3).

　　［27］大谷敏夫. 清末経世学と経世思想——幕末から明治にかけての日本の学術・思想の
変遷と比較して［J］. アジア文化学科年報,2004(7).

　　［28］吉岡眞知子. 明治期における近代学校教育制度の成立と子育て観［J］. 東大阪大学・
東大阪大学短期大学部教育研究紀要,2005(3).

　　［29］河井弘志. 特別講演 図書館史と図書館思想史と図書館学史 日本図書館文化研究会
2004 年度研究集会・総会［J］. 図書館文化史研究,2005.

　　［30］山本啓. 市民社会・国家とガバナンス［J］. 公共政策研究,2005.

［31］三浦太郎.占領下日本におけるCIE第2代図書館担当官バーネットの活動［J］.東京大学大学院教育学研究科紀要,2006(3).

［32］小林正弥.総括コメント 風土論と公共哲学の関係の発展に向けて［J］.公共研究,2006(9).

［33］長坂寿久.公共哲学と日本の市民社会(NPO)セクター——「公・公共・私」三元論と3セクターモデルについて［J］.国際貿易と投資,2007(夏).

［34］荻原隆.志賀重昂における国粋主義の観念——概念の両義性と論理の混乱［J］.名古屋学院大学論集 社会科学篇,2008(2).

［35］渡辺雅男.日本における市民社会論の系譜［J］.一橋社会科学,2009(3).

［36］小野寺研太.内田義彦の市民社会論［J］.相関社会科学,2009.

［37］伊藤博.教育史から見た幕末期から明治初期の教育［J］.大手前大学論集,2011(12).

［38］山口源治郎.《市民の図書館》と公共図書館の戦後体制［J］.図書館文化史研究,2011(28).

［39］河井弘志.ドイツの図書館思想［J］.St. Paul's librarian,2012(27).

［40］西村隆.丹波亀山深海氏二題［J］.立命館文学,2012(1).

电子文献：

［1］日本図書館協会.公共図書館集計［EB/OL］.［2014－11－19］.http://www.jla.or.jp/library/statistics/tabid/94/Default.aspx.

［2］文部科学省.社会教育調査図書館調査［EB/OL］.［2014－11－19］.http://www.e－stat.go.jp/SG1/estat/List.do?bid＝000001047459&cycode＝0.

［3］山脇直司.公共概念の再検討［J/OL］.［2016－04－09］.www.cao.go.jp/zeicho/siryou/pdf/kiso_b13e.pdf.

［4］松村明.大辞林 第三版［DB/OL］.東京:三省堂,2006:［2016－04－09］.https://kotobank.jp/word/%E4%B8%96%E9%96%93－87034#E5.A4.A7.E8.BE.9E.E6.9E.97.20.E7.AC.AC.E4.B8.89.E7.89.88.

［5］田中史郎.「世間」概念の二重性.——阿部謹也、「世間論」を検討する［J/OL］.［2016－04－09］.www.mgu.ac.jp/~stanaka/articles/sekengainen.pdf

［6］Wikipedia.帝国図書館［EB/OL］.［2016－05－30］.https://ja.wikipedia.org/wiki/帝国図書館.

［7］文部省.文部省布達全書 明治4年、5年［EB/OL］.［2016－05－31］.info:ndljp/

pid/797569.

［8］wikipedia. 京都集書院［EB/OL］.［2016 – 06 – 02］. https：//ja. wikipedia. org/wiki/京都集書院.

［9］京都域粋 69 号『京都集書院』書林から近代的書籍商へ［J/OL］.［2016 – 06 – 03］. www. kitatouhoku. com/kyoto/documents/ikiiki69. pdf.

［10］杉泊直也. 帝国図書館の構想と実際——田中稲城の構想を中心として［J/OL］.［2016 – 06 – 17］. http：//klis. tsukuba. ac. jp/archives/2012/s0711606 – 2012122715072425944A. pdf.

［11］田中稲城. 本館ノ性質 他［G/OL］.［2016 – 06 – 24］. http：//library. doshisha. ac. jp/ir/pdf/takebayashi/honbun/265_017_025. pdf.

［12］田中稲城，牧野伸顕. 帝国図書館設立案［G/OL］.［2016 – 06 – 24］. http：//library. doshisha. ac. jp/ir/pdf/takebayashi/honbun/265_227_234. pdf.

［13］田中稲城. 東京図書館ニ関スル意見要略［G/OL］.［2016 – 06 – 27］. http：//library. doshisha. ac. jp/ir/pdf/takebayashi/honbun/265_067_073. pdf.

［14］帝国図書館. 帝国図書館設立案［G/OL］.［2016 – 06 – 27］. http：//dl. ndl. go. jp/info：ndljp/pid/1087833.

［15］田中稲城. 書籍館ニ就キテノ卑見［G/OL］.［2016 – 06 – 28］. http：//library. doshisha. ac. jp/ir/pdf/takebayashi/honbun/265_007_015. pdf.

［16］田中稲城. 学校外教育［G/OL］.［2016 – 06 – 30］. http：//library. doshisha. ac. jp/ir/pdf/takebayashi/honbun/267_137_143. pdf.

［17］田中稲城. ウースター図書館［G/OL］.［2016 – 07 – 02］. http：//library. doshisha. ac. jp/ir/pdf/takebayashi/honbun/268_029_038. pdf.

［18］田中稲城. 拝啓 然ハ小生儀比程米国巡回［G/OL］.［2016 – 07 – 02］. http：//library. doshisha. ac. jp/ir/pdf/takebayashi/honbun/268_040_058. pdf.

［19］田中稲城. 図書館管理法 帝国図書館長文学士田中稲城君［G/OL］.［2016 – 07 – 06］. http：//library. doshisha. ac. jp/ir/pdf/takebayashi/honbun/267_096_100. pdf.

［20］田中稲城. 図書館普通定則［G/OL］.［2016 – 07 – 06］. http：//library. doshisha. ac. jp/ir/pdf/takebayashi/honbun/266_119_124. pdf.

［21］日本図書館協会. 日本図書館協会について.［EB/OL］.［2017 – 03 – 01］. http：//www. jla. or. jp/jla/tabid/221/Default. aspx.

［22］文部科学省. 図書館法［G/OL］.［2017 – 03 – 01］. http：//www. mext. go. jp/a_menu/

sports/dokusyo/hourei/cont_001/005. htm.

英文参考文献

[1]KUPPEN W. Public libraries in Japan:a view of the development after 1945[J]. Bibliotheek En samenleving,1984,12(7/8).

[2]DOMIER S H. From reading guidance to thought control:wartime Japanese libraries[J]. Library trends,2007(3).

后　记

　　"日本公共图书馆思想"是一个宏大的题目,选做博士论文题目之时,实感难以驾驭。最为困惑的问题在于"思想"。究竟什么才是思想,或者说什么不是思想?带着这样的疑问参考了近年出版的图书馆思想研究著作。潘燕桃老师的《近60年来中国公共图书馆思想研究(1949—2009)》与郑永田老师的《美国公共图书馆思想研究(1731—1951)》以及同门师兄周亚的《美国图书馆学教育思想研究(1887—1955)》都启迪探究"思想"轨迹的视角。在毕业论文的写作过程中,我始终认为,思想虽然灵活难以捕捉,但是可以用来做思想研究的对象必须是呈现于客观世界的,所以在研究的初期,我固执地坚持以思想主体为对象,研究其接受与产出的思想内容,将思想经由主体加工后呈现出的变量理解为约束力作用的结果。这一固守的偏见使研究中留下了太多"人"的标识。虽然在后期的修改中刻意淡化了其中有关"谁怎么想、怎么做"的研究思路,但是因为前期的研究能力不足,依然留下了一些这样的痕迹。

　　2017年7月,我从北京大学毕业,葛兆光先生出席了北京大学的研究生毕业典礼。葛先生的一席发言犹如醍醐灌顶,也为我开辟了一条答疑解惑的路径。最终,我为自己的研究加入了"观念"的注脚。我很喜欢葛先生将观念史的研究比喻为"观念在不同时期的'旅行'"[1],不但揭示了观念史研究的内涵,也形象地说明了观念史研究的思路。因此,在出版前修改中,我将思想的标识物从"人"改为观念本身,标识一个"观念",观察它在不同时期的变化——增量或减量,或者变成了面目全非的东西。西方的公共图书馆思想传入日本,历经近百年的旅行,在每一个时代都被加入了时代的印记,这就是我的研究思路。

---

[1]　葛兆光. 思想史研究课堂讲录:视野、角度与方法[M]. 北京:三联书店,2005:268.

接下来要考虑时间跨度。有关思想的研究往往被加入时代的限定。首先是起点。在国内研究中,有关日本公共图书馆的起点存在诸多不同的看法,比如"宝龟年间(771—780)石上宅嗣以自己的旧宅创立阿閦寺,于其一隅特设外典院,以置儒书,名曰'芸亭',好学之士得入内阅览"①,在一些研究中,芸亭被视为日本最早的公共图书馆。在日本1950年《图书馆法》中确实将私立图书馆列入其中。因此,对日本公共图书馆的研究,不但起点存在疑问,范畴也需要探讨。日本图书馆学家加藤一英将彼得·卡尔施泰特的著作由德语译为日语,借助他的翻译,我得以一窥卡尔施泰特的研究。彼得·卡尔施泰特认为,私立图书馆的不稳定性源于其所属社会形象的不稳定性,私人社会形象的消亡会导致依仗其形象而存在的图书馆的消亡,而公共图书馆的公共的社会形象会更加稳定和长久②。因此,私立图书馆向公众开放的现象并不足以说明社会的发展,也不能代表民众的共同利益。日本开放于民众的私立图书馆,只有在近代的洪流中才具有作为公共图书馆进行探讨的意义。公共图书馆在西方即为近代产物,因此,研究日本公共图书馆思想,起点也应该划定为日本的近代,即明治维新。但并不是说,从明治维新开始,有关公共图书馆的思想与观念便一股脑地冒了出来,而是经历了前期的波折、几经酝酿后,才在明治维新的时期出现了质的飞跃。所以,本书的研究起点早于明治维新,以1853年黑船入港为起始时间。其次是终点。题目中的"1970年"是一个让人困惑的时间点,距离2000年仅有30年的时间,若选择以2000年为终点确实更加容易被接受。1970年对日本公共图书馆界而言是一个重要的时间点,《市民的图书馆》的颁布不但意味着日本公共图书馆思想的成熟,更为之后30年日本公共图书馆事业的发展指明了道路。我们从今天回顾1970年后的事业史,会发现一个现象,大约在2010年前后,日本图书馆界开始进行反思。日本的行业期刊『图书館界』组织了多次专栏与期刊讨论,观点主要为:2000年是图书馆事业的一个节点,1970年代制定的行业规范确实促成了此后公共图书馆事业30年的成功,但是在2000年以后,需要适应时代的需要,寻找新的发展方向。这样的讨论一直延续到今天,面对载体的

---

① 马宗荣. 日本图书馆事业的史的研究[J]. 文华图书馆学专科学校季刊,1932(6):177-191.
② 卡尔施泰特.图书馆社会学[M].加藤一英,河井弘志,译.东京:日本图书馆协会,1980:36.

更迭、互联网的迅速发展,全世界图书馆界都面临着同样的生存危机与困惑,各国都在进行积极的尝试,有成功也有失败,有争鸣却没有结论。因此,将 1970 年作为研究的节点。从幕府末期到 1970 年,这个时间段完整地展现了公共图书馆思想在日本从无到有,直至发展成熟的过程。

虽然经历了多次修改,但是书中依然存在很多问题。2017 年 8 月,我曾经赴日本横滨市,与鹤见大学的长塚隆教授合作进行了一项关于日本大学图书馆空间设计的研究。交流中我提到了自己的毕业论文,提及我对日本私立图书馆归属于公共图书馆的独特现象的关注。当时长塚教授的回答让我很惊讶。他说,公共图书馆范畴中的私立图书馆是私立的公共图书馆,日本还存在私立的私立图书馆,并不属于公共图书馆。我追问他这样的图书馆在哪里、有多少。他说,这是很私人的事情,他很确定存在,但是无法带我去看。那次赴日还有一个任务,需要查阅几个日本图书馆学家的资料,编写《中国大百科全书》的词条。虽然都是日本著名的图书馆学人,却苦于在国内完全没有参考资料。可见,对日本图书馆界,我们的了解确实比较有限。非常感谢我的博士生导师王子舟教授。北大求学的四年时间里,老师包容了我的莽撞,为我规划了学习任务与日后的研究方向。日本图书馆史的研究领域也是老师帮我选定的,记得那时老师说:"日本的图书馆史中有太多我们不了解的东西,是值得去研究一下的。"老师的一句话,坚定了我的信心。本书的写作、答辩与付梓出版,每一个环节都凝聚了老师的悉心指导与关爱。

在有限的能力、有限的资料、有限的精力之下完成了这本书的写作,留下了太多不足与缺憾。汗颜之余,且留作日后不断前进的动力吧。

李易宁
2020 年 7 月 18 日凌晨
于北京家中